汉语语汇学研究
（四）

顾问　温端政

吴建生　李树新　史素芬　主编

2017年·北京

图书在版编目(CIP)数据

汉语语汇学研究.四/吴建生,李树新,史素芬主编.—北京:商务印书馆,2017
ISBN 978-7-100-11973-3

Ⅰ.①汉… Ⅱ.①吴… ②李… ③史… Ⅲ.①汉语—词汇学—研究 Ⅳ.①H13

中国版本图书馆CIP数据核字(2017)第185748号

权利保留,侵权必究。

HÀNYǓ YǓHUÌXUÉ YÁNJIŪ
汉语语汇学研究
(四)

吴建生 李树新 史素芬 主编

商 务 印 书 馆 出 版
(北京王府井大街36号 邮政编码100710)
商 务 印 书 馆 发 行
北京市白帆印务有限公司印刷
ISBN 978-7-100-11973-3

2017年8月第1版　　开本 850×1168 1/32
2017年8月北京第1次印刷　印张 10¼
定价:35.00元

前　言

2013年8月和2015年7月,第四届全国汉语语汇学学术研讨会和第五届全国汉语语汇学学术研讨会暨《新华语典》学术研讨会分别在内蒙古呼和浩特和山西长治召开。两次会议由山西省社会科学院、商务印书馆、上海辞书出版社、人民教育出版社、内蒙古大学(第四届)、长治学院(第五届)等单位联合承办,汇聚了来自全国各地高校、科研院所和出版单位的170多名专家学者,收到了131篇学术论文。

为了进一步巩固和发展两次会议的成果,进一步扩大交流的范围,在商务印书馆和众多语言学专家的帮助和指导下,我们选编了这本论文集,共收录了23篇论文。为方便读者了解会议的具体情况,我们还附上了两次会议的纪要和论文目录。

汉语语汇学是一门新兴的学科,尽管在十多年间获得了一定的发展,但是还存在不少的问题,也还有许多不完善之处。我们希望本论文集的出版,能够对汉语语汇学的进一步发展起到一定的推动作用。

在编辑过程中,山西省社会科学院终身研究员温端政先生担任学术顾问并做了具体的指导,山西省社会科学院语言研究所安志伟、马启红、李淑珍副研究员付出了辛勤的劳动。商务印书馆总编辑周洪波先生、汉语编辑中心主任余桂林先生非常关心论文集的选编和出版工作,责任编辑陈玉庆女士付出了大量的时间和精力。在此向他们表示深深的谢意。

吴建生　李树新　史素芬
2016 年 12 月 28 日

目 录

树立正确的语词观 …………………………… 温端政 （1）
关于语汇学的几点思考 ………………………… 杨蓉蓉 （20）
关于语块的几个问题 …………………………… 王吉辉 （41）
汉语语汇的形成发展及语义动态构建的认知研究
………………………………………………… 王 岩 （54）
试论语义的"叙述性" …………………………… 黄冬丽 （64）

关于歇后语的三个问题 ………………………… 晁继周 （74）
成语的界定与成语的层次性 …………………… 刘中富 （83）
互文成语的界定与生成途径 …………………… 付建荣 （105）
常用谚语句法功能的实证性研究 ……………… 延俊荣 （122）

杭州话谚语初探 ………………………………… 徐颂列 （136）
山西方言俗语中的语法现象分析 ……………… 李淑珍 （147）
山西壶关方言谚语的句法、语义、修辞分析 … 王 利 （162）
试论太谷方言语汇中的古词语 ………………… 马启红 （177）
试论鄂尔多斯方言人物品貌惯用语的地域文化特征
………………………………………………… 李慧贤 （191）

《蒙古风俗鉴》中的谚语 ……………………… 王建莉 （199）

禅籍谚语浅析 ………………………………… 何小宛 (208)
清代来华传教士马若瑟《汉语札记》中的谚语…… 刘亚辉 (221)

论《新华语典》的学术意义 …………………… 温端政 (231)
《新华语典》与《现代汉语词典》成语用例对比探析
　——以"Y"部成语为例 ………… 辛　菊　丁春江 (238)
编研互进,原创经典——《新华语典》评介 …… 陈玉庆 (248)
谈谈《新华语典》成语部分的编写 …………… 温朔彬 (264)
"忻州方言语汇系列辞书"编后 ………………… 张光明 (278)
论俗语语料库建设的中文信息处理"瓶颈"问题
　…………………………………………… 王海静 (292)

第四届全国汉语语汇学学术研讨会纪要　附:论文目录
　………………………………… 李东宾　安志伟 (302)
第五届全国汉语语汇学学术研讨会暨《新华语典》
　学术研讨会纪要　附:论文目录 …………… 安志伟 (312)

树立正确的语词观

温端政

2013年8月,在内蒙古大学召开的第四届全国汉语语汇学学术研讨会上,澳门理工学院澳门语言文化研究中心周荐先生宣读了《语词分合问题引发的若干思考》一文(以下简称"周文")。后经修改,发表在《世界汉语教学》2014年第4期上。该文针对我们提出的"语词分立"主张,提出几个质疑性的问题:

1."语""词"当分当合?分合各自的理由为何?

2."语""词"是对立大于联系,还是联系大于对立?

3."语"是否不属词汇单位?"语"可不可收入词典?

4."语""词"划分的标准是什么?

5.在"语汇""词汇"上建立一个"词语学",从学科体系上看是否可行?

这些问题,综合起来,涉及如何树立正确的语词观这个根本问题。澄清这个问题,对于正确认识语词之异同,语汇与词汇之分合,建立与词汇学平行的语汇学,以及建立语词学等问题,都具有重要的意义。

一 "语""词"之异同

树立正确的语词观,首先要客观、全面地认识"语""词"的异同。

先说"语""词"之"异"。

"语""词"之"异",可以从两个层面来看:一个层面是"语""词"之间的"全覆盖"的"异";另一个层面是"语""词"之间"交叉性"的"异"。"全覆盖"的"异",是指这种"异"适用于全部的"语"和词";"交叉性"的"异"是指这种"异"不覆盖全部"语"和词",而是带有某种错综复杂的情况。

"语""词"之间"全覆盖"的"异"主要表现在以下三个方面:

一是从形式上看,"词"是最小的语言单位,而"语"是由词和词组合而成的,不是最小的语言单位,而是比词高一级的语言单位。

美国语言学家布龙菲尔德(Leonard Bloomfield 1887－1949)给词下的定义是:"最小的自由单位。"[①]《现代汉语词典》(第6版)沿用此说,在"词"的第三个义项里称:"语言里最小的、可以自由运用的单位。"尽管各家对于词的定义有着不同的说法,但"最小"两个字是共同的。例如:

王力(1950)说:"语言的最小意义单位,叫做词。"

孙常叙(1956)说:"词是一个形式和内容统一起来的语言最小单位。"

朱德熙(1982)说:"我们把词定义为:最小的能够独立活动的有意义的语言成分。"

这些定义的共同点,就是"词"是语言里"最小"的单位。但是,语则不同。"语"总是由词和词组合而成的,最短小的"语"也是由两个词组合而成的,例如:"碰钉子"是由"碰"和"钉子"两个词组成的;"喝西北风"是由"喝"和"西北风"两个词组成的。

"语"和"词"在结构形式上的这种不同,也可以用"语""词"生成的先后层次来解释。李如龙(2009)曾说:"在生成的顺序上,很明显,'词'的生成是原生的,'语'则是利用词的组合再次合成的,也可以说是再生的。"

这说明"语"和"词"在形式上的差异,是非常明显的。

二是从结构上看,"词"的结构是固定的,"语"的结构是相对固定的。

说"词"的结构是固定的,这是就总体而言,有的"词"也可能有变体,不过这种变体是可以而且应当加以规范的。

说"语"的结构是相对固定的,有两层意思:一是指"语"的结构有固定的一面,一是指"语"的结构有灵活的一面。有的"语"结构相对比较固定,如"实事求是""病入膏肓""拨乱反正"等成语,"走后门""打落水狗""八九不离十"等惯用语,结构都比较固定。但不可否认,有许多"语"存在变体。如成语"不值一钱",也作"不值一文""一钱不值""一文不值"。(见《新华成语词典》,商务印书馆,2002,84页)谚语"打人休打脸,骂人休揭短",也作"打人别打脸,骂人别揭短""打人莫打脸,讲话莫揭短""骂人别揭短,打人别打脸"。(见《新华谚语词典》,商务印书馆,2005,61-62页)惯用语"刀对刀,枪对枪",也作"刀对刀来枪对枪""枪对枪,刀对刀"。(见《新华惯用语词典》,商务印书馆,2007,92页)歇后语"八仙过海——各显神通",也作"八仙过海——各使神通""八仙过海——各显其能""八仙过海——各显身手""八仙过海——各显各的本领"。(见《新华歇后语词典》,商务印书馆,2008,7页)这种变体,有人主张加以规范,但多数人认为不能规范,或者只能"软规范"。

周文提出"离合词"来反驳,称"离合词,其固定性反比不上成语"。关于离合词,吕叔湘先生(2005)有一段论述:

有些组合只有单一的意义,难于把这个意义分割开来交给这个组合的成分,例如"走路|洗澡|睡觉|吵架|打仗",等等,因此有人主张管这种组合叫"离合词",不分开的时候是词,分开的时候是短语。

这说明,"离合词"分开了就不再是词,而成了短语了。

三是从意义上看,词义和语义的性质不同。简单地说,词义具有概念性,语义则具有叙述性。

我们在谈到这个问题时,曾经这样表述:"对于词,特别是实词来说,虽然概念不是词义的唯一成分,但概念是词义的最重要的成分。概念性是词义的基本特征,而语义的基本特征是它的叙述性。"(温端政,2005)现在看来,这个表述并无不妥。

说"词义具有概念性"有两层意思:一层是词义和概念有密切的联系,另一层意思是词义不等于概念。北京大学中国语言文学系语言学教研室编的《语言学基础》(1959)谈到这个问题时称:"广义地说,词义就是概念。严格地说,词义和概念有密切的联系,但又不等于概念。"

语义则不同,"语"不是概念性而是叙述性的语言单位。语义"主要表现了使用该语言的人群对客观事物的种种描写和表述,在描写和表述中掺入了更多对事物的主观认识甚至加上不同程度的渲染,此外还有对各种观念的分析和论断……惯用语主要是说明某种现象和状态;成语主要是对客观现象、状态和事理的概括、描状和说明;谚语主要是对自然与社会现象的总结、叙述和论断;歇后语主要也是描述生活中常见的现象"(李如龙,2009)。这是对语义的叙述性的具体表述。

由此可见,"语"和"词"不仅在形式和结构上有明显不同,而且在意义上也有明显的不同,这是"语""词"之间最大的"异"。

再从"交叉性"的"异"来看,需要讨论的是"词"和"语"的语法功能问题。

我们曾经说过:从语法功能上看,"语"和"词",有相同的一面,也有不同的一面。相同的一面,"语"和"词"一样都可以充当句子的某个成分;不同的一面,是"语"有成句的功能,有被引用的功能,有被拆开使用分别充当不同成分的功能。对此,周文一一提出不同意见:"'语具有成句的功能'。词似乎也不好说不具成句功能。"对此,我们(2005)曾经有过说明:"'词'有时也可以单独成句,叫作'独词句'。独词句是一种比较特殊的句式,有许多限制。而'语'成句是一种常见现象。"语和词虽然都能"成句",但在量上和质上都有不同。

我们说"语有被引用功能",并不是说所有的语都有这种功能。成语也可以被引用,但相对来说,概率比较低。惯用语、歇后语也常被引用,但引用概率最高的还是谚语。如"俗话说……""常言道……"随时可见。词是不是可以被引用呢?有一种类似引用的格式:"××××叫作××",如"有那么一种深情叫作思念"。其实,这并非是真正的引用。周文说:"词也具有引用功能,毋庸细论。"真的是"毋庸细论"吗?值得怀疑!

我们说,"'语'有被拆开使用,分别充当不同成分的功能",也不是指所有的语都有这种功能,成语一般不能拆开使用,像"任重道远"可以说成"任重而道远",只是少数例子。谚语和非动宾结构的惯用语一般也不能拆开使用。只有动宾结构的惯用语和歇后语可以被拆开使用。周文说:"'敬礼、鞠躬、念经、拍马'等为数不少的词都是可以拆开来使用的,它们是词,是被称作'离合词'的词,而不是语。"这种说法,与上文引用的吕叔湘先生的说法不符。吕先生强调,"离合词"分开之后就不再是词,而是短语,这跟"语"拆开之后仍是"语",是不同的。

"语""词"之间上述"交叉性"的"异",有的是量上的问题,但也不排除含有某种"质"的成分。它不是"语""词"之间主要的"异",而只是"语""词"之间"全覆盖"的"异"的补充。

正是基于"语""词"之间在性质上有"异"的一面,特别是有"全覆盖"的"异"的一面,我们才提出"语词分立"的主张,才给"语"下一个有别于"词"的定义:由词和词组合成的、结构相对固定的、具有多种功能的叙述性语言单位。(见《汉语语汇学》,商务印书馆,2005,13—16页)

当然,我们提出"语词分立"的主张并非无的放矢。主要针对的是"语"是"词的等价物"的说法。据我们所知,在国内的学者中,最早提出这个观点的可能是张永言先生。他在《词汇学简论》(1982)一书的第六章"熟语"里写道:

> 语言里的这一类现成的固定词组或句子(主要是固定词组)就叫做熟语。研究熟语的语言学学科叫做熟语学。因为熟语跟词一样是现成的语言材料,而作为熟语的主要部分的固定词组则是词的等价物(equivalent),所以一般都把熟语学当作词汇学的一个分科。

这个观点随着《词汇学简论》的影响而传播开来,有不少论著都持有这个观点。较具代表性的是刘叔新的《汉语描写词汇学》(2005)。该书在论及"词汇和语汇"时进一步详细地阐述了"语"是"词的等价物"的观点:

> 这里所说的"语",就是词的固定组合体。它是词的等价

物:在作为语言建筑材料来构造句子的作用上相当于词。比如"他们聚精会神地听着"同"他们专心地听着"相当,"这个人居心叵测"同"这个人阴险"相当。

诚然,如周文所说的:"并非整个学界都作如是观。"但不可否认的是,过去学界只见有人支持这种观点,而未见有人对此观点提出质疑的。许多词汇学专著和教材都把"语"作为词汇的附属来处理就是证明。

"语"是"词的等价物"这个观点,其实并不是我国学者的创造,它来自苏联语言学者。早在 20 世纪 70 年代,А. И. Молотков 就认为"熟语是词的等价物","它在意义上是词,在形式上是词组"。[②]

破除"语"是"词的等价物"的观点,主张"语词分立",这是树立正确语词观的一个重要方面。

应当指出,我们提出"语""词"之间的"异",并不否认"语""词"之间在性质上有"同"的一面。我曾经提出过,"语"和"词"至少有三点是一致的:

    1. 都是语言单位。

    2. 都是语言的现成的"建筑材料"。

    3. 都负载着使用这种语言的民族的传统文化。

周文提出"语、词是对立大于联系,还是联系大于对立"的问题。这个问题实际上没有什么意义。"语""词"之间的"异"和"语""词"之间的"同",立足于不同的视角,是"语""词"性质的两个方面。不能用"语""词"之间的"异"来否认"语""词"之间的"同",同样,也不能用"语""词"之间的"同"来否认"语""词"之间的"异"。它们是相辅相成的,是不能用大小来衡量的。

这里不妨附带说明一个问题,就是周文提出的"'语'可不可以收进词典"的问题。正如周文所引用的韩敬体(2009)文中所说的:"辞书作为一种工具,首先要求它有实用性。"从实用性出发,词典除了收词之外,不仅可以收语,还可以收字和词组。《现代汉语词典》(第1版)前言就说:"词典中所收条目,包括字、词、词组、熟语、成语,共约五万六千条。"同样,从实用性出发,字典也可以收词,《康熙字典》《新华字典》就都收了不少词。《新华字典》"麻"字头,就收有"麻烦""麻痹""麻醉"等词。我们(2002)曾经说过,"让词典集中收词,全力做好词的释义工作,解释好每个词汇单位的意义,使词典真正成为词汇研究的成果","'语'的收集、整理和释义,让给'语典'去做,让'语典'成为语汇研究的成果"。这是就词典、语典编纂的科学性而言的。我们既不能用辞书编纂的实用性去否定它的科学性,也不能用辞书编纂的科学性去否定它的实用性。

二 语汇、词汇之分合

"语"和"词""分立"后,就产生了一个问题,就是如何称呼"语"的总汇和"词"的总汇?"词"的总汇称为"词汇",由来已久,没有也不会有什么争议。"语"的总汇叫什么?周文主张采用"熟语",认为:"学界使用既久的'熟语'是个相对于'语'的集合性概念,就如同'词汇'相对于'词'一样。"还重申:"将熟语研究从词汇学中切割出来使之独立,再把与'词汇'异名同实的'语汇'剥离出来指称那些熟语,殊无必要。"在这里,"剥离"二字颇为费解,似乎是指我们主张用"语汇"替代"熟语"是一种人为的强加的做法。

"熟语"这个术语,一般认为,它是20世纪50年代从俄语译借过来的,已经使用多年,遗憾的是,这个术语有许多不足之处,其中

最主要的是它内涵的模糊性和实际使用中的随意性和不确定性。为了节省篇幅,这里只举三个例子:

一是黄伯荣、廖序东主编的《现代汉语》(增订四版,高等教育出版社,2011),该书第四章"词汇"第七节"熟语",只包括成语、惯用语、歇后语三类。

二是周荐《熟语分类论》(《立命馆言语文化研究》12卷4号,2001年,京都),该文把"熟语"分为七类:成语、专名语、专门词语、格言(警句)、谚语、歇后语、惯用语。其中,成语、专名语、专门词语合称"雅言",谚语、歇后语、惯用语合称"俗语",格言(警句)兼属二者。

三是刘叔新《汉语描写词汇学》一书,该书第四部分第八节"现代汉语的 idioms——习用语",把"熟语"分为十二类:谚语、名言、格言、警语、套语、成句子的俚语、成语、惯用语、歇后语、专门用语、专名语、准固定语。其中,格言、警语合称"名言";谚语、名言、套语、成句子的俚语合称"言语的:常语",成语、惯用语、歇后语、专门用语、专名语、准固定语合称"语言的:固定语"。

同是"熟语",少则仅含三类,多则包含七或十二类。内涵差异如此之大,这样的术语具有科学性吗?其实"熟语"这个术语的模糊性,语言学界早有察觉。许威汉(2000)曾经指出:"'熟语'这个术语本身是个模糊概念,而且它同其他固定词组同中有异,异中有同。多着眼于'异',则'熟语'与其他固定词组并列;多着眼于同,则'熟语'包容了其他固定词组。而且彼此同异程度又不尽一致,分合划界也费斟酌。"

科学术语的前提是概念必须明确。"熟语"概念的模糊性,使主张不用这个术语的学者越来越多。值得注意的是沈玮(2009)指出,"熟语"这一术语"自身有诸多不足之处",并提出四个理由,其中之一就是:"'熟语'的概念和范畴本身不明确。'熟语'这一术语引进之初,被用来指称各类型的固定词组的总和,但之后各家又赋予新的理解,有的把它作为种概念,有的把它作为属概念。不论作为种概念还是属概念,其内涵和外延又都有不同,这样势必造成了紊乱。"该文认为:"作为一个后起的术语,'熟语'在我国语言学界虽然已经得到了一定的认同,但我们认为它的引进不但无助于研究的深入,反倒徒增出许多无谓的障碍,把本来已经不简单的问题更加复杂化了,因此还是取消为妙。"

然而,"取消"二字,并不容易。毕竟"熟语"这一术语的引进和使用,从20世纪50年代算起,已经几十年了。以"熟语"为研究对象的,不仅有许多论文,而且有许多专著。许多重要的工具书,都收有"熟语"条。特别是现行的高等学校的《现代汉语》教材,几乎无一例外地都用"熟语"这个术语。在这种情况下,提出"取消"它,是不可能做到的。

我们的意见是用"语汇"来逐步代替它。这有以下几个好处:

一是概念对称。词的总汇叫"词汇",语的总汇叫"语汇",顺理成章。如果用"熟语"来指称语的总汇,与"词汇"就不对称。与"熟语"对称的应当是"生语",可是"语"并不存在生、熟问题。

二是内涵明确。"语汇"是语的总汇,概念明确,内涵清晰。"熟语"则不然。已故熟语研究著名学者武占坤对"熟语"的"熟",有个解释。他说:"熟语姓'熟',为人们熟识、熟记、熟知、熟用,总之是以'熟'为性就是了。"(见《汉语熟语通论》,河北大学出版社,2007,第5页)那么,何为"熟识、熟记、熟知、熟用"呢?各人有各人的理解,自然会出现公说公有理、婆说婆有理的现象。

三是避免术语浪费。周文称:"为部分学者和机构惯用的'语汇',虽然从字面上看更适合于作'语'的集合性概念,但是它早已作为'词汇'的异名同实词先期占位,也是无可奈何的事。"既然承认"先期占位"是无可奈何,为何不可以加以改变呢?要知道两个"异名同实"术语的存在,既是术语的浪费,也不符合术语的本质特征。《辞海》(第六版)"术语"条称:"每个术语都有严格规定的意义。"用"词汇"和"语汇"分别指"词的总汇"和"语的总汇",既避免术语的浪费,又使"词汇"和"语汇"这两个术语各有"严格规定的意义",岂不两全其美!

科学研究的精髓在于创新,在于敢于打破旧的、不合理的现象,提出更加合理的主张。

三 语汇学、语词学之建立

语汇和词汇既然分立,以语汇为研究对象的语汇学自然而然地应运而生。然而,语汇学毕竟是一个新生的学科,存在不同看法,乃是情理之中。

我们注意到《中国社会科学报》2010年、2011年之间所开展的一场关于语汇学的创立是否有学理支撑的讨论。

2010年5月18日,该报发表了周荐《中国词汇学发展需明晰定位》一文。该文对语汇学建立的学理依据提出了质疑,认为:"一个学科能否建立起来,是否已经建设完足,主要有两个标尺,一要看它是否已有一套独立而完备的理论和学科体系,二要看它是否已具一定的历史和现实的研究力。"据此,质疑语汇学的建立是否有学理依据。

同年7月13日,该报发表了郑述谱《从词汇学的辖域说开去》

一文,对周荐的上述文章提出了稍有不同的意见,认为"也许有一天,随着研究的不断突破,成果的不断积累,汉语熟语学能成为一门单独的学科,这也未可知"。

2011年3月8日,该报发表的黄忠廉《创立语汇学有学理支撑》一文,对周荐的文章旗帜鲜明地提出完全不同的观点。该文从四个方面进行论证:1.建立的可能性;2.建立的可行性;3.建立的可观性;4.科学发展的可持续性。该文认为,"语汇是客观存在的语言事实,其系统研究完全可以催生语汇学","语汇学的建立也符合语言学研究的现实"。

应当指出,该文并非支持汉语语汇学的首创之作。在此之前,支持创建汉语语汇学的文章,正式发表的已有多篇。上面提到的李行杰在《语文研究》2006年第1期上发表的《构建中国语言学特有的语汇学——读温端政〈汉语语汇学〉》一文,就认为语汇学的建立,"是语言学中国化的成功案例"。在2007年召开的首届语汇学学术研讨会上宣读的张振兴《语汇学之成立》一文和杨蓉蓉《一门新兴的有待完善的学科——读〈汉语语汇学〉〈汉语语汇学教程〉》一文[③],从题目上就可以看出是对建立语汇学的支持。

语汇学之所以能够成立,除了黄忠廉的《创立语汇学有学理支撑》等文所提出的理由之外,我们认为还有以下三点值得注意:

第一,语汇和词汇一样是一个庞大的系统。

对于词汇是否具有系统性,曾经有人怀疑过,对此,王力(1958)曾经指出:"一种语言的语音的系统性和语法的系统性都是容易体会到的,唯有词汇的系统性往往被人们忽视了,以为词汇里面一个个的词好像是一盘散沙。其实词与词之间是密切联系着的。"

现在看来,怀疑词汇系统性的人已经不多了。那么,语汇是不是也有系统性呢？其实,"语"也不是一盘散沙,语与语之间也是有密切联系的。语汇之所以和词汇一样具有系统性,最重要的一点,是它们有着相对独立的分类系统。"词"可以按照语音结构不同,分为单音词、双音词和多音词;按照形态结构分为单纯词、派生词;按照语法特点分为实词和虚词,实词又可分为名词、动词、形容词、数词、量词、代词,虚词又可分为副词、介词、连词、助词、叹词、拟声词。

"词"的这种分类系统完全不适用于"语","语"没有单音、双音、多音之分,也没有单纯、派生之别;"语"没有虚的,都是实的,不可能有名、动、形等之分。"语"的分类,需要另辟蹊径。语固然也可从不同的角度进行分类,但最常见的是分为成语、谚语、惯用语和歇后语四大类。"语""词"分类系统的不同,是"语""词"性质不同一面的又一重要体现,是得以建立与词汇学平行的语汇学的重要基础。

第二,语类辞书的大量编纂出版催生了语汇学。

语类辞书的编纂出版由来已久,特别是改革开放以来,语类辞书的编纂出版出现了类型多样化、规模大型化、品种系列化的趋势。正式出版的大量语类辞书,为语汇学研究提供了翔实的资料,同时促进建立语汇学来指导语类辞书的编纂。

第三,熟语学的研究取得突破,为语汇学的建立提供了借鉴。

尽管熟语的概念存在模糊性,但仍有学者提出比较合理的主张。孙维张的《汉语熟语学》在这方面就是一个重大的突破。虽然他认为熟语学的性质是"词汇学的分支学科",但他所构建的熟语理论体系已经在相当程度上摆脱了词汇学。在熟语的范围和分类上,也突破了前人的主张,认为熟语只包括成语、谚语、歇后语、惯用语、格言五类。应当说,语汇学是《汉语熟语学》所开创的熟语研究的继承和发展。

现在看来,语汇学的成立已经不再仅仅是理论上的探讨,而是成为不可忽视的现实。全国性的语汇学学术研讨会已经开过五届,宣读论文数百篇。历届会议的纪要都在语言学界重要的刊物上登载;历届会议的论文集都由商务印书馆出版,语汇学的影响超过预期。

至于语词学的建立,这还是一个理论上探讨的问题,并未付之于实践。笔者(2010)曾经指出:"语和词、语汇和词汇,是汉语里同中有异、异中有同的密不可分的'孪生'单位。从异的方面考虑,可以建立彼此平行的词汇学和语汇学,而从同的方面考虑,则有必要建立汉语词语学(或称汉语语词学)。"汉语语词学是否有必要建立,如何建立,都有待于进一步探讨。周文在这方面提出的质疑,有积极的意义。它促使我们更全面、深入地考虑这个问题。

四 附论

总的来看,周文的质疑是经过深思熟虑的,是善意的,是正常的学术探讨。尽管我对周文中的一些说法抱有保留的看法,如说:"'熟语'是个使用既久的术语,温先生废掉它的三个理由,本身多是比喻性的,不让人感到有很严肃的科学性。"其实,我只是主张用"语汇"来逐渐代替"熟语",并未主张立即"废掉"它;我说"熟语"这个术语存在"先天不足""含义不清""水土不服"等不足,即使含有"比喻性",难道学术讨论就不允许用比喻吗?又如说:"在温先生设计的'语汇学'的架构里,因为有'词典'而有'语典',有'词性'而有'语性',有'词类'而有'语类',有'构词法'而有'构语法',甚至为其'语汇学'新造'语步''语节'等一系列术语。是不是还要将语言学中原有的'语气''语调'拿到变身后的'语汇学'中成为其术语,再为瘦身后的'词汇学'另造'词气''词调'？也未可知。"这种假设性的推论,与严肃的科学讨论似乎不相合。不过,这些都是枝节问题,可以不必去计较。

重要的是周文提出了一系列值得思考的问题。还是李行杰(2009)说得好:"一种新理论或新主张出现之后,应当有支持,有质疑,有反对,有补充。支持的意见固然十分重要,但是,反对和批评的意见更有价值。当今之计,最需要反对的意见,有反对的意见才会有争论,而科学是在争论中产生和发展的。"当然,讨论也好,争论也罢,必须有一个共同的基础,这就是要尊重事实。但是,尊重事实说起来容易,做起来并不容易。这里不妨举周文开头讲"语词分立"主张提出后学界反应的一段话为例。周文称:

> 温先生的"语词分立"对传统的定说具有相当的颠覆性,提出后引起一些反响,是很自然的。正面评价的如温朔彬(2006),按照温先生的思路进一步阐述"语词分立"的主张,说温先生"语词分立"观点的提出是因为学界长期以来将语视为词的等价物,而将语视为词的等价物则是不正确的观点。辛菊(2009)认为"语词分立"观点提出后对传统的语法教学研究造成巨大的冲击。冲击最大的莫如"语素"这个概念,因为在温先生这里"语素"不再是 morpheme 的汉译,而是构成各类语的要素——语之素。王海静(2011)也对温先生这部著作给予了高度评价,认为:"其中最深刻的感受有两点:一是《汉语语汇学》在学术上为汉语的'语汇'起到正名的作用;二是《汉

语语汇学》在汉语语汇类辞书的编纂实践方面具有重要的指导意义。"邹新龙(2012)首先肯定温先生"把'语'从词汇中分立出来,词汇就是词的总汇,语汇也就成了语的总汇",又提出动态、静态说,认为:"语义和词义在逻辑上是种属关系,即语义包含词义,而语汇和词汇在动态角度上也是种属关系,而在静态角度上则表现为'语词分立'。"邹文更进一步评价道:"'语词分立'为建立完整的'语词学'科学体系贡献力量。"与上述不同的意见也有一些,例如,韩敬体(2009:98)指出:"语汇和词汇分立,语汇的语素与词汇的语素,名称相同,内涵参差,在词典、语典中名同实异,如都标注语素会给读者带来麻烦,也必须认真考虑。"……曾昭聪(2012)从明清俗语辞书的"语""词"兼收提出辞书编纂中的"语""词"兼收模式是可取的,而且"语""词"兼收是有其道理的。这就从反面对"语词分立"提出了不同意见。

这一大段叙述,与事实有很大的出入:

第一,"语词分立"主张提出后,最早表态支持的,并不是温朔彬等人,而是北京大学的李红印先生。2004年,他在"汉语词汇学首届国际学术讨论会暨第五届全国研讨会"上宣读了题为《〈汉语水平词汇与汉字等级大纲〉收"语"分析》的论文。文章称:

> 应该说,21世纪汉语词汇学引人注目的动向是"语词分立"新主张的提出。2002年,温端政先生撰文,质疑传统词汇学关于词汇的定义,并探讨词、语的不同性质与分别,首次提出了"语词分立"的主张……总的看,"语词分立"新主张加深了我们对"语"的认识,也加深了我们对"词""词汇"的认识,其提出本身就具有重要的理论意义和很广的应用前景。

该文还运用"语词分立"的观点,分析了国家汉办研制的《汉语水平词汇与汉字等级大纲》的收"语"情况,提出把"语"从词汇表中提取出来,单列"语表"的建议。

接着,青岛大学的李行杰撰文,设专节评述了"语词分立"的主张,认为它"明确指出了语和词的区别,使语摆脱了词的附庸地位"。与此同时,商务印书馆乔永(笔名张星)撰文指出:"'语''词'分立主张的提出,这对语汇学学科具有开创意义。"又有宁波大学沈怀兴撰文称:"学界向来把谚语、惯用语、成语、歇后语作为词的等价物,放在词汇中研究,大家习以为常了,似乎没觉得有什么不可。唯温先生认为不可","力主'语词分立'……使人们清楚地看到'语'和'词'是两种性质不同的语言单位。"

在2007年召开的第一届全国语汇学学术研讨会上,许多学者在宣读的论文中,在论及"语词分立"时也都表示支持,李行杰的论文题目就是《语词分立势在必行》。

第二,韩敬体在第一届全国语汇学学术研讨会宣读的《语词的混同、分立与辞书编纂问题》一文说:

> 温端政先生2002年提出语词分立问题,2005年出版有开创意义的《汉语语汇学》,对语汇的研究更加系统化、理论化。2007年5月,他还在一个会议上进一步提出辞书中字典、词典、语典鼎足分立的问题,建议把"语典"从词典中分立出来。提出这一问题是有价值的,对促进词和语的研究、词典分类编辑、词典收词范围,更新辞书的某些观念都是有意义的。

该文还提议把词汇和语汇系统的术语整合为:词素-词-词组;语素-语-语组。这是对"语词分立"的支持,而周文却说它对

"语词分立"提出"不同意的意见"。

第三,曾昭聪的文章《论明清俗语辞书的收词特点——兼论辞书编纂中的"语词分立"观与"语词兼收"观》"摘要"中就强调:"从明清俗语辞书'语''词'兼收的实际情况出发可以认为辞书编纂中'语''词'兼收与'语词分立'是可以并存的。"正文又说:语词分立"这一观点很有道理,对辞书编纂具有指导作用"。可见,该文并不反对语词分立,而周文却说它"从反面对'语词分立'提出了不同意见"。

事实毕竟是最高的权威。在尊重事实的前提下,讨论或争论才有意义,也才有可能得出经得起事实检验的正确的结论。愿以此共勉。

附注:
① 转引自郭良夫《词汇》,商务印书馆,1985年,第8页。
② Асновы фразелогии русского языка. Ленингал, Изд во Наука,1977:10-15。转引自吴芳《俄汉熟语概念的对比分析》,《中国俄语教学》第25卷第1期,2006年2月。
③ 以上均见温端政、吴建生主编《汉语语汇学研究》,商务印书馆,2009年版。

参考文献:
[1] 北京大学中国语言文学系语言学教研室.语言学基础[M].北京:高等教育出版社,1959.
[2] 韩敬体.词语的混同、分立与辞书编纂问题[A].∥汉语语汇学研究[C].北京:商务印书馆,2009.
[3] 李红印.《汉语水平词汇与汉字等级大纲》收"语"分析[J].语言文字应用,2005(4).
[4] 李如龙.语汇学三论[A].∥汉语语汇学研究[C].北京:商务印书

馆,2009.
[5] 李行杰.语词分立势在必行[A].∥汉语语汇学研究[C].北京:商务印书馆,2009.
[6] 刘叔新.汉语描写词汇学(重排本)[M].北京:商务印书馆,2005.
[7] 吕叔湘.汉语语法分析问题[M].北京:商务印书馆,2005.
[8] 沈玮.论汉语俗语的文学图像[D].华东师范大学的博士学位论文,2009.
[9] 孙常叙.汉语词汇[M].长春:吉林人民出版社,1956.
[10] 孙维张.汉语熟语学[M].长春:吉林教育出版社,1989.
[11] 王力.中国现代语法[M].北京:商务印书馆,1950.
[12] 王力.汉语史稿[M].北京:科学出版社,1958.
[13] 温端政.论语词分立[J].辞书研究,2002(6).
[14] 温端政.汉语语汇学[M].北京:商务印书馆,2005.
[15] 温端政.再论语词分立[J].辞书研究,2010(3).
[16] 许威汉.二十世纪的汉语词汇学[M].太原:书海出版社,2000.
[17] 曾昭聪.论明清俗语辞书的收词特点——兼论辞书编纂中的"语词分立"观与"语词兼收"观[J].暨南大学学报,2012(6).
[18] 张永言.词汇学简论[M].武汉:华中工学院出版社,1982.
[19] 朱德熙.语法讲义[M].北京:商务印书馆,1982.

(作者单位:山西省社会科学院语言研究所　太原　030006)

关于语汇学的几点思考

杨 蓉 蓉

在第四届全国汉语语汇学学术研讨会上,周荐先生发表了《语词分合问题引发的若干思考》一文,周先生十分谦虚地征求我对文章的意见。由于会上没有宣读全文,会议间隙我也没静下心来好好研习,实在不敢信口雌黄,妄下论断。回上海后,我曾多次阅读了该文,觉得深有启发。文章虽然取材略有偏颇,直接影响了某些结论的正确性,但整个论述还是有逻辑性的,提出的问题,如语、词分合各自的理由为何,语、词是对立大于联系,还是联系大于对立,语、词合研的利弊,等等,都是极有讨论价值和现实意义的。该文引发我对语汇学某些问题进行了进一步的思考,现将这些尚不十分成熟的想法笔之于文,以就教于各位同仁。

一 如何来看待语、词的同和异?

对于语、词的"同",并不是词汇学创建时期就被重视的。20世纪50年代国内的学者接受的关于词汇的观点,基本上是斯大林的说法"词汇本身还不成为语言,它只构成语言的建筑材料",这里的词汇只是词的总汇,基本上没有注意到语。周祖谟先生《汉语词汇讲话》(1955)、张世禄先生《词汇讲话》(1956)都可以证明这一点。至20世纪60年代初,有学者提出"词汇是语言的构成要素。

一种语言的词汇是由该种语言的一系列具有形式、意义和功能特征的互相对立、互相制约的词汇单位(包括词以及具有同等功能的固定词组)构成的完整体系"(黄景欣,1961),开始对固定词组(语的一部分)有了一种高于以前的认识,它被人们认识到也可以作为语言的建筑材料。以后语(主要是固定词组)一直被看作词的等价物,从而进入了词汇范畴。这就是它们的"同"。大部分词典,大部分教科书,在谈到词汇的定义时,基本上都是这个观点。可见在20世纪后半叶这已经是学者的共识,并得到社会的公认。关于这一点,主张语、词分立的温端政先生也是不否认的。

温端政、沈慧云先生(2000)首先提出"语在性质和作用上都不相当于一个词,语不是词的等价物",之后温先生又多次论述了语和词的异,文字稍有不同,意思明确、一致。我曾经将温先生的观点归纳为四点：

1. 语与词同是"语言单位",但结构不同。语是由两个或两个以上的词构成的词组或具有句子形式的复杂结构。

2. 语与词在意义上都有"整体性",但性质、特征不同。从性质看,词有词汇意义和语法意义,而语只有语汇意义而无语法意义。从特征看,词义的基本特征是概念性,而语义的基本特征是叙述性(包括表述性、描述性和引述性)。

3. 语与词在结构上都有"凝固性",但语的凝固性是相对的。与词相比,语凝固性稍差；不同的语,凝固性的程度不同。

4. 语与词都是"现成的语言材料",但语法功能不同。词有虚、实两类,实词可以充当句子成分,虚词不能充当句子成分；语都有实义,都能充当句子成分,此外,语还有成句的功能,被引用的功能,被拆开分别充当不同句子成分的功能。

对于温先生提出的语与词的异,周荐先生也没有反对,不过他认为这个异还不足以使语、词分立。语与词的同和异是一种客观存在,所以大家一般不会无视事实,产生尖锐的对立。问题在于如何来看待这些同和异,也就是周荐先生说的,语、词是对立大于联系,还是联系大于对立。由于分析时思维方法上的差异,会得出不同的乃至于完全相反的结论。我以为在思考这个问题时有三点必须特别注意:一是首先要从本质着眼。二是需要有辩证的、万事都是相对的观念。三是要有立足全面的综合能力。

什么是本质?我想一个术语,最本质的就是它的定义,因为这是它与其他区别开来的关键,凡是与其定义相悖的,都应当属于本质的不同。对于"词"的定义,学术界有公认:词是"语言中音义结合的,能够独立运用的最小单位"(《大辞海·语言学卷》,2013)。词典的释义总是简略的,周荐先生主编的《二十世纪现代汉语词汇论著指要》(商务印书馆,2004)中摘录词的定义,主要引用了王德春先生(1958)的话:"词是语言的一个声音单位,它有一定的意义,表示一个概念或概念间的关系;它在语法上是定形的,并且是语言中能独立运用的最小单位。"

在词的定义概括到的几个方面中,有一点词和语相同,它们都是音、义结合体,这是它们与有些能表达意思的符号的区别。此外,能够独立运用,也是它们的相同点,体现出它们与不能独立运用的语素的区别。至于是语言单位,即人们常说的"语言建筑材料",可以说也是基本相同的,周荐先生就以此得出这是最大的同。我觉得仔细体会,这一点还是同中有异的(具体见下)。至于其他,则表现出语和词的异。词是"语言中能独立运用的最小单位",而语不是,它是词的组合,即大于词的上一级单位。这就是温端政先生提出的第一个相异点,应该说,它牵涉"词"的定义,是本质的区别。这是人人都明白的。"词表示一个概念或概念的关系",表示概念指实词,表示概念关系指虚词。这点和语也是截然不同的。李尔钢先生(2002)引用金岳霖先生《形式逻辑》中的论述[①]:

非集合概念的语言形式＝词汇

集合概念的语言形式＝语

概念的语言形式的范围＞词汇范围

概念的语言形式＝词汇＋语

这种表述,明确地将语与词汇并列,而不是将它涵盖在词汇之内,依据就是词是概念性的,语不是,它是集合概念的语言形式。这就是温先生第二点所说的,词有词汇意义、语法意义,词是概念性的,语仅有语汇意义,而没有语法意义,语是叙述性(包括表述性、描述性和引述性)的。这也是词与语的一个本质区别,而且这个不同同样是人们极易感觉到的。词"在语法上是定形的",即指它的固定性。这牵涉温端政先生提出的第三点,"与词相比,语的凝固性较差"。周荐先生曾举离合词作为反驳。似乎并不能动摇温端政先生的结论。离合词只是词的一种很特殊的情况,不能代表词,这就是白马非马。这也已经是一种公认,被写入了词的定义。"把词拆散开来,插进别的成分,构成词组,并不是词的本质特点,不是每个词都是可以这样拆散的。它的范围有限,只是少数的支配式和补充式的合成词才容许这样,而且插进去的词也有限"(胡裕树,1998)。

以上三点,都牵涉词的定义,应该说都是语与词本质上的不同。

至于第四点,语能够被拆开即固定性问题,前已论述,而语"有成句的功能,被引用的功能"看似与词的定义无关,周荐先生说"词也具有引用功能",其实这却是一个有关定义的最大问题。先看"词",词一般不被引用,词有时候也能单独成句,叫作"独词句"。独词句是词和句子关系中的一个比较特殊的形式。在语法学中它是非主谓句的一种,它的存在有许多限制。在语法学的概念中,有很多独词句是用词组来充当的,能充当独词句的词在整个词汇中是很有限的。也可以说,它是语境的产物。因此在讨论词的定义时,它是被忽略不计的,词向来被看作语言的建筑材料。而语的成句功能和被引用功能是十分明显的,因此它与名句、格言也有了纠缠不清的关系。成句功能和引用功能有着密切的关系,被引用有两种情况,一种是被引用来做句子的某种成分(这不是直接做句子的成分,而是与"常言道""古语说"等提示语结合在一起,使语成为句子成分),一种是作为单独的句子用在某种语境中,这第二种情况就是成句功能。就第二种情况而言已经不同于语言的建筑材料了。建筑材料是用来造房子的,而成句却是房子。在这个问题上,如果用辩证和相对的观点来看,就不能排斥数和量。虽然词和语都有单独成句的情况,词因为单独成句的情况微乎其微,已经被定义忽略,断定为是语言的建筑材料。语中间的成语和部分惯用语,与词的情况比较接近。把固定词组看成词的等价物,就是就它们而言的。另一部分惯用语、谚语、歇后语,这两种引用的概率就是非常高的了。它们作为语言的建筑材料,有直接作为句子成分的,与词相同,也有通过引用的形式作为句子成分的,与词有截然的不同;它们与词比,有比较多的成句现象,这时候它们不能说是语言的建筑材料。名句、格言也被引用,但被引用的第一种情况,远低于语(不包括成语和部分惯用语),而被引用的第二种情况又远高于语（不包括成语和部分惯用语），其中格言又比名句更接近语一些。

那么，是否能将成语和部分惯用语归入词汇，而将其他另归为语汇呢？这未尝不是一种思路，但按着这条思路走仍有许多摆不平。分析这个问题需要有立足于全面的综合能力。首先无论是成语还是惯用语，它们都是大于词的语言单位，它们被排斥在词的定义之外，而与其他语是词与词的组合相同。其次它们都是叙述性的而不是概念性的，它们在语法功能上没有虚实之分，等等，这些也都接近语而远离词。

一种观点是，词和语在现成的语言材料这点上互相接近，而与非现成的，临时组合的短语距离大，所以不能分立。确实任何特点都是比较产生的，都必须有参照物，但与参照物距离远近并不限制它们本身的分合。这也是一个在相比较的基础上，需要综合考虑的问题。如果要将语与词分开，而将语与自由词组以它们都是词与词的组合为理由合为一类，那是绝对行不通的，确实语和词与自由词组的距离都比它们两者本身的距离大。但是在首先将自由词组排斥在语言建筑材料之外后，再根据语和词两者本身的差别，将它们分开，也是合情合理的。

经过分析、相对而言的比较，再经过立足于全面的综合，我们将音义结合的，带概念性的，在语法上定形的，现成的最小的可作为语言建筑材料而独立运用的语言形式归为词汇；将有音有义的，带叙述性的，在语法上相对固定的，现成的由词与词组合而成的经常作为语言建筑材料而独立运用的语言形式归为语汇；将有音有义的，带叙述性的，在语法上定形的，偶尔作为语言建筑材料用，大都独自为句的名句、格言排除在语言之外，而仍归入言语。研究一般会碰到特殊性问题,这里我们把语的独立成句作为特殊性,排除在定义之外,把名句、格言的偶尔作为语言建筑材料也作为特殊性排除在外。这样做,是在尚缺乏研究的情况下不得已的做法,并不一定完全正确,但至少它是一种思路,是可以资以深入研究探讨的阶段性成果。

学科划分细化的状况是常见的,它并不是为了标新立异,而是为了研究的深入。历史上小学从经学独立出来,小学又细分为文字学、音韵学、训诂学,后来方言学从语言学中独立出来,辞书学从语言学中独立出来,等等,都是如此,这也并不妨碍将它们合而共观,综合在一起研究。现在的语、词分立也是如此,既然语和词还存在那么多不同,我们确实应该进一步深入研究,而不是用一个"等价物"这样模糊而无法确切表达学术含义的概念,继续将语捆绑在词汇中,使对它特点的研究得不到最佳环境。

语、词分立是一个颠覆性的命题,它是否会引起语言学的混乱,是否会影响词汇学的健康发展,我们将在下一个问题中讨论。

二 语汇在目前词汇学中的地位

将语从词汇中分离出去,称之以语汇,并在深入研究的基础上建立语汇学,会不会引起思想混乱,影响词汇学的研究,影响词汇学的继续健康发展?就像语义学兴起时也有学者充满了担心一样。为了深入思考这个问题,我研读了部分有关词汇学的著作,探索这些著作在研究或介绍词汇中词的问题时是如何同时来研究语的,想进而弄明白语在词汇学中的地位。现从现代汉语教材、有关词汇的普及读物、词汇学研究专著、词汇史研究著作等几个方面分别论述。

(一)现代汉语教材

1.胡裕树主编《现代汉语》(重订本)(上海教育出版社,1981)

本书第三章"词汇",共分六节。第一节"语素、词和词汇",第二节"词的构造",第三节"多义词和同音词",第四节"同义词和反义词",第五节"词汇的构成部分",第六节"词典和字典"。整个第三章只有第一节在谈到不定位语素时,举过若干个成语的例子,在谈词汇定义时出现过"词的等价物(固定词组)"几个字;在第四节谈到反义词在成语中的作用,和反义词、同义词交叉复合构成成语;第五节"词汇的构成部分"分八点,第八点是熟语,主要是简单介绍了成语;第六节中提到一本语典《汉语成语词典》的名称,什么介绍也没有。第三章的论述都集中讨论词,所有讨论除上所举之外,与语毫不相干。显然语在其间只是很小很小的一个点缀。

2.邵敬敏主编《现代汉语通论》(第二版)(上海教育出版社,2007)

本书的第二版出版时间比较晚,语汇研究已经蓬勃兴起,语典也已大量出版,作者是有意要重视"语"的。该书在词汇的定义中写道:"词汇是语言的建筑材料,是词和语的集合体。"其后又加了一个说明:"所谓'语'是指固定短语。包括熟语和专用短语两类。"我们再看该书对词汇的具体描述。该书第三章是"词汇",共分八节。第一节"现代汉语词汇概述",第二节"构词法",第三节"词汇的基本系统",第四节"词汇的来源系统",第五节"词汇的熟语系统",第六节"词义系统",第七节"词的分析与描写",第八节"现代汉语词汇的规范化"。上引词汇的定义就在第一节中,可惜除了这个定义以外,全节只在谈论词素与词的区别时,举"民不聊生""民心所向"为例,说其中的"民"为词,其余不管论述、举例都与语无关。第二节"构词法"谈完了词的构词法,有一小节"成语的构造",说成语"跟一般的单词还是有区别的",先将成语分为联合式和非联合式两类,再使用语法学的层次分析法进行分析;在此后一小节谈词与短语区别时将成语和自由词组放在一起与词比较。第三节、第六节、第八节都与语毫无关系。第四节只在方言词中举到惯用语"拆烂污",在社区词中举到惯用语"炒鱿鱼",其余都与语无关。第七节题目是"词的分析与描写",在论述补充释义方法时,举过若干成语的例子。第五节专谈熟语,说"现代汉语的熟语系统主要包括成语、谚语、惯用语和歇后语"。成语分"历史习用性""意义的整体性""结构的凝固性""成语的民族性""成语的作用"几小节来论述,谚语、惯用语、歇后语只各举了几个例子,点到为止。实际上只是一个熟语的介绍,并没什么系统可谈。我们可以看出,本书作者虽然极力在将语纳入词汇系统,但无法将它们有机结合,在描述中词是大头,语是附带,而且它们有诸多不同,唯一肯定了同的,就是它们都是语言的建筑材料。

(二)有关词汇的普及读物

3. 郭良夫《词汇》(商务印书馆,1985)

该书分七章。第一章"绪论",第二章"语素和词",第三章"复合词和简称",第四章"词义",第五章"同义、反义、异义和偏义",第六章"词汇的发展",第七章"词汇规范和词典"。《二十世纪现代汉语词汇论著指要》(商务印书馆,2004)介绍:全书"借鉴现代语言学的有关研究成果,构建了汉语词汇学的完整的理论框架,简要介绍了汉语词汇学的一些基本概念,以及各类词汇单位之间的关系、变化和构成情况"。细观全书主要是围绕词来开展上述论述的,即使在绪论中"汉语词汇"一节以及"词汇的发展"一章都没有谈及任何一种语。在第三章"复杂复合词"下提到成语,郭先生说:"成语的组合大多是比较固定的,也可以说是一种拆不开的复合词。"在第五章"同音异义词"下,并列地谈到双关语、诙谐语和歇后语,以表明同音词的功效,明显是借歇后语讨论词。第七章谈到词典条目的建立,有一个"废寝忘食"的例子。除此之外,都是词的天下。

(三)词汇学研究专著

4. 葛本仪《汉语词汇研究》(山东教育出版社,1985)

本书是根据作者多年讲稿整理而成。殷焕先先生为该书作的序中说:"这是根据前人研究所得而写成的一部比较全面地论述词汇好些方面的综述性的书,这也是根据作者自己研究所得而写成的一部对某些问题作深入讨论的专论性的书。"全书分四个部分。壹、"词、词素、词汇",贰、"造词与构词",叁、"词义",肆、"词汇的发展"。贰、叁两部分都是以"词"标目的,其中果然也未论及"语"。第一部分,在论及词时,认为词可以分为十种类型,前九种都与词组不同,区分很清楚,第十种(两个表示意义的又可以独立运用的成分相组合,形成新的结构,表示新的意义,并能够用来独立造句的词)中有少部分词与词组不易区分,其中谈到离合词。在谈词汇时说道:"汉语中相当于词的作用的固定结构,一般也可以称作熟语。它包括的主要内容有成语、惯用语、谚语和歇后语等。"然后对这四种语做了简约介绍。不过葛先生指出,谚语、歇后语"是语言的备用单位","它可以充当句子成分,同时也可以独立成句或充当复句的分句"。第四部分谈词汇的发展,完全没有涉及语。

5. 武占坤、王勤《现代汉语词汇学概要》(内蒙古人民出版社,1983)

武占坤、王勤也是研究语汇的专家,写过语汇学专著和论文,编写过语典。本书由词汇学研究前辈孙常叙先生写序。该书是这两位作者以前合作出版的《现代汉语词汇》(河南人民出版社,1959)经较大修改补充而成,总字数37万,480页,篇幅较大,论述也较为详尽细致。全书分十章。第一章"词汇概说",第二章"词的形式和内容",第三章"构词法",第四章"词与词的联系",第五章"几种词汇联系",第六章"熟语",第七章"简称、数词缩语、偶发词语",第八章"现代汉语词汇的发展演变",第九章"现代汉语词汇的规范化",第十章"词典"。第一章中就强调熟语也是词汇成分之一,不能被排斥于词汇体系之外。作者指出,"整个词汇成分,分属三个层次:(1)词素;(2)词;(3)熟语。……词汇成分之间,这种层递的联系性,是词汇体系的一个重要侧面"。第二章、第三章、第四章、第五章、第七章都是讨论词,没涉及语。第六章专门讨论熟语,比较详尽,不像前述书只是介绍性质。该章讨论了成语、谚语、歇后语、惯用语的性质、构成、类型和功能,带有研究性质。第八章谈词汇的发展演变,提到了新成语、新谚语、新歇后语和新惯用语。第九章、第十章,虽然题目涉及"语汇""词典",应该与语有关,内容却未涉及语。从上可以看出,尽管武占坤、王勤先生对语汇研究有得,他们也是将词和语分别研究的,只因为同是语言建筑材料而将它们放在一起,无法真正将它们有机地糅合起来。

6. 符淮青《现代汉语词汇》(增订本)(北京大学出版社,2004)

该书是在1985年版的基础上增订而成。全书分十章。第一章"绪论",第二章"词的构造",第三章"词义",第四章"多义词和同音词",第五章"同义词、反义词和词的层次关系",第六章"词义的发展",第七章"几种重要的词汇划分",第八章"熟语",第九章"词义和构成词的语素义的关系",第十章"词典"。本书的特点是对词义特别关注,在词义分析、词义发展、词义和构成它的语素义的关系、词的释义等方面都有自己长期研究和实践的切身体会,有不少新解。对待语,基本上和其他著作相同,在定义中提及固定语,另立熟语一章对语进行论述,其余篇幅都集中讨论词。第一章中提出"词汇包括词和固定语","固定语包括大量的专门用语和熟语","专门用语下分专名词语和行业语","熟语包括成语、谚语、歇后语和惯用语等"。这个"等"指什么不知,熟语一章只谈到前述的四种语。

7. 刘叔新《汉语描写词汇学》(商务印书馆,1990)

该书分为十二个部分。1."导论",2."词汇的构成单位(上)",3."词汇的构成单位(中)",4."词汇的构成单位(下)",5."词和固定语的形式",6."词和固定语的意义",7."各种词汇单位类集",8."词汇的范围",9."结构组织(上)",10."结构组织(中)",11."结构组织(下)",12."现代汉语词汇的体系性"。从各部分标目看,这是没有将词和语划分得泾渭分明的专著,每一个标题都注意到了涵盖词和语,也就是真正与词汇定义(即词汇包括词和固定语)一致了。作者思维缜密,目光独特,剖析深刻,论述涵盖方面很广,确实对人很有启发。导论概括了词汇学的作用,在语言学中的地位,词汇学的分科、范围及汉语描写词汇学的对象、任务,等等。2.3.4.三部分是"词汇的构成单位"的上、中、下篇,这三部分约占全书的三分之一,基本是按词、词素、熟语来分论的,论述细致。其余各部分,占全书三分之二,都是词、语一起论述的,当然主要还是以词为主,也有一些语的例子,而且有少数内容如"词汇意义与语法意义的区分和结合""词的内部形式""专名名词"等是只牵涉词的。作者的论述有两个地方特别值得注意:一、"关于词这类词汇单位,存在的问题比固定语更多、更复杂"。"词在数量上远比固定语多,又是固定语赖以构成的基础单位,它在词汇中所占的地位比固定语重要些"。刘先生提的这一点,也就是上述那些著作要如此分章节的主要原因。二、"混杂的、异质的熟语分别出了语言和言语的两类,这才能明确,汉语词汇包括熟语的哪些类别的单位,汉语词汇学也才可以明确语言的熟语——固定语——是它的一种研究对象"。刘先生认为成语、惯用语、歇后语等属于固定语范围,谚语、名言、成句子的俚语不是词汇成分,而是属于言语的常语的范围。而且他认定的前一类固定语也与目前大多数学者和大众的认定不同。刘先生对语的观察、研究十分细致,不过他认定语的分类主要从意义考虑,基本不考虑形式,似也不好掌握,不容易为大众接受,上述著作基本都是把熟语全部包含在固定语之中的。如果不按照刘先生界定的固定语讨论问题,那么刘先生所做的词、语合研的很多结论都会动摇。而且如果要像刘先生那样认真、严肃地对待语、思考语,也非将它从词汇中分离出来,专门研究才行,刘先生在论述这个主要问题时就是与词分离的。

8.徐国庆《现代汉语词汇系统论》(北京大学出版社,1999)

该书分三编九章。第一编"本体论",含第一章"现代汉语词汇系统",第二章"现代汉语词汇层";第二编"构成论",含第三章"最小的词汇成分——词素",第四章"词汇系统的主体成分——词",第五章"特殊的语汇成分——熟语",第六章"专名";第三编"动态论",含第七章"词的增生与衰变",第八章"词的分化与合并",第九章"词语的缩略和羡余"。该书从本体论、构成论、动态论三个方面来论述问题,也就是从理论、从静态、从动态的角度看问题,颇有创建。提出词汇是一个系统,"无论从词汇内部的各词汇成分之间的有机关联,还是从词汇与外部的有机关联上,都可以说词汇是一个系统",是有价值的。但这都无关本文主旨。本文是想看徐先生在研究词汇系统时对基础的材料——词和语是如何组合和处置的,从而考察目前语在词汇学中的地位。第一编是理论阐述。第二编还是按词素、词和熟语进行分论的,从标目可知,词是词汇主体,语是词汇特殊成分。第三编从动态考察词汇,有两章是从词的角度出发的,最后一章才词、语合论。匡鹏飞(2002)认为"作者在熟练掌握科学系统观理论的基础上,将它作为贯穿全书的基本指导思想。在具体运用的时候,作者把它与现代汉语词汇的语言事实紧密(的)[地]结合起来,用理论指导语言事实的发掘,又通过语言事实来印证理论,这样就做到了理论与事实的水乳交融,浑然一体"。我们很遗憾,在这些语言事实中,词和语并无法水乳交融。

(四)词汇史研究著作

9.周荐《汉语词汇研究史纲》(语文出版社,1995)

刘叔新先生在为本书写的序中说:"《史纲》正由于作者赋予它公正不阿的特质,而具有无可置疑的学术价值。"该书"绪论"介绍了中国传统语文学对汉语词汇研究的影响,普通语言学对现代汉语词汇学的指导,现代汉语词汇学史的分期,现代汉语词汇研究的发展趋势;然后分四部分论述:第一部分"萌芽时期('五四'前后——四十年代末)",第二部分"草创和初步发展时期(五十年代初——六十年代中叶)",第三部分"停滞时期(六十年代中叶——七十年代下半叶)",第四部分"走向繁荣时期(七十年代末——九十年代)"。分别考察了四个时期的词汇研究状况,每个时期又分出具有不同发展特点的更细的分期。作者在介绍词的研究时,没忘记对熟语研究的了解和介绍。自第二部分起,每部分都专有熟语研究的小节,有"对熟语研究的摸索""探求熟语的种类及其相互间的关系""熟语研究的新创获""熟语研究中的新情况""对熟语的研究仍呈不衰之势"等。从全书的介绍和小结可以看出,除了对词汇构成单位的研究牵涉词和语以外,大多词和语的研究都是各自为政,只是同是语言建筑材料将两条不同线的研究放在一起。特别值得注意的是作者写道,"现代汉语词汇学的发展呈两大趋势",其一是"分工越来越细。早期的词汇学,既研究词语的构造,词汇的组成、发展、变化,词语的意义,也研究词语汇集在词典中的状况。从七十年代末开始,对词语汇集在词典中的状况的研究已经独立成为一个专门的学科——词典学;词汇学已经很少再承担对它的研究。近些年来,对固定词组和一些固定语句的研究,逐渐形成了一门熟语学;对词汇语义的研究也开始汇入语义学研究的洪流,成为词汇语义学。熟语学和词汇语义学目前在方法上还远不如词典学成熟,因此,估计它们在短期内还很难脱离开词汇学而完全独立出来,但是它们独立的倾向却越来越明显"。这话不是在语汇学研究兴起,能召开全国性学术研讨会的时候说的,而是在二十年前说的,不能不说非常有前瞻性。

通过以上材料,我们可以看出,在目前的词汇学中,词和语是轻重不等的,正如刘叔新先生所说,词"在词汇中所占的地位比固定语重要些",同时,词和语的研究不是完全融合在一起的,它们各自走着自己的研究之路,只是因为同是语言建筑材料而被放在一个框架下,熟语研究好似附属品。我(2011)曾根据周祖谟先生《汉语词汇讲话》、孙常叙先生《汉语词汇》以及其他一些词汇专著,勾勒过词汇学研究的框架,这个研究框架是充分自足的。如果去掉熟语部分,并不会影响词汇学对词的研究,使其在研究中碰到阻碍,反而会使词汇学对词的研究显得更系统更纯粹。

同时我们也可看出,与对词的研究比较,对语的研究是比较逊色的,这与它长期处于一个等价物的身份(其实等价物不是所有语),受到一定拘束不无关系。如果将语汇分离出来,也许可推动研究能根据语汇自身特点进一步深入。刘叔新先生(1990)说得好:"任何一门学科的建立和发展,都由于现实的需要,由于它能对科学文化的发展和社会的进步起积极作用。"语汇学的建立也正是因为在大家充分重视语的基础上有进一步推动语汇研究的需要,绝非标新立异。张永言先生(1982)说:"语言里的这一类固定词组和句子(主要是固定词组)就叫作熟语。研究熟语的语言学学科叫作熟语学。因为熟语跟词一样是现成的语言材料,而作为熟语学的主要部分固定词组是词的等价物(equivalent),所以一般都把熟语学当作词汇学的一个分科。"孙维张先生(1989)将熟语学作为语汇学的一个分支学科,就说明它与词汇学不是一件事,需要一种特殊的研究,然而它又隶属于语汇学,可以一起研究它与词的相同点。这与温先生提出的词语学的思路有些接近。这都是不从主观成见出发,细心体察语言实际而提出来的见解。词语学不等于原来的词汇学,应该已经高了一个层次。分为词汇学和语汇学,可以研究它们的异,为各自的研究创造更好的条件,合为词语学是充分尊重它们的同,可以继续研究它们的同,在研究透异的基础上进一步站在更高的起点上研究它们的同。

三 语、词分立与汉语语汇学

上已论述,"语、词分立"不是任何人拍脑袋想出来的新花招,不是谁有意要创新而哗众取宠,而是随着语言现象的不断被挖掘,语言研究的不断深入,人们的思维也越来越精密,对语言事实的认定更接近于客观的自然结果。语、词分立,对语汇进行独立的更深入的研究,包括横向研究它与其他语言单位、非语言单位的联系、异同,自然会要求建立语汇学,使研究全面开展、系统化。因此,语汇学也是应运而生的。不过建立一个学科,绝不是简单的事,也非可以一蹴而就,它有自己的条件和规律。周荐先生(2014)说:"一个科学能否建立起来,是否已然建设完足,主要看两个标尺,一要看它是否已有一套独立而完备的理论和科学体系,二要看它是否已具有一定的历史和现实的研究能力。"我非常赞同这个观点。不过,一个学科在目前的条件下能不能独立和要不要阻止它的独立还不是一回事。对它所抱的态度,不是建立在它是否已经完善,已经强大的基础上,而是看它是否与客观事实相违背,是否逆学术研究的潮流而动,是否没有潜在的发展能力。我以为在这三点上都没有构成对汉语语汇学的威胁。

温端政先生的《汉语语汇学》、主编的《汉语语汇学教程》从语的名称、性质,语汇的性质、范围、系统性,语汇学的研究对象、内容、任务、方法、手段,语的分类系统、分类原则,语的构成成分、结构类型、构语法,语义的特点、分析、描写,各类语的性质、范围、结构、意义、功能,方言语汇,语典编纂等方面构筑起了汉语语汇学的体系。这个体系还很稚嫩,它只是一个初步的构建和设想,并不代表以后的汉语语汇研究就一定在这个框架下工作。任何学科的发展都有一个漫长的逐步成熟的过程。想当初周祖谟先生的《汉语词汇讲话》、孙常叙先生的《汉语词汇》奠定了汉语词汇学的基础,但现在反过来看看这两本书所写的内容,与今天的词汇研究相比,差距是十分之大的。就拿最基本的问题,词汇的构成成分来说,也已经从根本不重视语,到提出固定词组应当属于词汇单位,再到固定语属词汇单位,进一步到语汇是不是该独立的讨论,这个变化小吗?再看辞书学,虽然它的独立地位已经被很多人承认,但它的构架也还是有不足的,缺乏理论的,还只是一门实用性的学科,远远不能满足辞书编纂实践的理论需要。有的学者反映,辞书学就那么几句话,翻来覆去,都讲得差不多了。因此,它也还有一个不断开拓和加强的艰巨任务。可能奥妙在于,它有一个得天独厚的外部条件,就是有国外词典学的支撑。其他学科如此,语汇学同样有一个发展过程。

回过来看温先生构建的汉语语汇学体系,它确实有一定的基石,如语、词分立的理论,语汇分类的理论,关于歇后语、惯用语的理论,等等,这些都在前人研究的基础上有重大的理论突破,它们足以支撑这个学科。不过在这个理论体系中也有致命的弱点。如第三章"语的构成和结构"、第四章"语义",带有为了建立语汇学而根据词汇学构建的痕迹。思维还是受到词汇学研究方法的指引和束缚。之所以要将语汇独立出来,就是因为语和词有不同的客观情况,分别开来研究,可以按照它们各自的特点实事求是地研究,两者需要研究的内容和研究的方法,必定是不完全相同的。如果只是借鉴词汇学的方法来研究语汇,就没有独立的必要了。温先生对《汉语语汇学》第三、第四章前后的章节都单独发表过论文,唯有这两章没有,我想存在问题是酝酿不够,思考尚不成熟的缘故。

周荐先生(2014)在《语词分合问题引发的若干思考》中说:"在温先生设计的'语汇学'的构架里,因为有'词典'而有'语典',有'词性'而有'语性',有'词类'而有'语类',有'构词法'而有'构语法',甚至为其'语汇学'新造'语步''语节'等一系列术语。是不是还要将语言学中原有的'语气''语调'拿到变身后的'语汇学'中成为其术语,再为瘦身的'词汇学'另造'词气''词调'? 也未可知。'语汇学'术语增设的原则,基本上是你词汇学有的,我语汇学就要有。这还不意味着'语、词对立'? 还不意味着'把语和词绝对地对立起来,人为地割断它们之间的内在联系'?"周先生的话不无起因,因为"语性""语步""语节"确实有仿照词汇学生造的痕迹,但"语典""语类"确实是语汇学所需要的。"构语法"是不是用,可以再研究,但对语的构成,语汇学中是需要研究的,或许也会用它。周先生"是不是"后的那个设想是人为的假想。"语气""语调"在语汇学中当然要用,但它们既然是语言学术语,词汇学是可以共用的。就我感觉,温先生并没想将语和词对立起来,温先生提出"词语学"就是不想割断它们的联系。温先生在使用语汇学术语时也没有"词汇学有的,语汇学一定要有"的意味,只不过是参考词汇学构架来构建语汇学的时候,匆忙了一些,还欠深思熟虑。除了上述的三、四两章,前后其他章节都与词汇学不同,这是不可抹杀的。不管怎么样,周先生的意见,在构建语汇学时还是应当引以为戒的。在同文中,周先生还说:"两学者所说的'词语学'[②],如果是在变身后的'语汇学'和瘦身后的'词汇学'之上建立起来,它们的前提是'语汇学'和'词汇学'分袂的成立,它们两者的研究方法和研究对象存在着不同;之后才能考虑在'语汇学''词汇学'之上建立一个统辖这两者的'词语学'。"这个意见是十分中肯的,我想温先生也是这么考虑的,大家也正在向这个方向努力。发现了"语""词"在性质上的不同,提出了"语、词分立"的主张,希望建立"语汇学",对语汇有独立的更深入的研究;又不愿意割断语汇与词汇同是语言建筑材料而产生的联系,所以又希望建立"词语学",能进一步在各自有充分研究的基础上再将它们放在一起来研究。这只是一个美好的愿望。实际上即使"语、词分立"已经为全社会所公认,要建立"语汇学""词语学"还需要实践、思考、研究,还需要时间。

全国汉语语汇学学术研讨会是语汇研究的重要阵地,我们的会不应该仅满足于两年一次,而要努力提高会议论文质量,也不要满足于对语汇学中一些个别问题的讨论。当然,这些讨论都很重要,它们都是建立大厦的基础,但是我们现在更需要多关心整个语汇学的理论研究,关心语汇学某些大的方面。只有理论研究加强了,个别研究才能脱离原有水平,向更深入的方向发展。要有更多的同仁关心语汇学,投入到语汇学的大讨论中。争辩不是坏事,而是好事。没有争辩的学问是不可能发展的。要学习周荐先生善思考、敢说话的精神。希望有更多的学者来撰写汉语语汇学通论性的著作或侧重于语汇学某个方面的理论专著。语汇学不光是要我们这些与会者承认,要得到全社会的公认,要进学校讲堂、教材,要进词典。想得到别人的承认,只有自己坚持研究,取得令人信服的成果。这条路还很长,很长。

附注:

① 金先生说的是概念和集合概念的语言形式,并不意味着概念=词义,关于概念属于思维范畴,词义属于语言范畴,岑麒祥、薄鸣、石安石等先生都已论述过。

② 指李小平先生《"语汇学"及相关问题》(收入《汉语语汇学研究》,商务印书馆,2009)和温端政先生《再论语词分立》(《辞书研究》2010 年第 3 期)两文中的论述。

参考文献:

[1] 胡裕树.现代汉语(修订本)[M].上海教育出版社,1998.
[2] 黄景欣.试论词汇学中的几个问题[J].中国语文,1961(3).
[3] 匡鹏飞.汉语词汇研究的新创获——评《现代汉语词汇系统论》[J].汉字文化,2002(2).
[4] 李尔钢.现代辞典学导论[M].上海:汉语大词典出版社,2002.
[5] 刘叔新.汉语描写词汇学[M].北京:商务印书馆,1990.
[6] 孙维张.汉语熟语学[M].长春:吉林教育出版社,1989.
[7] 王德春.词,词组,熟语[J].上海外国语学院季刊,1958(3).
[8] 温端政,沈慧云."龙虫并雕"和"语"的研究[J].语文研究,2000(4).
[9] 夏征农.大辞海·语言学卷(修订版)[K].上海辞书出版社,2013.
[10] 杨蓉蓉.也谈字典、词典、语典三分[A].∥汉语语汇学研究(二)[C].北京:商务印书馆,2011.
[11] 张世禄.词汇讲话[J].语文知识,1956(4-10).
[12] 张永言.词汇学简论[M].武汉:华中工学院出版社,1982.
[13] 周荐.中国词汇学发展需要明晰定位[N].中国社会科学报,2010-5-18.
[14] 周荐.语词分合问题引发的若干思考[J].世界汉语教学,2014(10).
[15] 周祖谟.汉语词汇讲话[J].语文学习,1955(4-10).

(作者单位:上海辞书出版社语词编辑室　上海　200040)

关于语块的几个问题

王吉辉

一

语块源自于英语的 chunk。

英语中,chunk 只是"块""整块"的意思,原本与语言毫不搭界。它之被关注,源起于学者们对语言心智活动的研究,——研究表明,语言往往以多种形式存储于人脑中,比如,林林总总的词,不仅能以一个个的语素形式存在,而且也能以词组的构成部件甚或是更长的语句记忆块(longer memorized chunks of speech)形式存在;同样,在向外输出时,也经常以预制好的这一个个的"块"(chunks)的形式从记忆中提取出来。(Bolinger 1975)"块"自此而与语言有了交集。

James R. Nattinger 和 Jeanette S. Decarrico 在他们合著的《词组与语言教学》(*Lexical Phrases and Language Teaching*,1992)中,将 Bolinger 提出的 chunk(块)的概念引入语言教学,认为,"词组(lexical phrase),毫无疑问,对语言使用者来说,就相当于一个个块(chunks)"(P33),主张,"语言学习的主要任务,就是将那些不熟悉的语料合成有意义的块,从而生成更有表达力的各式词组"(P33)。这之后,Michael Lewis 在其所撰的具有颠覆性变革的《教学词汇法》(*The Lexical Approach*,1993)中,不止一次地引用了Nattinger等有关chunk(块)的概念及相关论述,从而使"块"的概念在更广的范围内得到了传播,并最终使这一概念与语言教学紧密地结合在了一起。至此,将chunk(块)理解成"语块"而非"块"也就名正言顺了。

什么是语块,Nattinger与Decarrico在将它引入语言教学的时候并没有给出具体阐释,只是主张词组可以当作语块来看待(P33,1992)。既然词组可以看作语块,那么,透过他们所认定的词组也就能对语块有个大致的了解。

Nattinger等将词组分成以下几类(P38-46):

a. 多词组合(polywords)。比如:by the way(顺便);by and large(总体上);what on earth(究竟);all in all(总的来说);strictly speaking(严格地说);等等。

b. 习用表达(institutionalized expressions)。比如:how are you?(你怎么样)have a nice day(祝愉快);there you go(行、可以);long time no see(好久不见);等等。

c. 词组格式(phrasal constraints)。比如"good __",由它可以产生像good morning, good afternoon, good evening等,从而生成不同的组合;再比如"a __ ago",由这一词组格式能产生诸如a year ago, a day ago, a very long time ago等不同的语言单位。

d. 句子构式(sentence builders)。比如:not only X, but also Y(不仅X而且Y);let me start by/with X(topic marker)(让我从X开始谈起);the __ er X, the __ er Y (comparator)(X越……,Y越……);等等。

正如他们自己在附注中(P57)指出的那样,lexical phrase(词组)一般用于指说类似于idiom或set phrase等的那些单位,而文中所理解的 lexical phrase 与以往有较大的不同。恐怕也正是以这种特殊理解的"词组"为基础,他们才断言,词组可以当作语块来看待,也即,语块是被当成了具有自身特定内涵的一类,——它不同于通常所说的固定语等。

Michael Lewis 在《教学词汇法》一书中多次引用 Nattinger 的语块的观点,并强调课堂教学中使用语块法教学的重要性,但是对什么样的对象能当作语块,同样未能做出正面的回答。作者在涉及词汇成员类别时做了如下的归类(P91-95):

a. 词(words)。

b. 多词组合(polywords)。比如:of course(当然);the day after tomorrow(后天);on the other hand(另一方面);look up(查找);等等。

c. 固定搭配(collocations)。比如:

  prices — fell
  incomes — rose
  unemployment — stablised

d. 习用表达(institutionalised expressions)。比如:not yet(还没有);just a moment, please(请等一下);That's all very well, but...(那都很好,只是……);sorry to interrupt, but can I just say...(抱歉打断一下,我只想说……);等等。

Michael 划分出的 a 类自身是词而不是词与词的组合,不存在是否成为语块的问题。余下的三类中,b 类、d 类与 Nattinger 的 a 类、b 类相近似。C 类较为独特,它涉及词与词之间的搭配、组合,然而这种组合往往表现为关联上的经常性,表现为彼此共现的频率较高,——这与已经"俗成"的习用表达(Michael 的 d 类、Nattinger 的 b 类)存在某种程度的类似之处,却又不完全相同。从作者将 b 类、d 类乃至于 c 类都看成词汇中的成员来看,它们无疑都是被当成了具有一定固定性的备用单位,是被当作一个互有关联的整体来看待的。如果说,当中的 b 类、d 类因同于 Nattinger 的 a 类与 b 类而可以看作语块的话,那么似乎也没有理由不将 c 类归入语块中去。

尽管语块的理解,学者之间存在着些许分歧,但它的诞生背景却是十分清楚的,——产生于语言教学的需要,同时又回归、服务于语言教学。语块用于语言教学的意义在于:

有利于提高表达的流利性和准确性。由于语块是现成的备用单位,在交际的时候,缩短了组词成语、组词成句的加工工程,因而可以使说话者在第一时间内不假思索地进行有效的交际,使表达流畅、连贯并具有可接受性。

语块兼有词汇和语法的属性,语块的大量习得和使用有助于加深学习者对独立的词以及语法规则的理解。比如,固定格式一般都有格式的意义,填入其中的成分既有个性也有共性,这势必使学习者在整体化记忆和使用的同时,对其内部的具体构成和整个格式进行一定的思考,从而会深化对相关知识的理解。

有利于增强学习者的自信心。以语块为单位进行记忆和使用,有助于减少以单个的词为单位表达时自行搭配的茫然和困惑,大大降低偏误的发生率,从而消除学习者的挫折感,激发他们学习的热情,最终形成第二语言学习的良性循环。

国内的外语教学界以及对外汉语教学界,正是看中了语块在教学中的这些促进作用而将它介绍到了国内,并尝试着用它来探索教学的新思路。

于教学而言,语块既然如此重要,加强对其研究理所当然。不过略觉遗憾的是,无论是外语学界抑或是对外汉语教学界,大家似乎只对提出的这一概念感兴趣,只对这一思路在教学中的应用感兴趣,至于语块自身的性质如何、它都能包含有哪些类型的单位、与词汇学界所讨论的固定语之间又有着何种关联等方面的问题,尚未见有相关的研究发表出来。而它们恰是下文所重点予以关注的。

二

语块这一概念,虽然不断地被学者们引用,但对语块的性质却大多语焉不详。这直接导致其指称的具体对象,各家互有出入,范围上见仁见智(详上)。

语块能否最终得以形成,关键看语言单位之间的组合能否形成一个整体:能成为整体的,就具备了成为"语块"的基本条件;反之,所谓的"语块"自然就无从谈起。至于语言单位之间凭借着何种因素使得彼此黏合到了一起,则统统不在"语块"考虑考察的范围之内。如果这种理解能被接受的话,那么,语块之成为语块,就须具备如下两个基本条件:其一,它应是一个在词基础上形成的比词大的单位;其二,合在一起的单位须具有某种程度的固定性,或者至少,也得具有关联上的经常性。这样看来,以下列出的几类都应该属于语块。

1.组合类:设词 A、B、C,它们都挨连地组合在一起,形成如ABC……这样的表达形式。这又可以区分为两词组合和多词组合(polywords)两个次类。

a.两词组合

走你、你看、这不、你好、走好、慢走、慢用、瞧你、玩儿去、好说、对了、还行、罢了、得了、那是、你想、玩儿悬儿

b. 多词组合

不是滋味儿、想开点儿、别往心里去、得了吧、说了算、一块石头落了地、回头见、说的也是、哪儿啊、拿得起、不用说、咱俩谁跟谁啊、有眼光、没说的、谁知道呢、实际上、说实话、不瞒你说、说句心里话、总的来看、照理说、看得出来、这么说、这样一来、看起来、比方说、也就是说、说到底、俗话说、常言道、去你的、你怎么样、吃饭了吗、您慢走、别来无恙、不好意思、一点儿小意思、敬谢不敏、迟复为歉、哪里哪里、他妈的、他奶奶的

2. 搭配类：词 A 经常要求与词 B 相配形成 A……B 或者 AB 的表现形式。虽说，彼此之间的这种搭配不具强制性，——社会完全可以突破 A 与 B 的组合限制，但大多数情况下，大家还是习惯上喜欢将 A 与 B 用在一起，使得 A 与 B 无形中建立起了关联上的经常性，从而给人以某种程度上"整体""整块"的强烈印象。

a. A……B 搭配式

出于……考虑	征得……同意
由于……缘故	对……感兴趣
拿……没办法	跟……过不去
打下……的基础	由……组成
别跟……一般见识	像……一样

b. AB 搭配式

飞机—起飞/降落	万万—不
发—牢骚	踢—足球
打—篮球	鸣—喇叭

骑—自行车　　　　　　开—汽车

Michael Lewis 曾谈到的 collocation(P93,1993)应属于搭配类中的 b 小类。

3.格式类:词 A 与 B 等的搭配已经固化、定型化,形成了具有某种强制性的格式、框架,表现形式为 A……B……或……A……B 或 A……B 或 A/B……,甚或 A……,B……,等等。这种格式具有开放性,所填入的成分只要合乎格式的要求都可进入。

a. A……B……、……A……B 格式。比如:

a_1. 上……下……、左……右……、东……西……、连带……、爱……不……、大……大……、一……半……、有……有……、半……半……、三……四

a_2. 既……又……、无论……也……、不但不……反而……、或者……或者……、与其……不如……、要么……要么……、因为……所以……、如果……就……、即使……也……、之所以……是因为……、除了……就是……、虽然……但是……、不是……而是……、连……都(也)……

b. A……,B……,格式。比如:

第一……,第二……,第三……

首先……,其次……,再次……,最后……

起先……,后来……

一来……,二来……

c. A……B 格式。比如:

还……呢:连这个字都不认识,还老师呢?

大……的:大星期天的,起来那么早干什么?

都……了:都晚上 12 点了,他怎么还没有回来?

有……呢:别害怕,有老师呢。

d. A(B)……格式。比如:

被……:被代表、被统计、被平均、被学习、被考试

a 类格式中的 a_1 小类,形成的多半是些词组,比如,借由"上……下……"可以形成"上吐下泻""上蹿下跳""上行下效""上有老下有小""上不着天下不着地"等长度不等、固定性不一的词组。而 a_2 小类中 A 与 B 所关联的语言单位往往是句子,形成的单位也主要以句子为主。Nattinger 据此将这些格式称为句子构式(sentence builders,P42,1992),看来不无道理。b 类涉及语篇的衔接,A 与 B 之间关联的单位或为句子或为句群或为语段等。

c 类和 d 类有别于上述各类,只留下一个可以填入成分的空间,不只如此,其中的 d 类还不见了与 A 搭配的 B 的存在,从而使得格式、框架的限制性作用变弱,可填入的成分具有更为广泛的选择性。

上述各类中,除 b 类以外的其他各类,都被 Nattinger 等归在了所认定的"词组"范围之内。

由上可以看出,出于语言教学目的而提出来的语块概念,其性质实际上较为驳杂。有些,比如当中的组合类以及搭配类中的 b 类,属于语言中的一类单位——都是词组,而格式类中的各类都是框架,无法看成语言单位。同样,搭配类中的第一类,涉及不同词语之间的搭配,仅仅表明不同单位之间相互关联的状况,也不能当成语言单位来看待。须说明的是,就它们本身而言,虽然不具有语言单位的资格,但是它们却为语言单位的产生提供了生成的框架,由它们生成的具体单位自然是语言单位,这毋庸置疑。

三

　　语块与通常所指说固定语之间的交叉点在于那些具有语言单位性质的部分（如上述的 b 类）。恐怕正是因为彼此存在相互交叉，——形式上都表现为词与词的组合，并且相互之间有着某种程度的固定性，所以，早在 1963 年，郎峻章在其《现代汉语里的惯用语》一文中，将"可不是""为的是""想当年""就是了""什么的"等与"果不其然"等单位同列，归进了"惯用语"中，至于为何做出这样的归类，作者并未给出恰切的解释。张风格也注意到了语言中的类似现象，并将诸如"对了""看你""谁跟谁""没的说"等称之为口语习用语，主张"口语习用语属于熟语门下，与成语、俗语、歇后语和惯用语等一样都是熟语的属类"。作者不只看到了它们与成语等之间存在的共性，而且还进一步分析了它们之间存在的不同，并具体列举出了口语习用语的主要特点：第一，它是特定语境条件下使用的一种定型的语句，这种语句对环境有很强的依赖性；第二，从音节数目上看，它有双音节的，也有三音节及以上的；第三，它用字普通而平实，很少有比喻性字眼，因而整个形式都没有凸显性，以致人们使用了它还往往浑然不知；第四，它看起来往往是不符合语法和逻辑的，但在实际的使用中却被认为是正确的；第五，它的意义是特定的、约定俗成的，所表达的往往是说话人对人和事的一种态度和评价；第六，它主要用于日常生活中的非正式场合，特别是用在亲人、朋友和熟人之间，并多作为内心世界的交流和沟通之用；第七，口语习用语在使用中可有多种功能(2005)。

　　学者们注意到语言中的这一类"不入主流"的事实并将它们归类，张风格文还尝试着对归类背后的原因做出了解释，这些探讨都十分难能可贵,也很有价值。只是,一刀切的看法似乎失于片面。要知道,其中的情况其实比较复杂,唯有将不同的情形区分开来做出不同的分析判别,得出的结论与语言现实才会更加接近。

从所表达意义性质的角度来看,成语言单位的语块可以大体分成以下几类:

甲类:

  A　走你　不是滋味儿　想开点　别往心里去　有眼光　玩儿悬儿

  B　发—牢骚　踢—足球　打—篮球　鸣—喇叭　骑—自行车

该类单位表达的意义具体实在,词汇性质比较明显。A小类中的"走你""玩儿悬儿"和"不是滋味儿"等,自身结构稳定且固定;而"想开点""别往心里去""有眼光"等则表现为另外一种情形:成分之间的搭配虽然比较稳定,但结构上缺乏很强的固定性。"想开点"可以说成"想开些""想开一点""想开一些"等等,"别往心里去"可以换成"别总往心里去""不要往心里去""别老往心里去",等等,"有眼光"也能替换成"有长远眼光""有些眼光""有干好事业的眼光",等等。B小类表明的是它们之间的搭配关系,意在说明彼此之间关联的经常性。"发—牢骚"说明,"发"经常与"牢骚"搭配,换言之,它们之间的这种组合具有典型性,是常见的组配形式,相应地,形成的这种组合也就会带有某种程度的固定性。比较而言,该类各单位所具有的固定性不如A小类各单位。

乙类:

  A　要不然　为的是　之所以　是因为

  B　总的来看　照理说　说实话　实际上　不瞒你说

说句心里话　看得出来　这么说　这样一来　说到底

A小类各单位连接各分句,表达的意义都是纯语法性质的。"要不然"表示假设,"为的是"表示目的,"之所以"通常与"是因为"连用,表示因果。B小类各单位,它们与所说的插入语相类似,其主要作用就是使句子严密化,补足句义,同时又不互为句子成分。——有的表示肯定或强调的口气,有的表示对情况的推测或估计,有的表示消息来源,有的表示总括性的意义,有的表示对语义的附带说明等意义。不论其具体起着什么样的作用,但有一点却是不争的事实,——它们主要的不在于自身表达了什么意义。或许正是看到了这种情况,现在有不少学者将它们当作语法标记而非插入语来理解。

丙类:

你好　慢走　走好　回头见　吃饭了吗　你怎么样　别来无恙　迟复为歉

这类单位参与社会交际的时候,交际双方并不对语言单位所表达的意义真正发生什么兴趣,交际双方都明白,这只是一种社会相互打招呼或者是礼节性的套话而已,表达本身很重要,至于表达了什么则不是人们所切实关心的。这就是说,丙类表达的意义是社会性的,是语用意义。

丁类:

对了　你看你　得了吧　可说哪　没的说　话是这么说　说得好听　也罢　可不是　也好　去你的　玩儿去　哪儿啊　说知道呢　可倒好　这不　哪里哪里　咱俩谁跟谁呀　都什么时候了

丁类与张风格所论相似,它们所表达的一种口气或者态度,要么是肯定的、赞同的、附和的,像"没的说""也好""咱俩谁跟谁呀"等,要么是否定的、拒绝的、抱怨的,像"哪儿啊""玩儿去""哪里哪里""你看你"等,要么是一种提醒,比如"对了"等。总而言之,它们的意义既谈不上具体,更说不上实在,需要从社会约定俗成的角度来对它们加以理解。

语块中的上述诸类语言类单位,因为也具有某种程度的固定性而与通常说及的固定语发生了某种程度的瓜葛。郎峻章文将它们看成惯用语、张风格文把它们当作熟语的一个属类也就不足为奇了。不过,彼此之间存在的瓜葛更多的恐怕还是表面上的。语块与固定语之间能发生实质联系的,只有甲类中的 A 小类,——不只有固定性的表现,而且,表达的意义是词汇上的,——应该算成固定语当中的成员。至于甲类的 B 小类,它们的固定性要逊于 A 小类,能否看成固定语,则要看人们对固定语的范围的界定与理解了。

对于成语言单位的其他各类,表达的意义与熟语或者惯用语所表达的意义根本不同,自然无法将它们与熟语相提并论,更无法把它们纳入所说的"惯用语"当中。在我看来,它们只是些固定用法[①](王吉辉,2009)。

附注:

① 主要起语法作用的词叫虚词,主要起语法作用的"语"叫"虚语",我看也未尝不可以。

参考文献:

[1] 段士平.国内二语语块教学研究述评[J].中国外语,2006(4).
[2] 郎峻章.现代汉语里的惯用语[J].吉林师大学报,1963(1).

[3] 鲁川,缑瑞隆,刘钦荣.汉语句子语块序列的认知研究和交际研究[J].汉语学习,2002(2).
[4] 亓文香.语块理论在对外汉语教学中的应用[J].语言教学与研究,2008(4).
[5] 王吉辉.固定格式与固定语[J].南开语言学刊,2008(1).
[6] 王吉辉.固定语研究[M].天津:南开大学出版社,2009.
[7] 张风格.口语习用语研究的两个问题[J].语言文字应用,2005(2).
[8] James R. Nattinger, Jeanette S. Decarrico, *Lexical Phrases and Language Teaching*[M]. Oxford University Press,1992.
[9] Michael Lewis, *Implementing the Lexical Approach-putting Theory into Practice*[M]. Language Teaching Publications,1998.
[10] Michael Lewis, *The Lexical Approach*[M]. Language Teaching Publications,1993.

(作者单位:南开大学汉语言文化学院　天津　300071)

汉语语汇的形成发展及语义动态构建的认知研究

王 岩

传统的汉语语汇研究,多是从语汇的分类和性质、语汇的结构形式、语汇的意义、语汇的运用等方面来研究,多是把语汇看作一种结果来做静态的分析,较少对语汇形成、发展以及语汇语义的构建过程进行动态研究。事实上,语汇的形成、语汇意义的构建和理解是一个动态的过程,呈现为一个连续的过程。如果只了解语汇的稳定性和对其进行静态分析,对语汇的了解和研究就会陷入形而上学。因此,我们把语汇放在一个完整的、动态的过程中来分析。

一 汉语语汇生成发展研究的依据和方法

我们用发生学的观点方法来研究汉语语汇的生成发展及语义构建。

"发生学"源自生物学领域的"遗传学",英文为 genetics,它本来是指由英国生物学家 W. 贝特逊(W. Batcson,1861—1926 年)于 1906 年根据希腊语"繁殖"(generafione)一词正式命名的一门学科(杨学仁、朱英国,1995)。18、19 世纪被日益广泛地应用于自然科学领域,成为探索自然界万物起源、发育、演化的阶段、形态和规律的方法。随后,发生学作为一种研究方法与范式,在人文科学领域开始运用,并且使用范围日渐广泛。

发生认识论的主要问题就是解释新的事物是怎样在知识发展过程中构成的,对于研究对象从一个阶段演变、发展到另一个阶段,这个过程不是以某个事件和某个时间进行实证,而以观念、逻辑、思维进行推理,从而解决起源研究无法解释的知识结构生成机制问题。

语汇一般来自人们的口头交际,在传播使用过程缓慢形成,你查找它最初出自谁人之口,无疑是大海捞针;虽然说成语、格言、锦句等能查找它的出处,主要来自典章古籍、诗词歌赋,但它能成为语依旧是需要一个过程,而经过这个过程,语型或语义都要发生变化。语汇的生成是一个过程,是不断被使用、发展演变的结果。当某个词语被开始使用时,每一次被使用,每一次理解,总有一定程度的新的理解被包含在内;这个词语从非固定到固定,从个别人使用到某群人使用,再到被广泛使用,每一个阶段过渡,总是以一些新结构的形成为标志,最后在不断完善充实下,意义固定语型固定,被人们广泛使用和传播,并符合语汇的性质和特点,那么这个语才算是形成了。所以研究汉语语汇的生成必须要按照发生学的观点,要注重研究语汇在形成过程中主要的、本质的和必然的因素。

二 语的形成和发展是隐喻和转喻映现的结果

认知语言学认为人类运用自己的认知能力来认识世界和反映世界,转喻(Metaphor)和隐喻(metonymy)是最基本的两种手段;语言深深扎根于认知结构中,隐喻和转喻这两种重要的认知模式,是新的词汇和语言意义产生的根源。

隐喻和转喻主要用于语义的发展和概念的构建。当词语刚刚产生的时候,所指往往都是具体的事物,而随着社会发展、文化发展,人们经验不断丰富,信息也不断增加,人们不满足于对具体事物的认知,而是要思考、表达一些抽象的概念、思想和感情,这时他们不必要也不可能完全是从零开始不断地创造新词语,而是凭借已有的经验、知识、词语,在联想、想象的激发下,将要认识和表达的抽象的概念与已有的事物相关联,找到它们的相似点加以类比、推理等来表达对新思想、新概念的认知,从而产生了两个认知域之间的投射,创造性地实现了词语概念的构建和词语抽象语义的扩展。"基本词义由于隐喻和转喻的作用发展了其他义项,而这些义项又由于反复使用失去了修辞特征,这种由修辞意义向字面意义转化过程即词汇化(lexicalization)"(赵艳芳,2002)。也许一开始是新义项的增加,但随着发展,原有的意义被淡化或消失,而新产生的意义成为原型意义,使语义发生了变化。因此说,隐喻已经成为人类认知、思维、经历、语言甚至行为的基础,是人类主要的、基本的生存方式。隐喻认知结构在语言文化形成发展中起着主要的决定性的作用。(雷科夫、约翰逊,1980)而这些隐喻和转喻通过长期建立的常规关系而无意识地进入人们语言,使之成为词汇的部分含义。

对于汉语语汇来说,尤其如此。隐喻和转喻作为一些常规化的或无意识的映现模式,不为我们所察觉,但却是语产生、发展的内在机制和动力。一是我们汉民族本身就擅长于用具象思维方式和直觉体悟的思维方式去类比、意会,擅长于用具体的事物表达抽象的思想、感情。二是隐喻和转喻作为一种认知方式,为语的产生发展提供了一种手段、一种理据。如果没有隐喻和转喻的认知思维,许多汉语中的语就不会这样产生和发展。因为"社会历史因素固然是词语发展、词义变化的重要因素,而其内因来源于使用者的认知思维。历史社会因素只能说明变化的必要性,而认知因素才能说明词义变化的内在机制和可能性"(赵艳芳,2002)。我们来分析一个大家很熟悉的成语:"入木三分"。这个成语来源于唐张怀瓘《书断·王羲之》:"更祝版,工人削之,笔入木三分"。此语本义是说王羲之把字写在木板上,字迹能投入木板三分深,形容其书法笔力强劲。本身已经是具有比喻和非字面的意义,后使用语境超越了原来的语境,用来说看问题、见解和议论深刻和精辟。也就是说在目标域(看问题,分析问题)和来源域(书法笔力)之间具有了映现的对应关系,"入木三分"所指的范围扩大了,意义丰富了,可以形容书法,也可以形容看问题的尖锐和深刻,也可以形容人物刻画的深刻,等等。正是由于词语意义内涵和外延的扩大,人们使用也就日益频繁,它就越具备了"语"的"特质",于是"入木三分"也就成为成语了。

"胸有成竹、东施效颦、纸上谈兵、茅塞顿开、草木皆兵、迎刃而解、壁垒森严,刀子嘴豆腐心、种瓜得瓜种豆得豆、金无足赤人无完人,铁公鸡——一毛不拔、喝西北风、穿小鞋"等也都是通过隐喻和转喻形成的。人们或以相似为基础或以经验为基础,把抽象的思想、感情、心理活动、事件、状态等无形的概念投射到人们对时间、空间、方位、实体等具体的事物或感觉上,实现隐喻映现,这些基于相似性和类比的映现,由于长期被人们使用,已成为人们共享的和凝固化的概念形成方式,并储存到我们长时记忆中,形成了固定知识结构,形成了表达更抽象更深刻更生动的概念的语。

再比如,动物类语汇的形成,即是人们在对动物的感知过程中,发现动物的某些形象和某些特性与人类社会中的某些事物的现象有些相似,于是把动物的某些认知投射到人类社会的某些事物或现象的认知上,就形成了大量具有隐喻或转喻意义的动物类语汇。用"麻雀虽小五脏俱全"来隐喻事物虽然规模小,但具备的内容却很齐全。因"鸡肠"细小,用"小肚鸡肠"来比喻"心胸狭窄"。因为老虎吃人,令人畏惧;蛇有毒,令人害怕,因此就有"伴君如伴虎""不入虎穴,焉得虎子""杯弓蛇影""一朝被蛇咬,十年怕井绳"等。因为猴子生性上蹿下跳、抓耳挠腮,给人机灵但没有耐心的感觉,因此就有歇后语"猴子的屁股——坐不住""猴子照镜子——得意忘形""猴子爬竹竿——上蹿下跳"。此外,还有"龙腾虎跃、龙飞凤舞、狗仗人势、九牛一毛、风马牛不相及、对牛弹琴、牛鬼蛇神、狗嘴里吐不出象牙"等都是这样产生的。

三 概念整合与语汇语义的构建

概念整合(conceptual blending)指对两个来自不同认知域的概念,有选择地提取其部分意义整合起来,进而形成一个复合概念结构。概念整合是人们进行思维和活动,特别是进行创造性思维和活动时的一种认知过程。概念整合在我们日常的语言生活中经常被无意识地使用。语的意义形成的认知过程就是在概念整合过程中完成的。

语的意义的构建不是简单对字面意义理解的过程,而是一个反复使用、复杂的过程,是一个动态的认知过程,是一个动态的、极其复杂的、需要充分发挥想象力的认知过程,是输入信息者与读者或听者头脑中已有的知识的动态交互过程。在这一过程中,使用者(说话人和听话人)要通过积极的思维活动对所接受的声音和文字进行分析、归纳、合成,从而实现语义的重构。语的意义不是组合而是通过整合而获得的。

比如成语"倾国倾城",字面义为"城与国倾覆",而常用来"形容女子容貌极美"。但"城国倾覆"与"女子容貌美丽"的概念意义相差很远,甚至可以说风马牛不相及,在两者之间如何形成映射,如何进行概念重组、整合?这有中国传统文化背景,《汉书·孝武李夫人传》所载李延年歌"北方有佳人,绝世而独立,一顾倾人城,再顾倾人国,宁不知倾城与倾国,佳人难再得"。意思是"佳人貌美,使一城一国之人倾心而爱悦之"(曹海东,1997),在这样的文化背景下,"城国倾覆"与"女子貌美"之间也就是源域与目标域之间形成了映射,在心理合成空间的动态交互过程中,相同的、相似的和引申的概念因素相互影响,使两个概念得以整合,将"倾国倾城"的语义转移为"女子貌美"的语义而固定下来。而在长期的使用过程中,使用者已经感觉不到两者之间还有什么联系,或者说对这种联系已经在心理上无意识化,其中由于转喻和隐喻形成的映射已经常规化,或者说目标域已经覆盖了源域,人们所熟知的"倾国倾城"的意义就是"形容女子貌美",而其字面写实意义"城市倾覆、倒塌、沦陷"而往往被忽视,读者对其是"陌生"的。

此类语很多,除了部分知识性的谚语,大多数的语都是通过概念整合而形成的。

概念的整合是有层级性的,且层级性是有高低之分的。层级性越高,词语意义的整体性越强,而意义的整体性正是语的一个重要的特征。因此说,概念整合层级性由低到高,也就是语由非固定短语到固定短语到语形成的过程。语的这个形成过程是长期的、复杂的过程,我们无从个个来追溯,选取一个我们熟悉的例子来分析一下这个过程。

惯用语"炒鱿鱼",是形容工作被辞退、解雇,甚至开除的意思。而在其成为惯用语前,原本说的是广东的一道招待客人的好菜,男女老幼都喜欢吃,形成初也只是一个非固定短语,或说只是一个可以随意组合的动宾词组,和"炒菠菜""炒羊肉""炒竹笋""炒豆腐"等等一样,意义也是其字面基本义与基本义的组合,人们见字知义,属于概念整合的低层次。后来,"炒"一词由"炒菜"过程的"翻来覆去"引申为"倒买倒卖",如"炒房地产、炒股票"等,这些短语的意义是一个义项"炒"的引申义和另一个义项"房地产、股票"的基本义整合而成,属于概念整合的中级层,这样的短语可称固定短语。随后熟语"炒鱿鱼"的意义却是概念整合的高层级。因为,不知什么时候开始,人们忽然从"炒鱿鱼"这道菜中发现,在烹炒鱿鱼时,每块鱼片都由平直的形状,慢慢卷起来成为圆筒状,这和卷起的铺盖外形差不多,而在过去,到广东或香港做工的外地人,雇主多是包食宿的,雇员身上只带着轻便的包袱,顶多带一张棉被或竹席,当员工被老板开除时,他便需收拾细软卷铺盖走人,那么由于联想"炒鱿鱼"形状和"卷铺盖"形状之间形成了映射,而炒、被解雇、卷铺盖形状、炒鱿鱼形状等四个心理空间通过映射链接起来,得以整合,这样这个短语就处于概念整合的最高层级的短语,"炒鱿鱼"的意义不再是字面意义,而是通过"炒""鱿鱼"两个义项的引申转化整合而成的意义,完全脱离了本义,而且这个意义具有不可分割的整体性,而我们说语意义的整体性是语汇的重要的特征、重要标志之一,这时可以说这个语就形成了。

很多语都是这样形成的。因此我们说,语由非固定短语到固定短语再到语的过程,也就是概念整合由低级层到中级层再到高级层发展的过程。

四 语形成的语用学分析

语的形成是由概念整合的低层级到概念整合高层级逐渐演变的过程,而在这个演变过程,语用起到了很重要的作用,或者说语用上同样有这样一个过程。

语形成之前的非固定短语,由于语用的需要,人们或临时组合,或出于经典名著。由于这些短语或形式新颖、或语义鲜明、或语音上朗朗上口等,在语用上具有很强的表达力和说服力,一开始也许在某一群体中使用,然后可能逐渐被人们广泛接受使用,慢慢以短语形式和意义固定下来,成为一个定型定义的、具有一定文化背景的、具有修辞意味的不可分割的短语,实现了从非固定短语到语的转变过程。正如维特根斯坦(2001)所说:"熟语援用了集体智慧,来自于一种集体性语言意识。""熟语是伴随着语言史发展的脚步和语用跳动的脉搏由使用该语言的整个社会力量对语言财富进行创造性劳动的成果,是汉民族语言的精华。"(陈嘉映,2003)王希杰(2000)在《修辞学导论》一书里列有"谚语"一个小题目,说:"谚语是在群众广泛流行的语句。它的特色是通俗平易,但也有郑重庄严的色彩。它是人民群众的集体创作,是群众口语的精华,形象、简练、和谐、上口。"谚语"君子之交,淡如水,小人之交,甜如蜜;害人之心不可有,防人之心不可无;二人不观井,俩人不游山;人是衣裳,马是鞍;清官难断家务事;狗不嫌家穷,儿不嫌母丑;上有天堂,下有苏杭;夏至长,冬至短;天黑亮了山,一晴晴三天;小燕来,好种田,大雁来,好过年",等等,这些谚语在形成之前也许只是普通老百姓对生活的某点感悟,或是对自然现象的总结,只是临时口头说说而已,但这些短语或句子,语音押韵,朗朗上口,好懂好记,逐渐被人广泛接受和使用,最后固定成为谚语,流传至今。

再比如惯用语"喝西北风",如果我们严格按现代汉语的语法规则,这个短语是不符合规则的,动词"喝"后面一般只是"喝水、喝汤",风怎么能喝呢,而在我国西北风是寒、冷的风,于是通过概念整合有了用"喝西北风"指"挨饥受饿,吃不上东西"的意义,形象、生动、通俗、易懂,被广泛地使用。正是由于人们不仅在口头上而且在书面文学上也经常使用,这个短语的生命力大大地加强,语义结构日趋稳定,最终作为一个整体的语言单位在口头和书面加以运用,实现了由原本的非固定短语到固定短语再到语的过程。再如:"打擦边球、尘埃落定、穿小鞋"以及所有的歇后语、惯用语、俗语等都经历了这样一个复杂而漫长的过程。

同时,在这个过程中,语用学中的语言经济原则也起着催化剂的作用。吕叔湘(1980)认为,语言中的经济原则指能用三个字表示的意思不用五个字,一句话能了事的时候不说两句。向明友(2002)从言语表达的效用上来定义语言的经济原则,指出经济的语言就是经过优化配置、实现效用最大化的言语。徐正考、史维国(2008)认为"语言的经济原则是在表意明晰的前提下,为了提高语言的交际效率,尽可能采用简洁的语言符号形式"。随着社会的快速发展,生活节奏的加快,也促使人们语言表达上尽可能节约时间,用最经济的语言表达最丰富的内涵,而能实现这一经济原则的语言就更具有生命力,更被人们广泛地运用,这就加速了这类语言由非固定短语到固定短语再到语的进程。所以我们说,语的产生发展的过程,也是人们语用的需要。

参考文献:

[1] 曹海东."倾城倾国"释义商兑[J].华中师范大学学报(哲学社会科学版),1997(7).

[2] 陈嘉映.语言哲学[M].北京大学出版社,2003.

[3] 吕叔湘.语文常谈[M].北京:生活·读书·新知三联书店,1980.

[4] 王希杰.修辞学导论[M].杭州:浙江教育出版社,2000.

[5] 向明友.论言语配置的新经济原则[J].外语教学与研究,2002(5).

[6] 徐正考,史维国.语言的经济原则在汉语语法历史发展中的表现[J].语文研究,2008(1).

[7] 杨学仁,朱英国.遗传学发展史[M].武汉大学出版社,1995.

[8] 赵艳芳.认知语言学概论[M].上海外语教育出版社,2002.

[9] 〔美〕George Lakoff & Mark Johnson. *Metophors We Live by*. University of Chicago Press,1980.

[10]〔英〕维特根斯坦.哲学研究[M].上海人民出版社,2001.

(作者单位:南阳理工学院师范学院 南阳 473006)

试论语义的"叙述性"

黄冬丽

温端政(2005)在论述语义的叙述性时曾说:"'语'和'词'的意义一样,都具有'整体性',但'语'不是概念性而是叙述性的语言单位。"又说:"对于词,特别是实词来说,虽然概念不是词义的唯一成分,但概念是词义的最重要的成分。概念性是词义的基本特征,而语义的基本特征则是它的叙述性。"

一 什么是语义的叙述性

语是由词和词组合而成的,这是形成语义叙述性的基础。有的学者认为,语义上具有融合性的成语和惯用语,表示的是概念,如"居心叵测"语义等于"阴险","一发千钧"的语义等于"危险","咬牙切齿"的语义等于"痛恨","风马牛不相及"的语义等于"无关"。其实不然。"居心叵测"的语义是"存心险恶,不可推测","一发千钧"的语义是"形容事态极其危险","咬牙切齿"的语义是"形容极端愤恨或仇恨","风马牛不相及"的语义是"比喻两者全不相关",都具有叙述性。

语义的叙述性,表现在使用该语言的人群对客观事物的种种表述和描述。表述是对自然和社会现象的认识、总结或论断,因此具有知识性;描述是对某种现象的性质或状态的说明或描绘,因此不具有知识性。

谚语全部是表述性的,都具有知识性。如:①

【公道自在人心】公正的道理,自然存在于民众的心里。指人民群众最能主持公道。

【家家都有一本难念的经】指谁家都有一些发愁和难办的事情。

【病从口入,祸从口出】指生病往往是因为饮食不当,遭祸常常是由于说话不慎。

【病来如山倒,病去如抽丝】①指疾病发作时就像大山倒塌一样迅猛,除去病根却像抽茧取丝一样缓慢。②比喻问题发生容易,彻底纠正很难。

【长江后浪推前浪,一辈新人胜旧人】长江的后浪总是推着前浪不断涌动,新的一辈总会替代和超过老的一辈。指新陈代谢是不可抗拒的自然规律。

表述性的成语,也都具有知识性。如:

【哀兵必胜】指对抗的两军实力相当,受压而充满悲愤的一方必定获胜。后用来指遭受压迫而奋起反抗的军队,一定能打胜仗。

【百年树人】①指培养人才是长远之计。②指培养人才很难,需要付出艰辛的劳动。

【大巧若拙】指真正灵巧的人,看起来好像很笨拙。

【寡不敌众】人少的一方抵挡不住人多的一方。

【众志成城】众人团结一致,就能像城墙一样坚不可摧。指大家精诚团结,就能形成强大力量。

从释义可以看出,谚语和表述性成语都是表示一种认识或判

65

断,总结某种经验,传授某一方面的知识,叙述性非常明显。

惯用语全部是描述性的,不具有知识性。如:

【背黑锅】比喻蒙受冤屈,代别人承担责任或过失。

【吃大锅饭】原指众人在一个大灶吃一样的饭。比喻分配上搞平均主义,干多干少,干好干坏,待遇和报酬都一样。

【吹胡子瞪眼】形容人生气、发怒。

【吃不了兜着走】指必须为自己的行为承担重大责任或严重后果。

【白刀子进,红刀子出】指跟人动刀子拼命。

描述性成语,也都不具有知识性。如:

【方兴未艾】指事物正当兴旺发达之时,尚未停止发展。

【风华正茂】形容年轻有为,风采动人,才华横溢。

【局促不安】拘谨不自然,心里不安宁。

【举手可得】一抬起手即可得到。指不费力气,很容易得到。

【流离失所】指到处流浪,没有安身的地方。

从释义可以看出,惯用语和描述性成语都是描绘某种性状,叙述性也很明显。

歇后语大部分是描述性的,如"泥菩萨过河——自身难保""黄鼠狼给鸡拜年——不安好心","黄连树下弹琴——苦中取乐"。有些歇后语看似具有表述性,含有某种知识,如"兔子尾巴——长不了""猴子屁股——坐不住",但它们的目的并不是传授知识,还是描述性的。

二　语义叙述性不限于"谓词性"的语

有学者对"语"必须是"叙述性语言单位"的提法提出质疑。认为这个提法"不够周延","似乎应当是那些谓词性的语言单位"。

认为"叙述性"只限于"谓词性的语言单位",不包括"体词性的多字格语言单位",这是对语义叙述性的误解。

语义的叙述性当然首先体现在"谓词性的语言单位",但不能认为"体词性的多字格语言单位",语义就不具有叙述性。

"体词性的多字格语言单位",从意义上看,可分为两类:一类是叙述性的,一类是概念性的。

是叙述性的都应归入语。谚语、惯用语和成语,有不少在形式上就是"体词性"的。分别举例说明如下:

形式上属于"体词性"的谚语,如:

【一分价钱一分货】①指不同的价钱,只能买不同等级的货物。②指给多大好处,就办多大事情。

【一朝天子一朝臣】旧指哪个皇帝登基,都要重新任用一批大臣。泛指哪个领导上台,都要重用自己的亲信。

【三分匠人,七分主人】三分功效靠工匠的技术,七分功效靠主人的策划。泛指受雇者要按照雇主的意图行事。

【破家县令,灭门刺史】指旧时地方官员权势很大,可使百姓家破人亡。

【三年清知府,十万雪花银】仅仅当了三年的知府,就积下了十万两银子。指旧时官场腐败,无官不贪。

【三十年河东,三十年河西】①原指大的河流经常改变河道,某个地方原在河东岸,若干年后却在河西岸。②比喻风水地气的流转,几十年一变。多指人或事物的兴盛与衰败,会发生周期性的变化。

类似的还有"人的名儿,树的影儿""一粒良种,千粒好粮""嫁出去的女,泼出去的水""一个香炉一个磬,一个人一个性""一个将军一个令,一个和尚一套经",等等。

形式上属于"体词性"的惯用语,如:

【事后诸葛亮】比喻事前没有意见,事后才出来想办法、出主意。

【一步一个脚印】形容做事认真、踏实、稳妥。

【刀子嘴,豆腐心】话像刀子一样锋利,心肠却如豆腐般软和。形容人嘴上厉害,心肠却很慈善。

【一个萝卜一个坑】①比喻一人一个位置。②形容办事认真、实在。

【一个富贵心,两只体面眼】心里只有富贵的人家,眼睛里只看得起有权势的人。形容人很势利,嫌贫爱富。

类似的还有"一个萝卜一头蒜""一把汗,一把水""一点水,一个泡""一把屎,一把尿""一尺天,一尺地""七大姑,八大姨""七个头,八个胆""笼中鸟,网上鱼""眼中钉,肉中刺""篮里鱼,阱中虎""仨核桃俩枣""七张嘴,八个舌头""一把鼻涕,一把眼泪""七条肠子,八个肝花""一个媳妇,十个婆婆",等等。

形式上属于"体词性"的成语,数量上比较多,仅"一"字开头的就可举出不少。如:

【一箭双雕】一箭射中两只雕。原指箭术高明。后比喻一举两得。

【一石二鸟】投一个石子打中两只鸟。比喻做一件事达到两个目的。

【一日千里】一天跑一千里。原形容马跑得快。后也比喻进步或进展很快。

【一字千金】原指增删一字,赏给千金。《史记·吕不韦传》记载:秦相吕不韦让门客编撰成《吕氏春秋》一书之后,在咸阳城门发布告,说有能增减一字的,赏给千金。后称赞诗文、书法作品精妙,价值极高,分量极重。

【一饭千金】吃人一顿饭,以千金报答。《史记·淮阴侯列传》记载:西汉的韩信年轻时贫寒,有一位漂洗衣物的老年妇女见他饿着,给他饭吃。后来韩信成了楚王,赏赐老妇人千金。后指受恩不忘厚报。

【一言九鼎】一句话的分量相当于九鼎的重量。形容说的话分量极重,起决定性的作用。

【一日三秋】一天没见就像过了三年。形容思念之情非常殷切。

类似的还有"一目十行""一刻千金""一发千钧""一心一德""一心一意""一板一眼""一年一度""一针一线",等等。

上面所举出这些语,在形式上都是"体词性",但意义上都是叙述性。这是因为语在结构上往往具有凝练性和紧缩性。如谚语"一寸光阴一寸金",本意是:一寸光阴相当于(或"等于")一寸金,省略了"相当于"或"等于";"一朝天子一朝臣",本意是:一个朝代的天子选用一个朝代的臣子,省略了"选用"。"破家县令,灭门刺史",本来是:县令可使一户人家破败,刺史可使一个家族毁灭,还把句式倒装了。

"体词性"惯用语和成语,也是这样。"事后诸葛亮",本意是:

事情过后才当起诸葛亮,省略了"才当起";"刀子嘴,豆腐心",本意带有比喻性,指嘴像刀子,心像豆腐;成语"一箭双雕""一石二鸟""一日千里"等都是省略了动词谓语;"一字千金""一饭千金"都是某个典故的概括,而"一日三秋"则是"一日不见,如隔三秋"的紧缩。

三　语义是否具有叙述性,是区分语与词的标准

一般来说,根据语义是否具有叙述性,可以把百分之九十五以上的语与词区分清楚。但也有少数情况存在疑难问题,这主要表现在两种情况:一种是形式上大于词,而意义却是概念性的语言单位;另一种情况是形式上大于词,而意义处于概念性和叙述性之间。

先说第一种情况。

这种情况有三个类型:

一类是具有"双重意义"的三音节复合词。如:金饭碗、铁饭碗、泥饭碗、乌纱帽、落水狗、马后炮、闭门羹、垫脚石,等等。这一类过去有不少人认为是语,作为惯用语收入语汇类辞书。但只要深入考察,就会发现它们的意义都具有概念性。只有加上一个特定动词才能成为语,如"金饭碗、铁饭碗、泥饭碗"前面要加上动词"捧",构成"捧金饭碗""捧铁饭碗""捧泥饭碗"才是语。同样,"乌纱帽、落水狗、马后炮、闭门羹、垫脚石"等前面分别加上动词"戴、打、放、吃、踢",构成"戴乌纱帽""打落水狗""放马后炮""吃闭门羹""踢垫脚石",才成为语(惯用语)。因此,《现代汉语词典》《现代汉语规范词典》等标明词类的词典,把它们都标为名词,是正确的。

二是专有名词(或称"专名词""专名语"),如"北京大学""商务

印书馆""中国工农红军""奥林匹克运动会"等。"北京大学""商务印书馆",一般词典不收,它们意义的概念性十分明显的。"中国工农红军""奥林匹克运动会",《现代汉语词典》《现代汉语规范词典》等词典都收了,但不标明词类,而它们的简称"红军""奥运会"都标明是名词。可见,它们也跟专有名词一样,是"词的等价物"。都归入词,是合理的。

三是专用名词(或称"专门用语"),如"绿色食品""灰色收入""黄金搭档",以及"高速公路""电子计算机""无机化合物"等。它们形式上大于词,意义上具有概念性,也是"词的等价物"。归入词,也才是合理的。

再说第二种情况。

这种情况,形式上大于词,而意义处于概念性和叙述性之间。这主要是指部分"体词性"的成语。从结构形式上看可分为三种类型:

A. 定语＋中心语(或中心词)。如:

  康庄大道 庞然大物 雕虫小技 锦绣前程 龙马精神
  风流人物 世外桃源 纨绔子弟 掌上明珠 雨后春笋
  釜底游鱼 鬼蜮伎俩 汗马功劳 家常便饭 白面书生
  混世魔王 开路先锋

B. 定语＋之＋中心词。如:

  不速之客 亡命之徒 不刊之论 弹丸之地 肺腑之言
  可乘之机 方便之门 后顾之忧 门户之见 中庸之道
  匹夫之勇 累卵之危 采薪之忧 弦外之音 一丘之貉
  过江之鲫 涸辙之鲋

C. (定语＋中心词)＋(定语＋中心词)。如:

崇山峻岭　豪言壮语　粗枝大叶　高风亮节　惊涛骇浪
铜墙铁壁　和风细雨　甜言蜜语　深情厚谊　陈词滥调
千军万马　红男绿女　佛口蛇心　前因后果　红花绿叶
强干弱枝　大醇小疵

A类与"绿色食品""灰色收入""黄金搭档",形式上有些相似,但实则有很大不同:"绿色""白色""黄金"等被称为"属性词"(见《现汉》6版),它们与中心词"食品""收入""搭档"之间的关系是限定关系。而"康庄大道""庞然大物""雕虫小技""锦绣前程"等,定语"康庄""庞然""雕虫""锦绣"都不是属性词,它们与中心词语"大道""大物""小技""前程"之间的关系是修饰关系,而不是限定关系。因此,具有叙述性。

B类的中心词,表示一种人或一种事物,具有一定的概念性,但它们不同于词的单纯的概念性,它的功能在于对某种人或某种事物进行描写,具有很强的叙述性,与具有称名作用的名词或名词性短语有很大的不同。因此,也可以看成具有叙述性。

C类与前文所举的"一箭双雕""一石两鸟"等不同,"一箭双雕""一石两鸟"等形式上是体词性的,而语义是叙述性的,而"崇山峻岭""豪言壮语""粗枝大叶"不同,"崇山"与"峻岭","豪言"与"壮语","粗枝"与"大叶"是并列关系。试看它们的释义:

【崇山峻岭】高大又陡峭的山岭。(《新华语典》)
　　　　　　高而险峻的山岭。(《现汉》6版)

【豪言壮语】充满英雄气概的话语。(《新华语典》)
　　　　　　气魄很大的话。(《现汉》6版)

【粗枝大叶】树枝粗壮,叶子宽大。①形容简略,不具体。
　　　　　　②形容做事不认真,不细致。(《新华语典》)

形容不细致,做事粗心大意。(《现汉》6版)

从释义里可以看出,它们具有一定的概念性,又具有很强的叙述性。

应当指出,以上三种类型在成语中所占的比例不到百分之五,在整个语汇中所占比例更小。它们的语义兼有概念性和叙述性,不同于纯概念性的词,因此可以归入语。

由此可见,语义的叙述性是全部语汇的共同属性,是语在意义上区别于词的重要标准。

附注:

①释义摘引自《新华语典》,商务印书馆2014年版,下同。

参考文献:

[1] 程荣.语汇学的研究对象与新语的类型特点[J].世界汉语教学,2015(4).

[2] 温端政.汉语语汇学[M].北京:商务印书馆,2005.

(作者单位:天水师范学院文学与文化传播学院　天水　741001)

关于歇后语的三个问题

晁继周

在对汉语熟语的讨论中,争议最多的要数歇后语了。争议集中在三个问题上:歇后语的定名问题,歇后语的定位问题,歇后语的"入典"问题。

(一)

歇后语起源于晋,唐以后广泛流行。原始意义的歇后语,指的是把一个现成语句的末一个字省去不说,用前面的字影射末一个字,如用"秋胡戏"影射"妻"字。扩大意义的歇后语,指的是把一句话的后一半省去不说,让听的人自己去联想,如用"泥菩萨过江",让听的人自己联想到"自身难保"。原始意义的歇后语现在已不怎么用了,扩大意义的歇后语后世广泛流行开来。

歇后语存在历史悠久,使用范围广泛,但很久以来一直没有统一的名称。历史上的叫法有里谚、谚语、俗语、俏语、方语、哑谜儿等。"歇后语"的叫法产生得比较晚。据温端政先生考察,最早把这种格式叫作歇后语的,"可能是白启明的《采集歌谣所宜兼收的——歇后语》",时间是1924年。尽管有人提出不同意见,但"歇后语"的名称还是沿用下来。歇后语本来就是学术界的称呼,老百姓叫它"俏皮话"。直到今天,"俏皮话"与"歇后语"两种叫法还并存着。学术界对歇后语的名称看法也不一致。早在20世纪30年代,李寿彭在《歇后语论集》中就提出:"今所谓'歇后语',实际上并不歇后,有人称'缩脚语',亦与事实不符。"(北平景山书社,1936)。50年代,茅盾先生在《关于"歇后语"》(载《人民文学》1954年第6期)一文中更加明确地指出:歇后语"除了大家熟悉的一些而外,如果只写出它的上半截而'歇'去它的后半截,那就使人猜不到它的意义。因而,这一类歇后语如果严格而论,应当有一个另外的名称"。

原始意义上的歇后语,即如人们常例举的"秋胡戏",在它使用的年代(我们称作近代汉语)是作为相对固定的语言成分使用的。《金瓶梅》第23回:"只嫂子是正名正顶轿子娶将来的,是他的正头老婆秋胡戏。"《醒世姻缘传》第3回:"是你秋胡戏,从头里就号啕痛了。"《歧路灯》第72回:"你要真真奈何我,我就躲上几天,向家中看看俺那秋胡戏。"在这些古典小说里,"秋胡戏"就代表了"妻"。当然,说"秋胡戏"比说"妻子"或"老婆"更具风趣、诙谐色彩。把这类"某一现成语句,省却其后面部分词语,只用前一部分表示被省却词语的意思"的语言成分,称为"歇后语"是很恰当的。

现代意义上的歇后语,形式上与原始意义上的歇后语区别比较大,但其实质仍然是"歇后"。前一部分像谜面,后一部分像谜底,通常只说前一部分,而本意在后一部分,有时后一部分可以省去不说。诚然,在实际语言中,歇后语的后一部分常常也说出来,但习见常用的歇后语是可以只说前一部分而省却后一部分的。非习见常用的"歇后语",后一部分需要说话人提示才能理解本意的,是典型的俏皮话。在某种意义上说,它们属于言语成分,不属于语言成分。

20世纪80年代初,温端政先生根据引注关系是歇后语内部关系的基本特征,建议把歇后语改称为引注语。温先生的意见虽然得到部分学者的认同,但多数人还是认为一个名称的确立,经历过许多年代,早已约定俗成,没有特别的需要也就不用再改变了。

(二)

关于歇后语在语言中的地位和作用,认识上分歧也很大。茅盾先生在1953年第11期《人民文学》上发表了题为《新的现实和新的任务》的文章,提出"歇后语不过是语言游戏,并不是文学语言"的看法。针对这一说法,《中国语文》1954年第5期上发表了张寿康的《歇后语是不是文学语言》和朱伯石的《歇后语是"语言游戏"吗》两篇文章。张、朱都认为不应该把歇后语一概摒弃于文学语言之外,而降低到"语言游戏"的地位。茅盾在《关于"歇后语"》一文中,对张、朱的批评做了答辩,认为歇后语经过加工可以作为文学语言,但在本质上和起源上仍然是语言游戏。

文学语言可以有两种不同的理解。一种指的是文学作品的语言,一种指的是标准语,即符合规范的语言。这两种理解是可以统一起来的,因为优秀文学作品的语言是经过千锤百炼的,一些著名作家的作品,常被当作民族语言的典范。比如在俄罗斯,学术界普遍认为普希金的作品确立了俄罗斯语言规范。在这个意义上,对文学语言的两种理解就是统一的。在第三届语汇学研讨会上,我谈到《红楼梦》中的熟语,说它们是《红楼梦》这座语言宝库中璀璨的明珠。今天,我要说,《红楼梦》中的歇后语是这些明珠中极其晶莹剔透的一颗。

《红楼梦》中的歇后语,我整理出来编入《红楼梦辞典》的有22

条。按出现先后为序编列如下：

> 人家给个棒槌，我就认作"针"。(16回)
>
> 丈八的灯台，照见人家照不见自家。(19回)
>
> 狗咬吕洞宾，不识好人心。(25回)
>
> 谁蒸下馒头等着你，怕冷了不成。(26回)
>
> 黄鹰抓住鹞子的脚，扣了环了。(30回)
>
> 金簪子掉在井里头，有你的只是有你的。(30回)
>
> 宋徽宗的鹰，赵子昂的马，都是好画(话)儿。(46回)
>
> 状元痘儿灌的浆儿，又满是喜事。(46回)
>
> 黄柏木做磬槌子，外头体面里头苦。(53回)
>
> 聋子放炮仗，散了。(54回)
>
> 梅香拜把子，都是奴儿。(60回)
>
> 仓老鼠和老鸹去借粮，守着的没有，飞着的有。(61回)
>
> 黑母鸡一窝。(65回)
>
> 偷来的锣鼓儿，打不得。(65回)
>
> 清水下杂面，你吃我看见。(65回)
>
> 提着影戏人子上场，好歹别戳破这层纸儿。(65回)
>
> 耗子尾上长疮，多少脓血儿。(68回)
>
> 清水下杂面，你吃我也见。(71回)
>
> 千里搭长棚，没有不散的筵席。(26、72回)
>
> 没药性的炮仗，装幌子。(77回)
>
> 羊群里跑出骆驼来了，就只你大。(88回)

现在流传的《红楼梦》共120回，前80回作者是曹雪芹，后40回为高鹗所续作。这22条歇后语中，属于前80回的有21条，属于后40回的只有1条。这样一个绝对悬殊的比例，反映了不同作者不同的语言风格,也从一个侧面证明前80回与后40回的作者不是同一个人。这里选出的歇后语都是完整的,既有引语,又有注语。不完整的歇后语还没有算在内。例如第16回,贾琏的乳母赵嬷嬷嗔怪贾琏不关照她的两个儿子说:"我还再四的求了你几遍,你答应的倒好,到如今还是燥屎。"这位老妈妈说的话,十分口语,今天却不大好懂。原来这里用了一个歇后语"燥屎"。"燥屎"是歇后语的引语部分,注语在赵嬷嬷的话里省去了。完整的歇后语是"燥屎——干搁着"。意思是说贾琏只是口头上应允,把承诺的话干搁在那里不去兑现。

在成语、惯用语、谚语和歇后语这几类熟语中,歇后语可以算作是最口语化的一类。它多是人民大众的口头创造,具有极强的幽默感和反讽作用,说歇后语的人也多是普通百姓,使用场合绝非官场。《红楼梦》前80回的21条歇后语中,有16条出自丫鬟、小子、仆妇、戏子之口。另外5条,4条出自王熙凤,1条出自贾珍。王熙凤虽然生在显贵之家,但基本上属于胸无点墨的富家主妇的一类,歇后语张口就来正符合她的身份。贾珍虽袭宁府世职,但也是不读诗书、只知吃喝玩乐的富家子弟,从他口中说出"黄柏木做磬槌子,外头体面里头苦"这句歇后语也极恰当不过。《红楼梦》正是通过这些合于人物身份,合于情节场景的歇后语的运用,把王熙凤的奸诈虚伪,把鸳鸯对趋炎附势的嫂子的辛辣讥讽,把尤三姐对纨绔子弟贾珍、贾琏的奚落嘲弄,表现得淋漓尽致。

有些文学作品,为迎合某些读者,不管需要与否,连篇累牍地堆砌歇后语,这大概就是茅盾先生所批评的"语言游戏"了。《红楼梦》这样的文学名著,歇后语的运用恰到好处,在表现人物性格上起到了突出的作用。《红楼梦》中的歇后语新颖别致,不落俗套,有些是《红楼梦》中所仅见,有的甚至是作者为情节需要所创造的。像"金簪子掉在井里头,有你的只是有你的"这句歇后语,显然是作者为金钏含冤跳井做的伏笔。

(三)

相对于成语、惯用语、谚语,词典收录歇后语遇到的问题也比较多。

首先是歇后语的变体多。同一部《红楼梦》,第65回写作"清水下杂面,你吃我看见",第71回写作"清水下杂面,你吃我也见"。有些歇后语虽然很常见,但结构仍然有不少变化。引语变化的如"骑驴看唱本,走着瞧",变体有"骑在毛驴上看唱本,走着瞧","骑驴看账本,走着瞧","骑了驴子翻账本,走着瞧","骑驴看皇历,走着瞧","骑着毛驴看书,走着瞧","骑上毛驴看书,走着瞧","骑着驴看小说,走着瞧","骑驴看《三国》,走着瞧",连基本形式带变体竟有9种之多。注语变化的如"狗咬吕洞宾,不识好人心",变体有"狗咬吕洞宾,不识真人","狗咬吕洞宾,不认识好人","狗咬吕洞宾,有眼不识好人","狗咬吕洞宾,不识好丑人",连基本形式带变体也有5种。(以上资料据温端政先生《汉语语汇学》)变体多,有些变体又很常用,这会给歇后语入典造成一定困难。

其次,歇后语不同于其他熟语,能产性极强。成语、惯用语和谚语,都是经过很长年代的锤炼,积淀而成的。而歇后语则不然,它日日时时在产生着。人们口头上说的不算,进入文学作品的新歇后语就成千累万,目不暇接。这可能就是茅盾先生把歇后语说成是"语言游戏"的原因。数量大,大到几乎无边际,选择流传地域广,使用人口多,经历时间长的歇后语入典,也是有相当难度的一件事。

歇后语数量庞大到不可计量,但进入交际领域使用的又只有很少一部分。我们看一下山西省社科院语言所研制的《现代汉语常用语表》所提供的数据。进入有效基础语目的歇后语达到35926条,数目之大令人不可小觑。但考察通用度,就完全是另一种情况了。这3万多条歇后语中,查出有频次的只有527条。其中出现不超过10次的占大多数,为492条。出现10次以上的只有35条,35399条频次竟然为0。就是说,查出有使用频次的不足总数的百分之一。这种情况在成语、惯用语、谚语中是没有的。实际上,习见常用,引语、注语联系紧密,说出前一部分立刻能想到后一部分的歇后语是很少的,这很少的一部分才能称得上是"语言的建筑材料"。语典中收录歇后语不能与成语、惯用语、谚语等量齐观,如果勉强按一定比例收歇后语,那就犯了"矮子里面拔将军"的错误。

一般语文词典收录歇后语数量很有限。拿《现代汉语词典》来说,在所收6万余条词语中,歇后语只有"打破砂锅问到底""打开天窗说亮话""老鼠过街,人人喊打""项庄舞剑,意在沛公""司马昭之心,路人皆知"等寥寥几条。其中"打开天窗说亮话"看成歇后语还是惯用语尚有争议。此外,《现汉》收了成语"亡羊补牢""塞翁失马""八仙过海",如果仿照"项庄舞剑,意在沛公",改为收"亡羊补牢,犹未为晚""塞翁失马,焉知非福""八仙过海,各显神通",也可以看成歇后语。即使这样,所收歇后语条目数量仍极有限。大型的语文词典可以适当多收一些常用的歇后语。中国社会科学院语言所正在编写的《现代汉语大词典》,拟扩大歇后语的收录数量,从编写初稿看,"芝麻开花节节高""十五只吊桶打水,七上八下""泥菩萨过江,自身难保""外甥打灯笼,照旧(舅)""周瑜打黄盖,一个愿打,一个愿挨""竹篮打水一场空""骑驴看唱本,走着瞧""兔子尾巴长不了"等几十条常见常用的歇后语都被收入了词典。从研究者搜集到的资料看,歇后语的数量几乎大到没有边际(因为在不断增加);但据笔者看,习见常用的歇后语数量并不多。《现代汉语常用语表》共收列歇后语667条,其中一级歇后语只有127条。这127条歇后语中,有些通用度是很低的。在各类熟语都收的语典类辞书中,歇后语数量不会占多数。专门收集歇后语的语典,收录原则可以适当放宽,因为它们有备查考的功能。

歇后语入典的几项原则中,第一位的是习见常用。有些歇后语具有极强的表现力,世代传承,丰富了民族语言,广大群众耳熟能详,说出引语,就能知道注语,这样的歇后语毫无疑问应该收入语典或词典。但也有大量个人或少数人创造的歇后语,只是偶闻偶见,这样的歇后语只能看作言语现象,词典、语典不必收录,甚至专门收录歇后语的语典,也不必收录。

歇后语入典的另一个不容忽视的问题是思想内容。语和词不同。词有积极词与消极词之分,但不管是积极词还是消极词,只要是活在语言中的,词典都要收。语是有思想内容的,违反科学的、粗俗不雅的、含有不应有的歧视(包括民族歧视、性别歧视、残障歧视等)的熟语都应该摒除在词典(或语典)之外。歇后语内容上的问题比起其他熟语更为突出,这也是词典(或语典)收录时要特别加以注意的。我们注意到,歇后语中,歧视盲人、聋哑人、肢体残障人等的特别多,极易引起这类人群甚至一般人群的反感。我们国家正在营造尊重残障人的大环境,语言的净化也是其中一个方面。有的熟语类辞书,以盲人为话题的歇后语达几十条之多,这些歇后语极大地伤害了盲人的感情。我国有盲人1600多万(2009年中国盲人协会提供的数字是1691万),相当于一个中等国家的总人口数。语言学工作者有责任给他们以尊重。应该说明的是,这些歇后语通用度都很低,备查考的价值都谈不上,收入辞书只能起到扩散消极影响的作用。

(作者单位:中国社会科学院语言研究所　北京　100732)

成语的界定与成语的层次性

刘 中 富

引 言

语言的建筑材料由词汇和语汇两个部分构成,词汇和语汇都包含不同的类型。过去的词汇学研究总是把词汇和语汇一起纳入其研究范围,且以词汇研究为主,语汇研究为辅。随着语词分立观念的确立,语汇研究越来越受到重视,语汇学已逐步成为一门跟词汇学并列的语言学分支学科。当然,尽管语汇学研究已取得了令人瞩目的成绩,但不少语汇学的基本问题讨论得还不够深入,往往分歧大于共识,影响着语汇学研究的发展与成熟。其中关于语汇的分类问题就争议颇多,既有分类多少的不同,又有对不同类型性质范围界定的差异。成语作为一个语汇类型,是研究成果最多的,同时也是认识分歧较大的。成语到底是一种什么性质的语汇类型? 如何界定? 范围多大? 这些都需要进一步讨论,因为它们不仅关系到对成语的科学认识,而且关系到成语跟其他语汇类型的本质区别。本文在学习和借鉴相关主要成果的基础上,主要讨论成语的性质范围问题。

一　学界对成语的不同界定

温端政(2005)指出:"在成语的理解上经历了由广义到狭义的过程。"

在笔者看来,对成语的理解也可以说经历了由模糊到逐渐清晰、由因循成说到不断创新的过程。就笔者所见,对成语的界定有几十种之多。大致说来,除个别学者对成语的界定主要是从字面上理解,如"成语是现成的话"(刘洁修,1985)外,大都是多标准的,所采用的标准包括:使用上的现成性或习用性、结构上的定型性、表意上的完整性、风格上的书面性、形式上的齐整性或韵律性、四字格等方面。以下几种界定有一定代表性:

> 人们长期以来习用的、简洁精辟的定型词组或短句。汉语的成语大多由四个字组成,一般都有出处。有些成语从字面上不难理解,如"小题大做、后来居上"等。有些成语必须知道来源或典故才能懂得意思,如"朝三暮四、杯弓蛇影"等。(《现代汉语词典》第6版)

> 比较而言,较为完整的定义是:成语是人们长期习用的、意义完整、结构稳定、形式简洁、整体使用的定型短语。(张斌主编《新编现代汉语》,2006)

> 成语是相沿习用的成型词组,四字格形式,大都有特定的来源,意义具有整体性,结构具有凝固性。(陆俭明主编《现代汉语》,2012)

> 成语是人们长期沿用的,结构稳定、形式简洁、意义完整的定型短语。它是汉语词汇的一个重要组成部分,主要运用于书面语中。(万艺玲、郑振峰、赵学清《词汇应用通则》,

1999)

以上界定大同小异,都是采用多标准。由于不同标准之间有时并不能达成一致,再加上表述中使用的词语有的带有模糊性,因此在理解上有时会出现一些差异,在判定一个具体单位是不是成语时,不可避免地带有主观性。在目前情况下,出现认识上的主观性是很自然的,在一定意义上也是应该允许的。

以下几种成语观值得关注。

其一,刘叔新从寻求成语的重要特征——对于成语来说比较有意义的特征出发,认为"四字格"形式、出自古代作品或故事传说而历史悠久都不能作为鉴别成语的标准。"如果就人们的成语语感做一番考查,即寻查某些固定语所以被公认为或被多数人看作成语的原因,那会不难发现,成语的独特之处,是在表意方面——表意的双层性。一个固定语,如果有一层字面上(表面上)的意义,同时透过它又有一层隐而不露的意义,而且这隐含着的才是真正的意义,那么就会被大家看作成语。是否具有这表意的双层性,可以把成语同固定语中其他的单位有效地区别开来,区分的结果,是成语或不是成语都大体符合人们的语感。"(刘叔新,2005)按照这种标准,"戴高帽、跑龙套、鹤立鸡群、刻舟求剑、快刀斩乱麻、杀鸡给猴看、牛头不对马嘴、不到黄河不死心、吃着碗里的,看着锅里的"等是成语,"声色俱厉、身体力行、风和日丽、微不足道、不胜枚举、后生可畏、党同伐异、大逆不道"等都不是成语。这是一种全新的成语观,也是单一标准的成语观。从识别成语的角度看,尽管有些固定语有没有表意的双层性可能也不是好断定的,这一点刘叔新也很清楚,但绝大多数有明显表义双层性的固定语是可以确定下来的,用这种单一标准确定成语,比较方便。当然至于用这种标准确定下来的成语和由此逐出成语门墙的固定语是否符合人们对成语认知的语感,哪怕是学人的语感,是值得怀疑的。正如有学者指出的,"同刘叔新所圈定的惯用语一样,他的这一番大手术所得到的成语,是仅仅着眼于表意的双层性所确定的所谓成语,是一种另类成语,并不是我们一向关注的'成语',而我们所讨论的成语,如'从容不迫、一如既往、等量齐观、不露声色、不胜枚举、胆小如鼠、从善如流、弥天大谎、蠢蠢欲动'等;仅仅因为不具有所谓的'表意的双层性'就被逐出了成语的范围。"(曹炜,2003)

其二,周荐在学界不少学者认为成语具有书面语性质的基础上,提出成语具有经典性的主张,"所谓经典性,是说某个熟语单位出自权威性的著作,由于该熟语所从出的著作具有权威性,熟语本身也具有了一种权威性。"据此,认为"经典性是成语所具的一个重要特点","成语之外的他类熟语不像成语这样具有经典性"。由于成语具有经典性,"因此可以说,成语本身不存在什么时代特点或地域特点,或者说,时代性、地域性不是成语这类熟语的本质特点。""成语这类熟语绝大多数都只有一种形式。"(周荐,1994)他还对成语的经典性和成语的判定问题做了进一步阐释,"成语多出自权威性的著作,如十三经、官修和私撰的正史、子书和集书中的名家作品,因而具有经典性;成语之外的别类熟语,如谚语、歇后语、惯用语,则很少出自权威性的著作而多是随机的口头创作或出自俗白的作品,因而不具经典性。"成语的经典性表现在意义内容上和结构形式上,从两个方面看,成语都是雅言。"判定一个熟语单位是否为成语,须看其具备不具备成语的特征。成语的特征,依我们看来,有两个:一个是形式上的,即四字语式;另一个是内容上的,即含有古朴、典雅的语素成分。……具体地说,形式上的标准只是个相对的标准,内容上的标准才是绝对的标准。如果一个熟语单位只是在形式上具备四字语式,而内容的表达所依赖的却是通俗、直白的语素成分,那么,它就只能是个俗语而不是成语;如果一个熟语单位虽然在形式上不具四字语式但在内容的表达上所依赖的是古朴、典雅的语素成分,那么,他就有可能是成语,或至少是有向成语转化的可能的古代他类熟语单位。"(周荐,1997)说到底,就是把成语限定在出自权威著作、含有古朴和典雅语素成分的雅言范围,不承认有俗成语的存在,像"一口咬定、一门心思、一五一十、一头雾水、一年半载、一声不响"之类都绝对不能视为成语。这种成语观当然不失为一种解决成语性质范围问题的尝试,也在一定程度上能有效地区别成语与惯用语、歇后语、谚语等俗语类,但这并不符合人们对成语认知的语感,有抹杀成语多样性之嫌。

其三,温端政对成语性质范围的分析深入独到,颇具影响力。"所谓成语,实际上是四字结构的描述语加上四字结构的表述语。""由四字(即四个音节)构成的成语,有一条重要的规律,就是在结构上'二二相承'。多数表现在语法或语义结构上,有的表现在语音结构上。""由此,我们可以进一步把成语定义为'二二相承的描述语和表述语'。"(温端政,2005)温端政对"二二相承"的解释是:"'二二相承'有两个含义,一是不论语法结构还是语音结构都采用'二二相承'式;二是语法结构虽然不是'二二相承'式,但语音结构或习惯读音仍是'二二相承'式。前者属于完全意义上的'二二相承'式,后者属于不完全意义上的'二二相承'式。"(温端政,2005)这个界定符合人们对成语的传统认识和实际语感,可以比较有效地区分成语与谚语、惯用语、歇后语等其他语类,所以响应者众。值得讨论的一点是,根据温端政对表述语和描述语的界定,表述语和描述语似乎都应该是叙述性的,"表述语都是通过判断或推理体现某种思想认识","描述语的特点,是描述人或事物的形象和状态,描述行为动作的性状。"(温端政,2005)根据这样的说明,照一般人的理解,成语都应该是谓词性的。可是在给成语分类时又从语法性质的角度分为体词性成语和谓词性成语两类,书中也把"一丘之貉、花花公子、红男绿女、露水夫妻、纨绔子弟、四乡八镇、靡靡之音"等体词性固定语视为成语,似乎有内在矛盾。不过我们也注意到,温端政强调叙述性是语的主要特征,是为了区分语跟词、专名语、专门用语等其他定型语言单位;同时在讲到描述性成语时,也把"井底之蛙"作为描述性成语的比喻式用例。如果把描述语解释得更清晰些,或许就能释疑。另外,温端政明确提出成语有雅俗之分,"成语内部并不那么单纯,并非都是雅语,还有所谓'俗成语'。"(温端政,2005)"成语中有俗成语,而且随着新成语的出现,俗成语越来越多。"(温端政,2005)这对认识成语的范围有启发性。还有,温端政对有关成语划界的几个具体问题的分析也具有指导意义,尤其是提出"对那些'两可'的,应当允许有'过渡性'的不同处理意见"的观点,在某种意义上可以平息目前在成语认定上的某些无谓争执,体现了一种发展观和辩证观。

应该说,尽管对成语的界定争论颇多,但每一种对成语的界定都有其合理的一面,都认识到了成语的某个或某些本质的或非本质的特征,大都能够圈定成语的典型部分、主体部分。当然也应该承认不同的界定有高下之分,有离事实远近的差别。对成语认识产生分歧的原因既跟研究者认识问题的角度、研究的目的有关,也跟成语自身就是一个历史形成的具有多属性、多层次的模糊集合有关。

二　成语是带有层次性的开放系统

首先要说明的是,我们认同汉语成语都是四字格形式的观点。这既是为了讨论问题的方便,也是考虑到了语言事实和实际语感。"《中国成语大辞典》(上海辞书出版社,1987)收条目17934个,其中由四音节构成的有17140个,约占总数的95.57%;非四音节构成的有794个,仅约占总数的4.43%。"(周荐,1997)我们初步统计了李行健主编的《现代汉语成语规范词典》(第3版)(长春出版社,2006)收条目的情况,词典条目数为5000条(此为词典"凡例"数据),非四字格的只有246条,占总数的4.92%。其中三字格的只有"莫须有"和"破天荒"两个,而这两个一般是作惯用语看待的。五个字及五个字以上的条目很多是应当作谚语处理的,同时收入李行健主编的《现代汉语谚语规范词典》(长春出版社,2001)的就有61条。(温端政,2005)其实除这61条,像"一物降一物""冰炭不相容""无风不起浪""日月经天,江河行地""长江后浪推前浪""水至清则无鱼""生于忧患,死于安乐""他山之石,可以攻玉""百闻不如一见""冰冻三尺,非一日之寒""江山易改,本性难移""英雄所见略同""知足不辱,知止不殆""使功不如使过""学然后知不足""兼听则明,偏听则暗""兼听则明,偏信则暗""疾风知劲草""逆水行舟,不进则退""麻雀虽小,五脏俱全""覆巢无完卵""流水不腐,户枢不蠹""欲速则不达""知之为知之,不知为不知""树欲静而风不止""海内存知己,天涯若比邻""得道多助,失道寡助""先天下之忧而忧,后天下之乐而乐""工欲善其事,必先利其器""山雨欲来风满楼""尺有所短,寸有所长""不塞不流,不止不行""己所不欲,勿施于人"等也是应当作谚语处理,或者当作格言、名言处理的。246

条中还有几条是应该处理为歇后语的,如"八仙过海,各显神通""八仙过海,各显其能""司马昭之心,路人皆知""老鼠过街,人人喊打""姜太公钓鱼,愿者上钩""韩信点兵,多多益善"。其他的,大都可以划归惯用语,如"依样画葫芦""挂羊头,卖狗肉""照葫芦画瓢""快刀斩乱麻""恨铁不成钢""一鼻孔出气""小巫见大巫""太岁头上动土"等。所以,把成语限于四字格不仅方便操作,也符合成语存在的客观实际,更重要的是符合人们的语感。

除了四字格这个共同的形式特征,从不同的属性角度看成语,成语都是有层次的,有典型成员,也有非典型成员,甚至类成语。

(一)有雅俗之分

从上文所述可知,学界对成语的雅俗问题是有不同意见的。有人主张成语属雅言,不存在所谓的俗成语;有人主张成语有雅俗之分,既有雅成语,也有俗成语。其实雅和俗是相对而言的,有层次区别,有的是大雅大俗,也有的是不雅不俗,还有的是有点雅或有点俗。我们把成语的雅俗色彩分为三个等级:雅、通(即不雅不俗)、俗。雅和较雅的归雅,俗和较俗的归俗,不雅不俗的归通。比较下列 A、B、C 三组成语:

A	B	C
风声鹤唳	想方设法	劈头盖脸
行将就木	表里如一	笨手笨脚
削足适履	得不偿失	龇牙咧嘴
弊绝风清	做贼心虚	点头哈腰
枵腹从公	不以为然	摇头晃脑
补苴罅漏	多才多艺	细皮嫩肉
人莫予毒	仗势欺人	五大三粗

时不我待	自娱自乐	东拉西扯
钟鸣鼎食	眼高手低	低三下四
一言九鼎	争权夺利	丢三落四

很明显,A组多有来源出处,带有典故性,一般含有文言成分或古代汉语的语法现象,大都用于书面和知识分子人群,典雅庄重,属于雅成语,也是最易被认可的成语。但是也应该注意,成语是一个历史范畴,有些过于典雅的古代汉语的成语,由于各种原因,现代已经完全不使用了,它们是历史成语,已退出现代汉语成语的行列,如"傲睨万物""拔本塞源""椿萱并茂""捶骨沥髓""措置乖方""总角之好""贯朽粟腐""孤雏腐鼠""神龙失势""室迩人远""贿货公行""腹诽心谤"等。查阅大型语料库——北京大学中国语言学研究中心现代汉语语料库(CCL语料库),这些成语的使用次数均为0。B组通行于书面语和口语,没有明显的雅俗色彩,在广大人民群众之间普遍使用,人们一般也把它们视为成语,是通用成语。C组多在口语中使用,带有明显的俗白色彩,但它们都是固定的四字语,读音上都是"二二相承"的语步,语义上都是叙述性的,也都是整体作句法成分,把他们视为成语人们是可以接受的,它们是俗成语。需要指出的是,方言中存在成语,一般而言,方言成语都是俗语色彩很浓的俗成语,但是只有已进入共同语层面的带有方言色彩的成语才能成为现代汉语共同语的成员,如"人小鬼大""人多眼杂""狗撕猫咬""偷鸡摸狗""零打碎敲"等。纯粹的方言成语只是方言成语,跟通常所说的成语不是一个系统,如"粗声愣气""死拉活扯""闲言烂语""笑眉喜眼""成群打伙""接二赶三"等。
(张光明,2012)

(二)有新旧之别

成语是历史的产物,生命有长有短。有的成语曾经存在,现已消亡,如上文论及的历史成语,它们属于死成语。有的成语源远流长,现今依然使用,它们属于固有成语,是没有任何争议的成语,绝大部分成语属于此种类型。有的成语是晚近产生的,甚至是当今才产生的,它们属于新成语。现代汉语的成语由固有成语和新成语组成。以下A、B、C三组成语代表了这三种情况:

A	B	C
补天浴日	车载斗量	增收节支
朝齑暮盐	对答如流	反腐倡廉
灭此朝食	温故知新	旱涝保收
鹰瞵鹗视	飞黄腾达	歪风邪气
向日衣绣	草木皆兵	洋为中用
封豨长蛇	画地为牢	狂轰滥炸
一傅众咻	流连忘返	大干快上
桀犬吠尧	融会贯通	排忧解难
龙蟠凤逸	助纣为虐	文山会海
傅粉施朱	小心翼翼	修旧利废

在对待新成语问题上,有不同的意见。有人强调成语的历史性,不承认有新成语的存在。有人虽然承认成语也有新成员,但认为数量极少。"词汇中有相当数量的新造词,但成语中的新成员却极为稀少。20世纪后50年中出现的固定词语,勉强可以算得上成语的只有十几条。"(陆俭明,2012)有人认为对新生的四字格是否是成语,"应当允许有一个'考察期',在认识不一致的时候,暂不要下结论"。(温端政,2005)总体而言,学界对新成语的认定是比

较保守的。我们认为,如果新生的四字格是叙述性的固定语,结构上"二二相承",在语用上有相当的复呈性,特别是有了表意的"双层性"的,就不妨视为成语,除上例之外,像"高歌猛进""尘埃落定""多快好省""传经送宝""软磨硬泡""污泥浊水""小打小闹""论资排辈""崇洋媚外""对号入座""求同存异""鞭打快牛""破旧立新""激流勇进""精打细算""奖勤罚懒""遵纪守法""战天斗地""优胜劣汰""保驾护航""假冒伪劣""粗制滥造""车匪路霸"等都是新成语。成语研究理应重视新成语的搜集整理,探求其特点和规律;成语词典的编纂也应该适时、适量收释新成语。

(三)有常用非常用的区别

从成语在语言生活中使用的情况看,成语的使用频度表现出极大差异,有的常用,有的不太常用,有的罕用,不同的成语在现实语言生活中所起的作用是不同的。我们查阅北京大学中国语言学研究中心语料库(CCL语料库),找出了《现代汉语成语规范词典》里C字母中首条至首字为chao音节的所有四字格条目在现代汉语语料库和古代汉语语料库的使用次数,情况如下(条目后的数字"一"号前的是在现代汉语语料库中出现的次数,"一"号后的是在古代汉语语料库中出现的次数):

才大难用 0-0　　　　才高八斗 25-5

才疏学浅 42-19　　　材大难用 0-0

财竭力尽 0-3　　　　财匮力绌 0-1

财运亨通 18-3　　　　彩凤随鸦 0-11

餐风沐雨 2-1　　　　餐风宿露 9-5

残杯冷炙 1-10　　　　残编断简 1-7

残兵败将 54-14　　　残羹冷饭 2-1

残山剩水 8-5　　　残垣断壁 69-0
残渣余孽 25-0　　　蚕食鲸吞 9-5
惨不忍睹 297-22　　惨不忍闻 8-27
惨淡经营 167-8　　　惨绝人寰 132-0
惨无人道 169-18　　沧海横流 52-17
沧海桑田 140-23　　沧海一粟 56-1
藏锋敛锷 0-1　　　　藏垢纳污 13-13
藏龙卧虎 79-13　　　藏头露尾 12-42
藏污纳垢 48-1　　　藏形匿影 1-3
操之过急 171-7　　　草草了事 20-5
草菅人命 48-27　　　草木皆兵 53-31
侧目而视 45-30　　　恻隐之心 167-214
参差不齐 358-37　　层出不穷 862-21
层峦叠嶂 57-19　　　曾几何时 338-35
曾经沧海 29-10　　　差强人意 77-37
插翅难飞 17-15　　　插翅难逃 17-5
插科打诨 79-9　　　　茶余饭后 135-0
茶余酒后 22-11　　　察言观色 92-35
姹紫嫣红 173-8　　　豺狼成性 2-7
豺狼当道 2-33　　　　谗言佞语 0-4
馋涎欲滴 45-21　　　缠绵悱恻 92-9
谄上欺下 5-0　　　　谄谀取容 0-3
长此以往 243-7　　　长风破浪 14-3
长歌当哭 28-3　　　　长年累月 208-0
长篇大论 176-14　　长篇累牍 7-6

长驱直入 219-87	长袖善舞 28-3
长吁短叹 122-119	长治久安 787-29
常备不懈 50-1	怅然若失 110-11
畅所欲言 375-9	超尘出俗 0-1
超尘脱俗 9-1	超凡入圣 37-47
超凡脱俗 135-1	超群出众 26-12
超群绝伦 12-2	超然不群 0-2
超然绝俗 1-2	超然物外 56-9

从以上数据可以看出,有的成语古今汉语都常用,如"恻隐之心""长驱直入";有的成语古今汉语都不常用,如"餐风沐雨""残羹冷饭";有的成语古代汉语用得多些,现代汉语用得少些,如"惨不忍闻""豺狼当道";有的成语现代汉语常用,古代汉语不常用,如"常备不懈""操之过急";有的成语古代汉语用,现代汉语不用,可能它们根本就不是现代汉语的成语,如"彩凤随鸦""诌谀取容";有的成语现代汉语使用,甚至常用,古代汉语不用,它们很有可能是现代汉语的新成语,如"茶余饭后""长年累月";个别的古今汉语都无用例,它们是否有成语资格是值得怀疑的,如"材大难用"。我们不妨把以上成语划分为三个层次:使用次数50及50以上的为常用成语,使用次数在20-49的为次常用成语,1-19的为不常用成语。以上成语收入《现代汉语常用词表》(草案)的有:才高八斗、才疏学浅、残兵败将、残垣断壁、残渣余孽、惨不忍睹、惨淡经营、惨绝人寰、惨无人道、沧海横流、沧海桑田、沧海一粟、藏龙卧虎、藏头露尾、藏污纳垢、操之过急、草菅人命、草木皆兵、侧目而视、恻隐之心、参差不齐、层出不穷、层峦叠嶂、曾几何时、曾经沧海、差强人意、插翅难飞、插科打诨、茶余饭后、察言观色、姹紫嫣红、馋涎欲

滴、缠绵悱恻、长此以往、长年累月、长驱直入、长袖善舞、长吁短叹、长治久安、常备不懈、畅所欲言、超凡入圣、超凡脱俗、超然物外。除个别成语外,情况跟我们的判定相符。

在相类的四字组合中,特别是相同语模的四字组合中,常用不常用,或者说使用频率的高低常常影响我们对其是不是成语的判断。"没……没……"是现代汉语的一个语模,"没"后可以分别嵌入不同的单音名词、单音动词、单音形容词,或者是单音的名词、动词和形容词性的语素构成"没×没×"式四字格,如"没头没脑""没头没尾""没日没夜""没皮没脸""没心没肺""没肝没肺""没情没义""没滋没味""没完没了""没着没落""没遮没拦""没遮没挡""没羞没臊""没大没小""没老没少""没深没浅""没轻没重""没早没晚""没白没黑"等,其中"没头没脑""没日没夜""没心没肺""没完没了""没大没小""没轻没重"常被收入各种成语词典或常用词表,而"没肝没肺""没情没义""没遮没拦""没遮没挡""没羞没臊""没深没浅"等则少见收入。查阅北京大学中国语言学研究中心现代汉语语料库(CCL语料库),它们的主要差别就在于使用频率的不同上。

(四)有通用非通用的差异

上文我们讨论成语的雅俗问题时已经谈到,雅成语多用于书面语,俗成语多用于口语,通用成语无明显雅俗色彩,既适用于书面语,也适用于口语。如果从语体分布的角度,也可以把成语分为书面成语、口语成语和通用成语三个层面。有的成语带有鲜明的书面语色彩,主要在典雅的书面语中使用,这是书面成语,如"为虎作伥""龙吟虎啸""狗尾续貂""狼奔豕突";有的成语带有明显的口语色彩,主要在直白的口语中使用,这是口语成语,如"虎头蛇尾"

"鸡零狗碎""鸡飞狗跳";有的成语没有明显的语体色彩,在口语和书面语中通用,这是通用成语,如"生龙活虎""龙腾虎跃""狗仗人势"。

虽然绝大部分成语没有明显的使用人群和表现内容的限制,一般由各行各业的人们自由选择使用,用来表现各种事物现象,但是也有一小部分成语有特定的适用领域和表现内容。前者属于通用成语,后者属于行业成语或专用成语。比如,"广种薄收""刀耕火种""精耕细作""退耕还林"等是农业成语;"薄利多销""供不应求""炒买炒卖""血本无归"等是商业成语;"教学相长""程门立雪""尊师重道""师道尊严""为人师表""照本宣科"等是教育业成语;"起承转合""平铺直叙""字斟句酌""大处落墨""文不对题""冗词赘句"等是跟写作相关的成语。

(五)意义的整体性程度不同

成语表意的整体性或完整性向来被视为成语的特点之一。对成语表意完整性的解释虽有文字上的差异,但基本意思都是强调成语的意义不像自由短语那样,其实际意义不是构成成分的字面意义的简单相加,而是高度融合的。所谓表意的"双层性",所谓"意在言外",都是过分强调成语这一表意特点的结果。事实上,如果不是为了某种目的而有意限制成语的范围,而是按照多数人的语感看成语,成语意义的整体性是有程度差异的。

"在不同的成语里,整体和组成部分之间以及各个组成部分之间的语义关系都可能有所不同,也就是说,成语里的各个词保存自己语义独立性的程度存在着差别。"(张永言,1982)据此,成语可以分为融合性成语、综合性成语、组合性成语三类。

融合性成语的整体意义已经不能从构成部分的意义或成语的

整体字面义推导出来,字面义已经失去实际使用性,整体意义就是唯一的实际使用意义,整体意义是在特定语源和历史文化背景中形成的深层意义,如"风声鹤唳""四面楚歌""完璧归赵""黔驴技穷""阮囊羞涩""鲁鱼亥豕""朝三暮四""洛阳纸贵"等。要理解这类成语的真实意义必须了解成语形成的理据和源头,所以词典在给这类成语释义时,一般都要探求语源。这类成语的语义整体性最强,最具经典性。

综合性成语的整体意义(严格说应该是成语的深层意义)可以从构成部分的意义或成语的整体字面义推导出来,整体意义是在构成部分的意义或成语的整体字面义基础上形成的比喻义或引申义,如"对牛弹琴""一箭双雕""认贼作父""胸无点墨""汹涌澎湃""和风细雨""形影相吊""雾里看花"等。这类成语都有表意的"双层性",有时实际使用的意义就是字面意义,所以词典在给这类成语释义时,常常在解释字面意义的基础上,解释深层意义,甚至为字面义和深层义分别立项。这类成语的语义整体性也比较强,但比融合性成语弱。

组合性成语的整体意义跟构成部分的意义组合是一致或基本一致的。这类成语理据性最明显,分析性最强,如"违法乱纪""虚情假意""乐极生悲""见义勇为""勇往直前""赞不绝口""自高自大""坐享其成"等。这类成语的语义整体性较弱。

(六)结构的定型性表现有异

成语结构的定型性或凝固性向来也被视为成语的特点之一。对成语定型性或凝固性的表现主要从构成成分的不可更易性、不可增删性、不可位移性几个方面来解释。所谓构成成分的不可更易性是指不能用别的词(哪怕是同义词)去替换成语中的词,如"画蛇添足"的"画"不能用"绘"替换,"添"不能用"加"替换,"足"也不能用"脚"替换。所谓构成成分的不可增删性是指不能增加或减少成语的构成成分,否则,或者不说,或者改变了成语的性质,如"有张有弛"不能说"有张又有弛",也不能说"有张弛";"亡羊补牢"若说成"亡羊要补牢""亡羊再补牢"等,就失去了成语的性质。所谓构成成分的不可位移性是指不能改变构成成分的语序,如"尊师重道"不能说"重道尊师","投笔从戎"不能说"从戎投笔"。

从成语的整体来说,这样讲是可以的。但是,如果我们就把成语限定在四字格,除了不可增删性这一条之外,具体到不同类型的成语,特别是具体到个体成语时,其定型性会有不同的表现,或者说其凝固程度有差异。有的成语含有生僻的古语成分,在流传的过程中,就有可能用浅近的同义或近义成分去替代,如用"拔"替代"揠","揠苗助长"也说"拔苗助长";用"扑"替代"投","飞蛾投火"也说"飞蛾扑火"。还有一些成语因人们的选择习惯不同,存在同义形式,如"安如磐石——安若磐石""不足为奇——不足为怪""插翅难飞——插翅难逃""别出心裁——独出心裁""别具只眼——独具只眼""谈古论今——说古论今——说古道今"等。所以,成语的构成成分也不都是一成不变的,变易性在有的成语的发展过程中还是有所体现的。至于成语的构成成分发生位移的情况在有些成语中更是时有发生,特别是并列结构的成语,不少都有通过构成成分的位移形成的倒序同义形式,有的甚至其使用频度都不分伯仲,如"千山万水——万水千山""光明正大——正大光明""千疮百孔——百孔千疮""背井离乡——离乡背井""闭月羞花——羞花闭月""冰清玉洁——玉洁冰清""不卑不亢——不亢不卑""残垣断壁——断壁残垣""晨钟暮鼓——暮鼓晨钟""胆战心惊——心惊胆战""荡气回肠——回肠荡气""见多识广——识多见广""翻天覆地——天翻地覆——地覆天翻",等等。非并列结构的成语有的也能发生位移,只是位移以后结构发生变化,意义也往往有所不同,如"威风八面——八面威风""茅塞顿开——顿开茅塞""独具匠心——匠心独具""重温旧梦——旧梦重温""春色满园——满园春色""大快人心——人心大快""大名鼎鼎——鼎鼎大名"等。若考察在特定语境中,言语表达时成语所发生的更易成分、增删成分、成分位移现象,情况更复杂,表现更突出。这说明对有些成语而言,既有定型性或凝固性的一面,也有灵活性或变通性的一面,原因在于汉语表达的多样性和丰富性。因此,成语结构的定型性同样不是铁板一块,有的完全定型,如"蜀犬吠日";有的在某方面有一定的灵活性,如"千山万水"。

从结构的角度判定成语时,跟定型性相关的形式因素还有一些值得考虑。如果一个成语的两个直接成分中有不能独立运用的,其定型性就比都能独立运用的强,如"胆大包天"的"胆大"可单独使用,"包天"不能单独使用,"胆大妄为"的"胆大"和"妄为"都能单独使用,"胆大包天"的定型性就比"胆大妄为"强。一系列成语形成特定结构模式的,结构定型性较强,如"一丘之貉""一技之长""一念之差""一面之词""万全之策""不刊之论""不白之冤""匹夫之勇""乌合之众""心腹之患"等形成了"××之×"构式,仅《现代汉语成语规范词典》就收了这种构式的成语110多条。"虚假情意"不是成语,"虚情假意"是成语;"真实情感"不是成语,"真情实感"是成语;"情意真切"不是成语,"情真意切"是成语;"成就功名"不是成语,"功成名就"是成语;"遵守法纪"不是成语,"遵纪守法"是成语;如此等等。这说明"虚假情意""真实情感""情意真切""成就功名""遵守法纪"这类平列结构不够凝结,"虚情假意""真情实感""情真意切""功成名就""遵纪守法"这类穿插结构较为凝固。

三 分项赋值法可确定四字格成语的典型程度

从上文对成语各种属性及其层次性分析可知,成语是一个模糊范畴,大致可以分为典型成员层、非典型成员层和外围成员层三个层次。确定一个成语是哪个层次的成员,其典型程度有多高,应该有一个综合指标。用分项赋值法可以确定这样一个指标。

所谓分项赋值法是这样一种分析方法:根据成语的不同属性设置不同分值,每种属性的分值按照层级分为几个等次,级次不同分值不同,属性等次高的得分高,反之则低,所有属性项的分值之和就是体现成语典型程度的指标,分值越高典型程度越高。每个成语都可用这种方法确定它在成语集合中的层次位置。

我们先划分上文分析的六种属性的层次,确定分值。雅俗属性分为雅、通、俗,分别赋 3 分、2 分、1 分;新旧属性分为固有、新,分别赋 2 分、1 分;常用属性分常用、次常用、非常用,分别赋 3 分、2 分、1 分;通用属性分通用、专用,分别赋 2 分、1 分;意义属性分融合、综合、组合,分别赋 3 分、2 分、1 分;结构属性分完全定型、不完全定型,分别赋 2 分、1 分。

下面,我们根据所划定的分值,尝试给一组现代汉语成语赋值,进而从其得分的多少看它们属于成语的典型化程度。

守株待兔:雅俗属性3+新旧属性2+常用属性3+通用属性2+意义属性3+结构属性2=15

打草惊蛇:雅俗属性3+新旧属性2+常用属性3+通用属性2+意义属性2+结构属性2=14

厉兵秣马:雅俗属性3+新旧属性2+常用属性3+通用属性2+意义属性2+结构属性1=13

老马识途:雅俗属性3+新旧属性2+常用属性2+通用属性2+意义属性2+结构属性1=12

得不偿失:雅俗属性2+新旧属性2+常用属性3+通用属性2+意义属性1+结构属性2=12

广种薄收:雅俗属性2+新旧属性1+常用属性3+通用属性1+意义属性1+结构属性2=10

大吃大喝:雅俗属性1+新旧属性1+常用属性3+通用属性2+意义属性1+结构属性2=10

贼喊捉贼:雅俗属性1+新旧属性1+常用属性1+通用属性2+意义属性2+结构属性2=9

残汤剩饭:雅俗属性1+新旧属性1+常用属性1+通用属性2+意义属性1+结构属性2=8

狗撕猫咬:雅俗属性1+新旧属性1+常用属性1+通用属性2+意义属性2+结构属性1=8

掐头去尾:雅俗属性1+新旧属性1+常用属性1+通用属性2+意义属性1+结构属性2=8

连哄带骗:雅俗属性1+新旧属性1+常用属性1+通用属性2+意义属性1+结构属性1=7

从所得分值看,上面一组成语,"守株待兔""打草惊蛇""厉兵秣马""老马识途""得不偿失"是典型成员,"广种薄收""大吃大喝""贼喊捉贼"是非典型成员,"残汤剩饭""狗撕猫咬""掐头去尾""连哄带骗"是成语的外围成员(也可以叫作类成语)。

四 结语

不同学者对成语有不同的认知,存在各种成语观。观念的不同一方面是因为不同学者持有不同立场,另一方面是因为成语本身是一个历史形成的具有多属性和开放性的语类,任何从单一属性所做的绝对结论,都难免有失偏颇。学者对成语的理性认知又跟社会大众对成语的感性认识不同,学者们往往严格区分语类,试图找出成语跟其他语类明晰的界限,社会大众常常模糊地使用成语概念。我们认为,在对成语的性质范围没有达成一致意见的情况下,不宜把成语的范围限制得太窄,可以允许部分成语跟其他语类兼容,只要是使用时整体做句法成分、形式结构上是"二二相承的四字格"、内容上又具有叙述性(个别的也可以是指称性)的固定语,就可以视为成语。

参考文献:

[1]《现代汉语常用词表》课题组.现代汉语常用词表(草案)[K].北京:商务印书馆,2008.

[2]曹炜.现代汉语词汇研究[M].北京大学出版社,2003.

[3]刘洁修.成语[M].北京:商务印书馆,1985.

[4]刘叔新.汉语描写词汇学(第2版)[M].北京:商务印书馆,2005.

[5]陆俭明主编.现代汉语[M].北京师范大学出版社,2012.

[6]孙维张.汉语熟语学[M].长春:吉林教育出版社,1989.

[7]万艺玲,郑振峰,赵学清.词汇应用通则[M].沈阳:春风文艺出版社,1999.

[8]温端政,吴建生主编.汉语语汇学研究[M].北京:商务印书馆,2009.

[9]温端政.汉语语汇学[M].北京:商务印书馆,2005.

[10]吴建生,李淑珍.三晋俗语研究[M].太原:书海出版社,2009.

[11]许威汉.汉语词汇学导论(修订本)[M].北京大学出版社,2008.

[12]张斌主编.新编现代汉语[M].上海:复旦大学出版社,2006.
[13]张光明.忻州成语词典[K].上海大学出版社,2012.
[14]张永言.词汇学简论[M].武汉:华中工学院出版社,1982.
[15]中国社会科学院语言研究所词典编辑室.现代汉语词典(第6版)[K].北京:商务印书馆,2012.
[16]周荐.论成语的经典性[J].南开学报,1997(2).
[17]周荐.熟语的经典性和非经典性[J].语文研究,1994(3).
[18]周荐.词汇学词典学研究[M].北京:商务印书馆,2004.

(作者单位:中国海洋大学文学与新闻传播学院 青岛 266100)

互文成语的界定与生成途径[*]

付 建 荣

互文,也叫互文见义,指"在结构相同或相似的上下文中,上文里隐含着下文里出现的词语,下文里隐含着上文里出现的词语,参互成文,合而见义"(倪宝元,1994)。因此,互文的特点是上下文意相互呼应、相互补充而表达一个完整的语义内容。从结构上看,有短语互文、当句互文、对句互文、鼎足互文和多句互文(甘莅豪,2012),限于四字格造语,成语只存在短语互文型,是最简短的互文形式。汉语语汇里存在数量相当多的互文成语,这可能与互文成语的特点有关,龙青然、胡玲概括了互文成语的特点:结构上的对称性、语义上的互补性和音律上的优美和谐(龙青然、胡玲,2007)。互文成语是汉语语汇里极具特色的一类成语,本文在界定互文成语的基础上,试图探讨互文成语的生成途径及其定型机制。

一 互文成语的界定

互文成语指使用了互文修辞手法的成语,对互文成语的界定应坚持形式和内容相结合的双重标准。

1.形式标准指结构上的对称性,用此标准可以把非并列型成

---

[*] 本文受国家社科基金项目"唐宋禅籍俗成语研究"(批准号:13XYY012)的资助。

语排除掉。互文成语在结构上完全对称,属于并列型短语。龙青然、胡玲(2007)把互文成语分为偏正·偏正、动宾·动宾、主谓·主谓三种主要类型。其实,互文成语还包括述补·述补型。

名缰利锁　　南来北往　　吞云吐雾　　剪恶除奸
窗明几净　　魂牵梦萦　　赶尽杀绝　　翻来覆去

"名缰利锁":名声和利益像束缚人的缰绳和锁链,使人不得自主。这个成语不能理解为名声只像缰绳而不像锁链,利益只像锁链而不像缰绳。此为偏正·偏正型互文成语,并列的两个语步都是偏正结构,叙述时都使用了比喻手法。对称的语素不仅词性相同,而且义类也相对。"名""利"均为名词,且属于同类概念;"缰""锁"都为名词,也属于同类概念。语音结构二字一顿,平平仄仄。"赶尽杀绝""翻来覆去"是述补·述补型互文成语,并列的两个语步都是述补结构,这种类型的互文成语十分少见。互文成语不论语法结构,还是语音结构都采取"二二相承"式,属于"典型的'二二相承'式"(温端政,2005)。这是互文成语区别于非并列型成语的形式特征。

2.内容标准指语义上的互补性,用此标准可以把并列型非互文成语排除掉。两个语步相互呼应、相互补充而表达一个完整的语义内容,这是互文成语最本质的特征。

"神出鬼没":《新华成语词典》(商务印书馆,2002年)释作"比喻行动迅速,变化多端,不可捉摸"。按,《新华成语词典》未释字面义。若按字面意思讲,当是像神出现,像鬼隐没。可实际上表达的是像神鬼那样出没无常,由此比喻行动不可捉摸,变化多端。此为偏正·偏正型互文成语,前一语步隐含着后一语步的"没"字,后一语步隐含着前一语步的"出"字,两个语步相互呼应、相互补充而表达一个完整的语义内容。

"莺歌燕舞":《新华成语词典》释作"黄莺鸣叫如唱歌,燕子在飞舞。形容春天充满了生机活力"。按,"莺歌燕舞"属于主谓·主谓型互文成语,两个谓语"歌""舞"都在一明一暗地陈述两个主语"莺""燕",语义不可拆开理解为:黄莺只唱歌不跳舞,燕子只跳舞不唱歌。应整体理解为:黄莺和燕子载歌载舞。形容春天充满了活力。

"吞云吐雾",若按字面意义做线型理解当是"吞进云吐出雾",可是既然吞进的是云,吐出的也应该是云,怎么会吐出雾呢?同理,既然吐出的是雾,吞进的也应该是雾,怎么会吞进云呢?显然,"吞云吐雾"是互文成语,应整体理解为"吞吐云雾"。

因此,对互文成语的理解不可做线型的字面解释,应该根据互文的特点,把互补的两个语步合起来做整体的理解。从这个角度讲,互文成语体现了成语语义的整体性特点。

2.1 一般来讲,互文成语可用换位法和换序法来检验。换位法指两个语步相对称的语素互换位置,换序法指两个语步前后整体换序。试比较下面两组成语:

耳聪目明　　　东征西讨

耳濡目染　　　东食西宿

"耳聪目明":《新华成语词典》释作"聪:听觉灵敏。明:视力好。听觉和视觉都好。形容头脑清醒,感觉灵敏"。"耳聪目明",如果换位作"耳明目聪",或"目聪耳明",则讲不通。《荀子·性恶》:"可以见之,明不离目;可以听之,聪不离耳。"宋司马光《四言铭系述》:"闻言易悟曰聪,睹事易辨曰明。"耳司聪,目司明,绝不混淆。"耳聪目明"不可换位,表明只是一般的并列型成语。[①]"耳濡目染"；《新华成语词典》释作"濡：沾染。因经常听到看到而不知不觉受到影响"。据副条，此语可换位作"耳染目濡"，或"目濡耳染"，也可换序作"目染耳濡"，都是"耳目濡染"之义。无论换位还是换序，语义都可搭配且不发生意义变化，"耳濡目染"可视为互文成语。

"东征西讨"：《新华成语词典》释作"四处出征讨伐。"据副条，可换位作"东讨西征"，故语义可整体理解为"东西征讨"，当然"东""西"已不确指空间对立的东西两方，而是泛指四处了。"东征西讨"可视为互文成语。那么，"东食西宿"是否为互文成语呢？可否理解为四处吃饭住宿？《艺文类聚》卷四十引汉应劭《风俗通·两袒》："齐人有女，二人求之。东家子丑而富，西家子好而贫。父母疑不能决，问其女：'定所欲适，难指斥言者，偏袒令我知。'女便两袒。怪问其故，云：'欲东家食，西家宿。'"可见"东食西宿"是截取典故语形成的，不可随意换位或换序。《新华成语词典》释作"吃在东家，住在西家。比喻企图两利兼得"。这个解释是十分恰当的。

2.2 为什么互文成语的结构都是对称的呢？笔者以为互文成语结构的对称性根源于语义的互补性。内容第一，形式第二，内容决定形式，这是事物运行的普遍规律。成语要完成语义上的互补性，前后两个语步在结构上就需要对称，这是十分自然的事情。唐贾公彦说："凡言互文者，是二物各举一边而省文，故云互文。"（《仪礼·既夕礼》疏）为了避免行文重复而省文，是互文手法产生的一个主要原因。这在限定字数的语句中表现得十分突出。我们先举古诗文的用例：

1）东西植松柏，左右种梧桐。（《古诗为焦仲卿妻作》）

2)秦时明月汉时关,万里长征人未还。(唐·王昌龄《从军行五首》诗之一)

例1)使用了互文手法,意思是"四周都种植了松柏和梧桐"。这句话如果不用互文手法,便无法完成对仗工整的五言诗。例2)可理解为"秦汉时明月秦汉时关",周振甫指出:"互文是两个词本来要合在一起说的,如'秦时明月汉时关',可是为了音节和字数的限制,要省去一个,于是前面省去个'汉'字,后面省去个'秦'字,解释时要把两个词合起来讲。"(周振甫,1962)这个意见是中肯的。

我们再看成语的例子。下举互文成语,按照语义不变的原则,可转换为如下两种相对简洁的形式:

吞云吐雾:Ⅰ吞云雾吐云雾　　Ⅱ吞吐云雾

披星戴月:Ⅰ披星月戴星月　　Ⅱ披戴星月

兵荒马乱:Ⅰ兵慌乱马慌乱　　Ⅱ兵马慌乱

龙飞凤舞:Ⅰ龙飞舞凤飞舞　　Ⅱ龙凤飞舞

成语也是限定音节和字数的,四字格是其主要的形式特征(温端政,2005)。上举Ⅰ式,如"吞云雾吐云雾""披星月戴星月"等,虽然完整地表达了语义内容,但字数冗长,又犯重复,不是成语。上举Ⅱ式,如"吞吐云雾""兵马慌乱"等,虽然是四字格,但只是自由词组,且行文单调,也不是成语。我们可以做个假想:Ⅰ式如果要变为成语,上下各需省去一个字,如"吞云雾吐云雾"——"吞云吐雾";Ⅱ式要想变为成语,需要变换结构,如"吞吐云雾"——"吞云吐雾"。在表意不变的原则下,无论哪种变换,都使用了互文手法,成了互文成语,结构自然就都是对称的。这表明在"二二相承"的四字格成语里,互文手法的运用会使结构变得对称。

二 互文成语的生成途径

孙维张概括了成语产生的七种方式:概况式、摘取式、节缩式、改造式、脱化式、复合式、转化式(孙维张,1989),不可谓不详。从互文成语的产生方式来看,这七式是不能够含概全部的。互文成语的产生方式主要有组合式、错综式、离合式和框架式四种。为了讨论方便,我们把四字格成语的格式记作 $A_1B_1A_2B_2$。

1. 组合式。指通过组合两个语步生成互文成语的方式。这类成语的特点是在 $A_1B_1A_2B_2$ 出现之前及同时期,两个语步 A_1B_1 和 A_2B_2 各自经常使用,不存在 $A_1A_2B_1B_2$。组合式互文成语的生成途径:$A_1B_1 + A_2B_2 \longrightarrow A_1B_1A_2B_2$。

鳞次栉比　　抽钉拔楔　　摧枯拉朽　　背信弃义
包羞忍耻　　背井离乡　　拔山扛鼎　　兽聚鸟散

【鳞次栉比】
《新华成语词典》释作"像鱼鳞和梳子齿那样一个一个地排列着。后用'鳞次栉比'形容密集、整齐排列的样子"。又作"栉比鳞次""比鳞栉次",资证"鳞次栉比"为互文成语。"鳞次栉比"的产生方式为"鳞次"与"栉比"组合而成。

"鳞次",像鱼鳞那样整齐密密地排列。文献用例最早见于东汉,历代不乏其例。

1)王公群后,卿士具集,攒罗<u>鳞次</u>,差池杂遝。(东汉·李尤《辟雍赋》)

2)枝掺稜以环柔兮,叶<u>鳞次</u>以周密。(晋·夏侯湛《石榴赋》)

3)京城十二衢,飞甍各<u>鳞次</u>。唐李周翰注:"<u>鳞次</u>,若鱼鳞

之相次。"(《文选·南朝宋鲍照〈咏史〉诗》)

  4)树垣之内,圣迹鳞次,差难遍举。(唐·玄奘《大唐西域记·菩提树》)

"栉比",像梳篦齿那样密密地排列。语出《诗·周颂·良耜》:"其崇如墉,其比如栉。"朱熹注:"栉,理发器,言密也。""栉"为梳篦总名,因其齿排列密集,故用"栉比"形容事物密密排列的样子。西汉已见"栉比"连文的用例。

  1)甘露滋液,嘉禾栉比。(西汉·王褒《四子讲德论》)

  2)昔京城之内,居舍尚希。今者里宅栉比,人神猥凑。(《晋书·释老志》)

  3)闾阎栉比,居人殷盛。家积巨万,室盈奇货。(唐·玄奘《大唐西域记·婆罗尼斯国》)

  4)荆榛栉比塞池塘,狐兔骄痴缘树木。(唐·元稹《连昌宫词》诗)

"鳞次"与"栉比"都可形容事物密集、整齐排列的样子,这为后来生成互文成语提供了语义条件。"鳞次"与"栉比"出现在相邻的语段不晚于宋代。

  1)布为方阵,四面皆然。东西鳞次,前后栉比。(宋·李焘《续资治通鉴长编·咸平四年》)

  2)一榻萧然,环以古今书凡若干卷……栉比而鳞次。(元·黄溍《陆氏藏书目录序》)

例1)是目前所见"鳞次"与"栉比"相邻的最早用例,可视为"鳞次栉比"的语源。"东西鳞次,前后栉比"为互文手法,指方阵四面排列,整齐而有序。为了增强语势,"鳞次"与"栉比"渐渐组合在一起,固化为成语,南宋已见用例。或作"鳞次栉比",或作"栉比鳞次"、"比鳞栉次"等，如：

1）西岭上夹道栽松，今第宅内官民居，高高下下，鳞次栉比。（宋·吴自牧《梦粱录》卷一一）

2）植杨柳，旁种蔓荆，栉比鳞次，赖以为固。（《元史·河渠志》）

3）峙西则氓居官邸，甍瓦低昂，栉比鳞次。（元·汪克宽《横野楼记》）

4）墩台守望，虽鳞次栉比，而柳栅沙沟，冲突道侧，行旅患之。（明·蒋一葵《长安客话·古榆关》）

5）庄口两旁比鳞栉次，约有二三十家茅屋，却皆盖得极其修洁。（清·唐芸洲《七剑十三侠》）

"鳞次栉比"在定型初期，具有众多变体。因其既符合先平后仄的调序原则（王云路，2011），又符合对称的原则，后来渐渐胜出，通行开来。这是"鳞次栉比"的定型机制。"栉比鳞次"不合调序原则，"比鳞栉次"不合对称原则，渐渐都被淘汰了。

【抽钉拔楔】

"抽钉拔楔"为佛教成语，禅宗用来比喻为学人解除痴愚疑惑。又作"拔楔抽钉""出钉拔楔""拔钉去楔"等。"抽钉拔楔"也是通过组合方式产生的互文成语。

"抽钉"，也作"拔钉"，抽出钉子，比喻解除痴愚疑惑。

1）眼里抽钉，脑后拔箭，本来无象通机变。（宋·文素编《再住净慈禅寺语录》）

2）愿唱诚于此会人天，挑屑拔钉。（宋·晓莹《罗湖野录》上）

"拔楔",也作"抽楔",拔去楔子,比喻解除痴愚疑惑。

1)问妙体本来无处所时如何？师云："脑后拔楔。"(宋·绍隆编《圆悟佛果禅师语录》卷二)

2)为复是脑后抽楔。(元·姜端礼《虚堂录》)

"抽钉""拔楔"语义相同,这为生成互文成语提供了语义条件。为了增强语势,"抽钉""拔楔"渐渐组合在一起,固化为四字格成语,变体有"拔楔抽钉""出钉拔楔""拔钉去楔"。

1)诸佛出世,无法与人。只是抽钉拔楔,除痴断惑。(宋·普济编《五灯会元》卷十八)

2)休更拔楔抽钉,二执二障于真理中。(宋·琮湛《注华严经题法界观门颂引》)

3)方能为一切人去黏解缚,出钉拔楔。(宋·正受编《嘉泰普灯录》卷二十五)

4)师曰："有大善知识,必能为人拔钉去楔。"(明·通问《续灯存稿》卷七)

经检索CBETA,在禅宗文献里,"抽钉拔楔"共出现128次,"拔楔抽钉"共出现15次,"拔钉去楔"共出现4次,"出钉拔楔"共出现2次。可见"抽钉拔楔"已经定型,定型的机制主要是符合了调序原则和对称原则。

2.错综式。指通过错综自由词组生成互文成语的方式。这类成语的特点是在 $A_1B_1A_2B_2$ 出现之前及同时期,两个语步 A_1B_1 和 A_2B_2 不用或不常用,存在 $A_1A_2B_1B_2$。错综式互文成语的生成途径:$A_1A_2B_1B_2$ —— $A_1B_1A_2B_2$。

手胼足胝　　鞍鸾笤凤　　搬口弄舌　　山清水秀

眉清目秀　　山明水秀　　捕风捉影　　游山玩水

【手胼足胝】

胼胝,手掌脚底生出的老茧。《玉篇·肉部》:"胼,皮厚也。"《广韵·先韵》:"胼,胼胝,皮上坚也。"《说文·肉部》:"胝,腄也。"《广韵·旨韵》:"胝,皮厚也。""胼胝"同义连文。"手胼足胝"指手掌和脚底长满了老茧,形容十分劳苦。"手胼足胝"源于"手足胼胝",先秦已见用例。

1)曾子居卫,缊袍无表。颜色肿哙,手足胼胝。(《庄子·让王》)

2)有人于此,夙兴夜寐,耕耘树艺,手足胼胝,以养其亲。(《荀子·子道》)

3)手足胼胝,面目黎黑。(《史记·李斯列传》)

4)农夫父子,暴露中野,不避寒暑,捽草耙土,手足胼胝。(《汉书·贡禹传》)

5)举担千里之人,杖策越疆之士,手足胼胝,面目骊黑。(东汉·王充《论衡·定贤》)

"手足胼胝"指手掌脚底长满了老茧。严格意义上说,"手足胼胝"还算不上是成语,只是一般的词组,内部的结构组合并不固定,如可说成"手足重茧"(《淮南子·修务训》)。由"手足胼胝"变换语序,错综成文,就有了"手胼足胝"。这个成语大约产生于唐代。

1)被襫锄犁,手胼足胝。水之蛭螾,吮喋我肌。(唐·顾况《华阳集》卷上)

2)三过其门而不入,手胼足胝,凿九河,疏济洛。(唐·李翱《去佛斋》)

3)方禹栉风沐雨手胼足胝之时,亲见百姓之劳苦。(宋·

陈渊《又上殿札子》)

4) <u>手胼足胝</u>之力,狃于衽席之安者,其非前日。(元·聂炳《大别山赋》)

由"手足胼胝"演化为"手胼足胝"后,就可以视为成语了。一是"手胼足胝"结构相对固定;二是语义具有了整体性和融合性的特点,因为运用了互文手法后,不能直接照字面意思做线型理解了,两个语步需要相互补足合起来做整体理解。"手足胼胝"为什么会演化为"手胼足胝"呢?这与汉语表达追求音节的对称和韵律的和谐密切相关。王云路(2011)曾指出,"表义明确是内容,韵律和谐是形式。在表义明确的前提下注意音节的平衡与和谐,是汉语词语运用的基本规律"。从意义来看,"手足胼胝"和"手胼足胝"同义,两种表达形式都可以明确地表达意义;但从结构来看,"手足胼胝"行文单调,不具有对称性,而"手胼足胝"满足了结构对称、韵律和谐的表达要求。

【鞭鸾笞凤】

鸾凤:鸾鸟和凤凰,都是传说中的神鸟。古有乘鸾驾凤之说,汉刘向《九叹·远游》:"驾鸾凤以上游兮,从玄鹤与鹥明。""鞭鸾笞凤"指仙人鞭策鸾凤乘之以行,后比喻闲逸、高雅的生活。"鞭鸾笞凤"本于"鞭笞鸾凤"。

1) 上界真人足官府,岂如散仙<u>鞭笞鸾凤</u>,终日相追陪。(唐·韩愈《奉酬卢给事……助教》)

2) 谁人得似张公子,<u>鞭笞鸾凤</u>,终日相追陪,长夏无所为。(宋·洪刍《戏用荆公体呈黄张二君》)

3) 遂忘其身之贱微,且飘然有<u>鞭笞鸾凤</u>之兴。(宋·李流谦《尉厅二斋记》)

4)鞭笞鸾凤天将近,弹压山川酒不休。(宋·朱翌《游紫微洞》)

上揭各例"鞭笞鸾凤",义同"鞭鸾笞凤"。为了追求音节的对称和韵律的和谐,"鞭笞鸾凤"经变换语序,就演化出了"鞭鸾笞凤"。

1)追随五城十二楼,鞭鸾笞凤相嬉娱。(宋·刘一止《送楼伴张吏部还朝一首》诗)

2)安得飞腾九霄外,鞭鸾笞凤日相陪。(宋·裘万顷《喜范光伯相过》诗)

3)怨鹤惊猿辞旧隐,鞭鸾笞凤总新知。(宋·罗大经《鹤林玉露》卷十一)

4)天上初分玉笋班,鞭鸾笞凤入名山。(元·李孝光《寄王真人》诗)

"鞭笞鸾凤"变换语序,还可以演化出"鞭凤笞鸾"。

1)后知其琳琅翰墨,寨秀瑶林。使鞭凤笞鸾,羽仪万玉。(宋·方岳《秋崖集·代与方宪》)

2)鞭凤笞鸾下紫烟,笔床尘尾意翛然。(元·张雨《赠商学士德符》诗)

"平起仄收"是互文成语音节分布的强势模式,"鞭鸾笞凤"符合先平后仄的调序原则,也符合对称的原则。这是"鞭鸾笞凤"的定型机制。

3. 离合式。指通过离合双音词生成互文成语的方式。这类成语的特点是在 $A_1B_1A_2B_2$ 出现之前或同时期,两个语步 A_1B_1 和 A_2B_2 不用或不常用,不存在 $A_1A_2B_1B_2$,但存在双音词 A_1A_2 或 B_1B_2。离合式互文成语的生成途径:A_1A_2——$A_1B_1A_2B_2$ 或 B_1B_2——A_1

B₁A₂B₂

傍花随柳　　寻花问柳　　销魂夺魄　　咬牙切齿

油腔滑调　　轻描淡写　　拨雨撩云　　朝歌暮舞

【傍花随柳】

《新华成语词典》释作"傍：靠近。随：顺着。形容春游观景。"按，《新华成语词典》未释字面义。刘洁修《汉语成语源流大辞典》（开明出版社）释作"置身于花柳之中。指在花红柳绿中游玩观赏"。"傍花随柳"，又可作"傍柳随花""随柳傍花"，资证"傍花随柳"为互文成语。"傍花随柳"是通过离合"花柳"而成。"花柳"本指花和柳，也可以泛指景色。

1) 已切空床怨，复看花柳枝。（南朝梁·何逊《赠新曲相对联句》诗）

2) 丘壑经涂赏，花柳遇时春。（唐·王勃《林泉独饮》诗）

3) 步屧随春风，村村自花柳。（唐·杜甫《遭田父泥饮美严中丞》诗）

"花柳"本为双音词，但运用互文手法将其拆分为语素，中间插入"傍""随"，就产生了"傍花随柳"。这个成语的产生，大约不晚于宋代。

1) 云淡风轻近午天，傍花随柳过前川。（宋·程伯淳《偶成》诗）

2) 周程有爱莲观草、弄月吟风、傍花随柳之乐。（宋·罗大经《鹤林玉露》卷二）

3) 登山临水，傍花随柳，独此未消磨。（元·许有壬《和王治书仲安》）

还有"寻花问柳"等成语，产生方式与"傍花随柳"相同。"花柳"由本义可引申为游乐之地。唐李白《流夜郎赠辛判官》诗:"昔在长安醉花柳,五侯七贵同杯酒。"由此再引申就可以指妓院。唐段成式《酉阳杂俎·语资》:"某少年常结豪族为花柳之游,竟畜亡命,访城中名姬,如蝇袭膻,无不获者。""花柳"由妓院义再引申,就可以指歌妓了。

1)未省、宴处能忘管弦,醉里不寻花柳。(北·宋柳永《笛家弄》)

2)兄弟,你有满腹才学,不思进取功名,只以花柳为念。(元·武汉臣《玉壶春》第一折)

通过离合"花柳"(歌妓义),就产生了一系列意义相应的互文成语,如"攀花折柳""迷花恋柳""花街柳陌""眠花卧柳""寻花问柳"等。

1)则为我攀花折柳,致令的有国难投。(元·无名氏《百花亭》第二折)

2)然尊大人所以怒兄者,不过为迷花恋柳,挥金如土。(《警世通言·杜十娘怒沉百宝箱》)

3)官人何不去花街柳陌,楚馆秦楼,畅饮酣酒,通宵遣兴?(《初刻拍案惊奇》卷一五)

4)还有一件最要紧的事,此人行止欠端,专一在外眠花卧柳。(《金瓶梅》六回)

5)韩道国与保来两个,且不置货,成日寻花问柳,饮酒宿娼。(《金瓶梅》八二回)

上举系列成语,都与"花柳"的歌妓义相关,是通过离合双音词"花柳"产生的。这类互文成语,结构固定性比较强,语义的融合程度也比较高。如"寻花问柳"可以说成是"寻花觅柳",但"花""柳"

这两个语素是绝不允许替换的。"花柳"本来是个词,但是运用互文手法将其拆分,使其还原为语素,而理解时又必须将其合起来,这就增强了这个成语的融合性和整体性(苏宝荣,2006)。这也是这类互文成语形分义合的原因。

【销魂夺魄】

《新华成语词典》释作"销:消散,消失。夺:丧失,失去。形容受外界事物的强烈吸引或刺激而失去常态。"这个成语也是离合双音词"魂魄"而成的。"魂魄"一词,先秦已经产生了。

1)匹夫匹妇强死,其<u>魂魄</u>犹能冯依于人,以为淫厉。(《左传·昭公七年》)

2)君与夫人交献,以嘉<u>魂魄</u>。(《礼记·礼运》)

"魂魄"本为双音词,但运用互文手法将其拆分为语素后,中间插入近义词"销""夺",就产生了互文成语"销魂夺魄",又作"销魂丧魄""销魂荡魄"等。

1)盐商富贵奢华,多少士大夫见了就<u>销魂夺魄</u>。(《儒林外史》四一回)

2)那夏姬生得蛾眉凤眼,见者无不<u>销魂丧魄</u>,颠之倒之。(《东周列国志》五二回)

3)这都是风俗奢靡,处处使人<u>销魂荡魄</u>。(清·彭养鸥《黑籍冤魂》一五回)

离合"魂魄"产生的互文成语还有很多,如"冰魂雪魄""山魂林魄""失魂落魄""迷魂夺魄""魂飞魄丧""魂清魄爽"等。

4.框架式。指在固定的框架格式中嵌入其他语素生成成语的方式。这类成语的特点是具有稳定的框架模式 $A_1×A_2×$,B_1B_2 是嵌入的语素,多是并列的双音词,在进入 $A_1×A_2×$ 时,被拆分为语素。A_1A_2的语义已经泛化。框架式成语的生成途径：$A_1 \times A_2 \times$——$A_1B_1A_2B_2$。

  千山万水 千言万语 千差万别 千变万化
  东征西讨 东逃西窜 东拉西扯 东拼西凑

"千山万水"，形容山水之多。"千言万语"，形容言语之多。数字"千""万"已经不确指具体数量，而是泛指多数了。这些成语都是在"千×万×"格式中嵌入相应语素生成的，尹继群、李稳(2002)在《试论"千A万B"式成语》一文中，论之甚详。"东征西讨"，四处征讨。"东逃西窜"，四处逃窜。"东""西"已不确指空间对立的东西两方，而是泛指四处了。这些成语都是在"东×西×"格式中嵌入相应语素生成的。

《新华成语词典》收成语8382条，互文成语近800条，占10%左右。在汉语语汇里，互文成语不仅数量可观，而且极具特色，很值得研究。从上面的分析我们可以看出，探讨互文成语的生成不仅可以丰富我们对构语法的认识，而且对提高语典的释义水平也是有帮助的。本文在这方面做了初步的尝试。

附注：

  ① 古汉语中有"耳目聪明"的用例，如《易·鼎》："巽而，耳目聪明，柔进而上行。"《礼记·乐记》："故乐行而伦清，耳目聪明，血气和平。"今按，"耳目聪明"使用了古汉语另一种常见的修辞手法"并提"，实际上还是"耳聪目明"的意思，参郭锡良等《古代汉语》(商务印书馆，1999)。

参考文献：

[1] 甘莅豪.汉语中的互文类型[J].浙江大学学报(哲社版)，2012(6).
[2] 龙青然，胡玲.互文式成语的类型与特点[J].修辞学习，2007(2).

[3] 倪宝元.大学修辞[M].上海教育出版社,1994.
[4] 苏宝荣.语汇研究与汉语的民族特征[J].河北师范大学学报(哲社版),2006(6).
[5] 孙维张.汉语熟语学[M].长春:吉林教育出版社,1989.
[6] 王云路.中古汉语论稿[M].北京:中华书局,2011.
[7] 温端政.汉语语汇学[M].北京:商务印书馆,2005.
[8] 周振甫.诗词例话[M].北京:中国青年出版社,1962.
[9] 尹继群,李稳.试论"千A万B"式成语[J].语言研究,2002特刊.

(作者单位:内蒙古大学文学与新闻传播学院　呼和浩特　010070)

常用谚语句法功能的实证性研究

延俊荣

温端政、沈慧云(2000)提出的语词分立的观点引起了学界不小的反响,来自正反两方面的声音不绝于耳,仁者见仁,智者见智。周荐(2013)对此做了详细的梳理,本文不再赘述。但总的说来,这种讨论仍停留在思辨性和举例性的水平之上。如温端政(2005)在证明"语"和"词"是两种性质不同的语言单位时指出:"语具有成句的功能""语有被引用功能""语有被拆开使用,分别充当不同成分的功能。"对此,周荐(2013)批评道:"'语具有成句功能',词似乎[①]也不好说不具成句功能。""'语有被引用功能',词也具引用功能,毋庸细论。""'语有被拆开使用,分别充当不同成分的功能',成语、惯用语、谚语似都不可随便拆用。"而"'敬礼、鞠躬、念经、拍马'等为数不少的词都是可以拆开来使用的,它们是词,是被称作'离合词'的词,而不是语"。再如温端政、沈慧云(2000)主张"语""词"分立时,所举理由之一为"它们的语法功能却不完全一样",周先生却以汉语词类至少可分出名词、动词、形容词等词类因此不具有相同的语法功能,对此提出批评。事实上,无论是温端政、沈慧云二位先生还是周荐先生,都未就"语""词"究竟在多大程度上相同或多大程度上相异进行证明。毋庸置疑,这种思辨式、举例式的讨论在学科形成之初是必需的、不可避免的,但要使学科取得长足发展并走向繁荣,却必须以实证性的研究为基础。

基于此,本文以封闭性语料库检索为基础、选取"谚语"为研究对象,就其句法分布进行统计分析,重点观察"谚语"与"词"在句法功能上的差异。另鉴于目前研究基本以句为单位,故本文重点观察谚语的类词用法。

一 基于语料库的常用谚语句法分布描写

温端政(2005)指出,谚语可以"充当句子成分",并且所充当的句子成分主要是主语、宾语、定语和谓语。但这里存在着两个问题:一、所有的谚语都能充当句子成分吗?二、谚语所充当的句法成分典型吗?也就是说,当谚语充当主语时,它的谓语是动作动词吗?它的谓语有时体标记吗?如此等等,都是值得进一步探讨的。

为了控制研究范围和说明问题,本文以吴建生先生所主持的国家语委项目"常用语汇语料库建设"的子项目"常用谚语"为依据,选取其中的前十位②,以北京大学语料库(CCL)现代汉语子库为蓝本进行检索,这10条谚语共出现1308次。

1.就其分布而言,谚语主要有"类词"和"类句"两种用法。所谓"类词"是指它可以在相对独立的小句中充当句法成分;如:

(1)对于带有一定破坏性的组织冲突,处理办法最关键的是<u>防患于未然</u>。

(2)我相信<u>天无绝人之路</u>。

(3)"<u>防患于未然</u>"会救你一命。

在例(1)-(3)中,下划线部分即谚语,分别在相对独立的句子中充当宾语或主语,其作用相当于一个词,故称其具有"类词"用法。

所谓"类句"是指它处于"流水句"(赵元任,1968)中。如:

(4)"话语无腿走千里",这个消息一传十,十传百,很快传遍了乡村邻里,上门求医者从此络绎不绝。

(5)他们仁者见仁,智者见智,各执一词,不肯苟同。

(6)只要我们按科学态度办事,利用法律的强制手段,打击歪风邪气,防患于未然,并随时总结经验教训,新的广阔道路一定会在我们的前面。

先看例(4)。仅从线性序列上看,"这个消息"与"一传十,十传百"构成主谓关系,但即使将"这个消息"移至"一传十,十传百"之后,让它做"很快传遍了乡村邻里"的主语,句子也完全说得通,并且丝毫不改变整句意义的表达。从另一个角度看,即使把"一传十,十传百"取掉,仍可表达一个完整的命题。相反,如果将"很快传遍了乡村邻里",该命题虽然完整,但却感觉有点儿站不住脚。因为"消息"要实施的是"以言行事"的功能,而不仅仅是命题的表达。(Searle,1969)

故此,"一传十,十传百"不再被看成是一个简单的句法成分,而是流水句中的一个独立小句,具有"类句"功能。例(5)和(6)相仿。

根据 CCL 现代汉语分库的统计,常用谚语的"类词"和"类句"用法大致如表1。

表1:常用谚语的句法功能分类统计表

谚语	句法功能	类词	类句
防患于未然		104(36%)	185(63%)
功夫不负有心人		2(0.9%)	212(99.1%)

续表

句法功能 谚语	类词	类句
天有不测风云	29(12.3%)	149(87.7%)
民以食为天	12(7.0%)	160(93%)
前事不忘,后事之师	29(25.8%)	83(74.2%)
百闻不如一见	21(21.9%)	75(78.1%)
仁者见仁,智者见智	9(11.0%)	73(89%)
一传十,十传百	28(35%)	52(65%)
天无绝人之路	19(33.3%)	38(66.7%)
冤有头,债有主	1(3.8%)	25(96.2%)
合计	254(19.4%)	1055(80.6%)

2.谚语的"类词"和"类句"出现比例是不平等的,其中"类词"用法共254次,约占总数的20%,或者说,谚语被用作词、发挥词的句法功能并不是谚语的优势分布。这是就谚语整体而言的。如果从谚语个体来看,"类词"和"类句"的比例更为悬殊,如"防患于未然"的"类词"比例高达36%,而"功夫不负有心人"的"类词"比例还不到1%。如果从类词角度来排序,大致如下:防患于未然、一传十,十传百、天有不测风云、前事不忘,后事之师、天无绝人之路、百闻不如一见、民以食为天、仁者见仁,智者见智、功夫不负有心人、冤有头,债有主。对于个体来说,某些谚语基本不具有"类词"用法,"类句"是其优势分布。详细统计结果见表1,不再赘述和举例。

3.从谚语的个体来说,即使它有"类词"用法,它充当主语、宾语、谓语、定语的能力也是不平等的,表2可以充分显示这一点。从整体来看,谚语充当宾语的能力最强,其次便是谓语,充当状语的能力最低,只有"一传十,十传百"出现过两例,即:

(7)从来不在报纸上做广告,而他的汽修厂仍然门庭若市,这都是司机们一传十,十传百地自己传开的。

(8)人家也仿佛颇以为这事是"难能可贵",便一传十,十传百地传了开去,"青是从来不烫发的"。

即使只有此两例,也溢出了温端政(2005)"谚语不能充当状语"的结论,这也正是我们主张实证研究的主要原因。

从个体来看,每条谚语所能充当的句法成分也大不一样。从其可能性来看,大致可分为三个层级:

防患于未然、前事不忘,后事之师＞民为食为天、百闻不如一见、天有不测风云、仁者见仁,智者见智、一传十,十传百、天无绝人之路＞冤有头,债有主、功夫不负有心人。

其中"防患于未然"的分布最广,既可充当谓语,也可充当宾语、定语和主语,而"冤有头,债有主"和"功夫不负有心人"的分布最窄,只能充当宾语。

表2:常用谚语充当句法成分的可能性统计表

句法功能 类词谚语	主	宾	定	谓	状
防患于未然	10	32	21	41	0
功夫不负有心人	0	2	0	0	0
天有不测风云	1	28	0	0	0
民以食为天	0	5	7	0	0

续表

句法功能 类词谚语	主	宾	定	谓	状
前事不忘,后事之师	1	20	7	1	0
百闻不如一见	0	19	2	0	0
仁者见仁,智者见智	0	1	0	8	0
一传十,十传百	0	0	0	26	2
天无绝人之路	0	18	1	0	0
冤有头,债有主	0	1	0	0	0
合计	12	126	38	76	2
所占比例	4.7%	49.6%	14.9%	29.9%	0.8%

4. 虽然谚语可以充当主宾语、谓语和定语,但却是不自由的,是有条件限制的。换言之,谚语所充当的句法成分是有标记的(marked),或者说非典型性的。

二 谚语所充当句法成分的非典型性

非典型是相对于典型而言的。如在词类和句法成分之间存在着以下的关联标记模式:(沈家煊,1999)

无标记组配	无标记组配	无标记组配
主宾语	谓语	定语
名词	动词	形容词

沈先生对此标记模式做出这样的解释:词类和句法成分之间是既对称又不对称的关系。对称表现在,做主宾语是名词的典型功能,做谓语是动词的典型功能,做定语是形容词的典型功能。不

对称表现在,名词具有做谓语和定语的非典型功能,动词有做主宾语和定语的非典型功能,形容词有做谓语和主宾语的非典型功能。

为了说明谚语所充当句法成分的非典型性,有必要对常用谚语的句法功能表现进行简单描写。

2.1 充当主语

(9)"天有不测风云"这句古老的谚语,今天已随着科技的发展而逐渐演变成"天有可测风云"。

(10)中国谚语"前事不忘,后事之师"多年来一直是我重要的座右铭。

(11)防患于未然能不重要吗?

(12)"防患于未然"会救你一命。

从语料库统计来看,当谚语用作主语时,最常出现的谓语动词是"是",在所调查到的12例中,"是"占到9例,占到总数的75%。除"是"之外,谚语的谓语还可以是形容词,如例(11)中的"重要";能愿动词,如例(12)中的"会";动补结构,如例(9)中的"演变成"。一言以蔽之,当谚语充当主语时,其谓语动词无一例是动作动词,而动作动词才是动词中的典型成员。

孟维智(2013)在谈到汉语词类与句子成分的对应关系时曾指出,"名词作宾语是自由的,无条件"。但如果是非名词做宾语的话,"必然具有一定的条件",而其中的条件之一便是"谓语中心是判断词'是'"或"表示心理活动的动词"。

从谓语动词所表示的语义来看,"是"往往表示主语和宾语之间的等同关系,如例(10)。例(11)的"重要"表示一种属性或性质,例(12)中的能愿动词"会"表示一种推测(朱德熙,1982)。例(9)中的"演变成"表示一种状态的变化。而从主语位置的谚语所充当的语义来看,它们无一例是表示事物的,当然也不能被个体化,如它不能被数量结构修饰,也不能受指示词"这""那"修饰,既不说"一个防患于未然",也不能说"这防患于未然"等。从它们与谓语动词所构成的语义关系来看,也无一例构成施事——动作的语义关系。

根据跨语言研究,Croft(1991)曾在名词、动词、形容词和其语义范畴及语用功能之间建立了一个自然配对关系,即典型名词的语义是表示事物,其语用功能是指称;典型动词的语义是表示动作,其语用功能是述谓;典型形容词的语义是表示属性或性质,其语用功能是修饰。

而从语料库统计和用例分析可以清楚地看出,即使这些谚语在句中充当主语,它们也不是典型的主语,充其量也只能属于主语范畴的边缘成员。反过来说,即使这些谚语可以看作名词的话,它们也不是名词中的典型成员。

2.2 充当宾语

根据语言的层级性,与主语相对立的是谓语部分,而谓语部分又可进一步区分为述语和宾语。因此,要考察谚语充当宾语的情况,离不开与它对立的述语。先看例子:

(13)他站在桥头,对同来参观的同志们说,前事不忘,后事之师。

(14)真是让你累也累死,气也气死,但最后的结果是让人高兴的,这叫作功夫不负有心人。

(15)他们都表示,百闻不如一见。

(16)鉴于土壤污染的危害性和治理的艰巨性,我们提倡防患于未然。

(17)对盗牛毒牛者,要依法严惩,更重要的是要防患于未然。

(18)怎知天有不测风云,因种种原因,这一雄心勃勃的计划竟中途夭折。

(19)我相信天无绝人之路。

(20)但铁证如山,数十件图片和资料,警示后人牢记那句名言:"前事不忘,后事之师。"

(21)对人群较集中的地方要安排好疏导路线和应急预备措施,做到防患于未然。

(22)所谓对消费者权益的超前保护,意在防患于未然。

(23)但投保者、承保者都当把精力放在防患于未然上,着力抓好食品卫生的教育、监督工作。

(24)海口市自来水公司先将全市管辖范围的供水管道全部检修一遍,力求防患于未然。

从数量上来看,谚语充当宾语的可能性较大,几乎占到类词谚语的一半。但从述语来看,主要由以下几类动词充当:言语类动词,如例(13)的"说"、例(14)的"叫作"、例(15)的"表示"和例(16)的"提倡"。其次是关系动词"是",如例(17)所示。再次是心理动词,如例(18)的"(怎)知",与此相类似的还有"(谁)知""(哪)知""(岂)料""没想到"等,而且这些心理动词之后的类词谚语绝大多数是"天有不测风云"。出现过的心理动词还有例(19)中的"相信"、例(20)中的"牢记"。从语料统计结果来看,以上三类动词占到总数的95%以上。

另外,还有表示"位置"的动补结构,如例(21)中的"做到"、例(22)中的"意在",及例(23)中的"放在",表示状态位置达成的"变成"和目标位置设定的"力求",如:

(25)长沙市拿救灾的钱用来防灾,把"亡羊补牢"变成"防患于未然",今年面临同样严重的自然灾害,直接经济损失却在减少。

(26)海口市自来水公司先将全市管辖范围的供水管道全部检修一遍,力求防患于未然。

当谚语充当宾语时,与其发生句法关系的述语无一例是动作动词,即均为非典型动词。如在上述用例中,没有一例带"了""着"或"过"等时体标记,没有一例重叠。另外,除极少数的动词如"说"之外,都是双音动词,而"单音动词是典型的动词"。

从宾语本身来看,与谚语所充当的主语一样,它们所指称的也不是事物,也不能个体化,无一例是受事宾语。毋庸赘言,它们是非典型的宾语。

2.3 充当谓语

在所考察的谚语中,能充当谓语的谚语主要是"防患于未然""一传十,十传百"和"仁者见仁,智者见智",详细情况可参见表2。如:

(27)所以,不能再让他们横行霸道了。要防患于未然,先发制人。尤其那个自称吕后的人,不可不防!

(28)蒋介石毕竟是深谋远虑的,他得防患于未然。

(29)我非大智慧之人,所以我只能防患于未然。

(30)通过微循环检测仪的检查,能较早发现心脑血管病的预兆,可以防患于未然。

(31)传感器即可提前发出火灾警报,有助于人们"防患于未然"。

(32)准确地进行临震预报,以使人们能够防患于未然,把伤亡降低到最低点。

如语料所示,当谚语"防患于未然"充当谓语时,绝大多数情况下,前面须有能愿动词"要""可以""能够""有能力""得""必须"等的帮助。其后自然也就不能再有"了""过"等时体标记。与其相应,它们主要表示一种非现实的陈述。但根据跨语言研究,在现实和非现实这对范畴中,现实是无标记的,典型的,而非现实是有标记的,是非典型的。另外,谓语由动作动词充当,并且与在同一层次对立的宾语为受事,是无标记的,典型的。但上举数例都显示,谚语充当的谓语连宾语都不能带,更谈不上带受事宾语了。

下面我们再来看一下"仁者见仁,智者见智"和"一传十,十传百"的使用情况:

(33)他们仁者见仁,智者见智,各执一词,不肯苟同。

(34)"7.25"拍卖,昆明人仁者见仁,智者见智,众说纷纭。

(35)"话语无腿走千里",这个消息一传十,十传百,很快传遍了乡村邻里,上门求医者从此络绎不绝。

(36)韩淑秀在青岛当地的名声越传越响,随着求医人一传十,十传百,她的名声传遍了山东,传到了北京,传到了黑龙江,传出了中国……

在此可以看到,虽然"仁者见仁,智者见智"和"一传十,十传百"前面没有能愿动词,但整个句子中无时、体、态等标记,它们既不能说成"仁者见了仁,智者见了智","一传了十,十传了百",也不能说成"仁者见仁了,智者见智了"或"仁者见仁,智者见智了"或"一传十了,十传百了""一传十,十传百了"。更为有趣的是,即使删掉这些谚语,句子所表达的命题真值保持不变。

2.4 充当定语

谚语可充当定语,是仅次于宾语和谓语的分布,位居第三。如:

(37)许多防范与监控措施,对禽流感的蔓延和人群中出现新型流感起到了防患于未然的作用。

(38)财政部和石油部联手保护全国长达数千公里的输油管道,制定了一整套防患于未然的安全计划。

(39)在"民以食为天,农以田为本"的神州大地,如何面对这一新的难题……

(40)正确处理中日关系,对两国间"不幸"的历史,本着"前事不忘,后事之师"的原则,进行公正的评述。

但谚语充当定语时必须有结构助词"的"的帮助,这一点温端政(2005)已经提及。但这是形式上的标志,它背后蕴涵着什么,温端政先生未加论述。

与定语对立的是中心语,定语的典型功能便是修饰或限定其中心语。根据朱德熙(1982),可以将有无"的"的偏正结构区分为组合式和粘合式两类。也就是说,当谚语充当定语时,只能构成组合式偏正结构,而无法构成粘合式偏正结构。吕叔湘(1979)曾指出,"把'大的树'和'大树'等同起来,好像有没有一个'的'字没有什么关系,这就小看了这个'的'字了"。

"性质形容词做定语是无标记的"且"典型的性质形容词一般是不加标记'的'直接做定语"(沈家煊,1997),换言之,无标记的或者说典型的定语是粘合式的而非组合式的偏正结构。而这种形式上的表现是受语义和认知制约的。陆丙甫(1988)曾用"小牛"和"小的牛"说明组合式偏正结构和粘合式偏正结构的区别,认为"小牛"具有称谓性,而"小的牛"具有非称谓性。也就是说,"小牛"用于泛指或通指形式,而"小的牛"用于单指或专指形式。从认知角度看,性质形容词一般表示它所修饰的中心语的一种恒久性的属性。而唯有个体的、典型事物才具有恒久的属性。

现在返回来看一下谚语所修饰限制的中心语是由什么样的名词来充当的。例(37)中的"作用"、例(38)的"计划"和例(40)的"原则"都不是表示事物的典型名词,而例(39)的"神州大地"即使勉强可以看作指称事物的名词,但它并不是表示个体的典型名词。当然也谈不上什么恒久的属性。

三 余论

上述描写和分析可以清晰地显示,谚语的类词用法仅仅是谚语分布的一部分,并且是相对较小的一部分。而在类词用法中,究竟能充当哪一类句法成分的能力也是不同的。另一方面,就它们所充当的句法成分来看,无论是主语、谓语、宾语还是定语,都是该范畴的非典型成员。由此得出的结论是,谚语是一个内部成员地位并不平等的原型范畴,并且如果以句法表现为标准,以句子为研究单位的话,谚语——温、沈二位先生所界定的"语"的一部分——确实不是词的等价物,确实需要分别对待。

但比较遗憾的是,"语词分立"的基础是"语"和"词"是"两种性质不同的语言单位"。(温端政,2011)但"语"的性质究竟是什么?"语"究竟属于哪一层级的语言单位?"语"的功能是什么?究竟该用什么样的方法来研究"语"?"语"的研究对语言本体研究到底有什么贡献?如此等等问题直到现在却仍未引起人们的高度关注。

附注：

① "似乎"的下划线为笔者所加。下面的"毋庸置论"同。

② 前十位的谚语分别是：防患于未然、功夫不负有心人、天有不测风云、民以食为天、前事不忘,后事之师、百闻不如一见、仁者见仁,智者见智、一传十,十传百、天无绝人之路、冤有头,债有主。

参考文献：

[1] 陆丙甫.定语的外延性、内涵性和称谓性及其顺序[A].//语法研究和探索(4)[C].北京大学出版社,1988.
[2] 吕叔湘.汉语语法分析问题[M].北京:商务印书馆,1979.
[3] 孟维智.孟维智语文集[C].太原:山西教育出版社,2013.
[4] 沈家煊.形容词句法功能的标记模式[J].中国语文,1997(4).
[5] 沈家煊.不对称与标记论[M].南昌:江西教育出版社,1999.
[6] 温端政.汉语语汇学[M].北京:商务印书馆,2005.
[7] 温端政.中国谚语大辞典[K].上海辞书出版社,2011.
[8] 温端政,沈慧云."龙虫并雕"和"语"的研究——敬以此文纪念王力先生百年诞辰[J].语文研究,2000(4).
[9] 杨蓉蓉.实践·研究·总结[A].//第四届汉语语汇学学术研讨会论文,2013.
[10] 赵元任.北京口语语法[M].吕叔湘译.北京:商务印书馆,1968.
[11] 周荐.语词分合问题引发的若干思考[C].//第四届汉语语汇学学术研讨会论文,2013.
[12] 朱德熙.语法讲义[M].北京:商务印书馆,1982.
[13] Croft, W. *Typology and Universals*. Cambridge：Cambridge University Press,1991.
[14] Searle, J. R. 1969 *Speech Acts：An Essay in the Philosophy of Language*. Cambridge：Cambridge University Press,1990.

(作者单位:山西大学语言科学研究所　太原　030006)

杭州话谚语初探

徐颂列

引 言

作为吴语太湖片杭州小片的杭州话,由于地理和历史的原因,受到吴语和北方方言的影响,成为一种比较特殊的方言。杭州话谚语同样体现了这样的特点。从清缪艮《梦笔生花》、钟毓龙《说杭州》和鲍世杰《说说杭州话》中所列的以及笔者收集到的谚语看,大体可以分为三类。

第一类是和吴语外其他方言共有的,有的已经进入民族共同语。从《中国谚语大辞典》(下称《谚大》)所收谚语看,像"死要面子活受罪""敬酒不吃吃罚酒""情人眼里出西施""清官难断家务事""当家才知柴米贵"这些已进入普通话的谚语,杭州话中同样也有。有些虽然有个别词不同,但是整句谚语意思相同。例如,《谚大》有"下雪不冷消雪冷",杭州话有"落雪不冷烊雪冷","烊"在杭州话中就是"化"的意思。又如,《谚大》有"一个和尚一本经,一个将军一个令",杭州话有"一个将军一个令,一个南瓜一个柄"(杭州人俗称公章为南瓜柄),两个谚语打的比方虽然有别,但是都是说谁掌权谁说的话就算数。

第二类是与吴语中其他次方言所共有的。其中很大一部分是和绍兴话共有的。杭谚有"杭州萝卜绍兴种",是说杭州人中有很大一部分祖籍绍兴。从地理位置看杭州与绍兴毗邻,语言也互相影响。《越谚》中就记有不少与杭州话相同或相近的谚语。例如,绍兴话和杭州话中都有"宁可吃个开心粥,不可吃个愁眉饭""和尚道士夜到忙""懒人有懒福,烂泥菩萨住大屋""人家说好是朵花,自家说好豆腐渣",这是完全相同的。也有略有不同的,例如,《越谚》中有"开头门,多路风",杭州话说"多一头门,多一路风",都是说要灵活行事;《越谚》中有"田怕秋来旱,人怕老来贫",杭州话说"苗怕寒露风,人怕老来穷",虽然引喻不同,但是说的都是"人怕老来穷"这个道理。也有和宁波话谚语相同或相近的。例如,鄞州横溪话和杭州话都有谚语"吃了谷雨饭,天晴落雨要出畈""三岁打娘娘会笑,廿岁打娘娘上吊",这是完全相同的。也有略有不同的,例如鄞州横溪话有"扫地只扫地中央,洗脸只洗鼻头梁",杭州话有"扫地扫中央,洗脸洗鼻梁",表述虽略有差别,但意思完全一样,都是批评做表面文章。

第三类是杭州话特有的,这些谚语没有被《谚大》收录。这也是本文讨论的重点。

一 因杭州特有的民俗而形成的谚语

杭州曾是吴越国和南宋的都城,自古经济发达,人文荟萃,柳永《望海潮》有"钱塘自古繁华"句。特别是南宋迁都杭州,杭州经济的繁荣,不仅超越前代,而且居世界前列。这种繁华一直延续至今。杭州繁华的都市经济,形成了杭州特有的民俗,这从杭州话谚语中也能找到。

杭州话有谚语"城隍山上看火烧",讲的就是旧时杭州除夕时灯火辉煌、鼓炮齐鸣、市民登城隍山观看的景象。据明代高濂《四时幽赏录·除夕登吴山看松盆》记载:"除夕惟杭城居民家户架柴燔燎,火光烛天,挝鼓鸣金,放炮起火,谓之松盆。无论他处无之,即杭之乡村,亦无此举。斯时抱幽趣者,登吴山高旷,就南北望之,红光万道,炎焰火云,街巷分岐,光为界隔,聒耳声喧,震惊远近,触目星丸,错落上下,此景是大奇观。"清代范祖述《杭俗遗风·万家烟火》:"年三十夜,有不睡者,名曰守岁。盖是时家家灯烛辉煌、香烟不断。即厨灶中烟火皆亦不绝。街上行人照耀如同白昼。登城隍山视之,可称万家烟火。"城隍山即吴山,因旧时山上有城隍庙,故俗称城隍山,位于杭州城南,是旧时主城区中的最高点。现代钟毓龙《说杭州》中也有类似记载。当然这种风俗现在已经没有了,但是这句谚语却流传下来了,不过语义有所变化,从观看除夕万家烟火的景象转为"看热闹"或"遇事不介入,袖手旁观"的意思。例如:

1. 胡雪岩问:"她如果要逼着我问,我怎么样?""不会逼着你问的,一切照旧,毫无变动,她问什么?""好的!那就是我们杭州人说的那句话:'城隍山上看火烧!'我只等着看热闹了。"(《红顶商人胡雪岩·第二部·第六章》)

2. 傍晚时分,运河边上围着很多人,我也跑过去看。原来是有人跳到河里去了,身边的大伯大妈们在为他是自己寻短见,还是失足跳下去争论不休。围观的人越来越多,虽然到了吃晚饭的时间,人群还是没有丝毫退去的意思。到处都是照相机发出的闪光灯,却少见有会水的人跳下去救人的。最后,尸体被打捞上岸,人们才极不情愿地离开。

回家的路上我一直在想,用一句杭州话概之,这就叫"城隍山上看火烧"吧。(《钱江晚报》2010.8.24)

杭州话还有谚语"踏雪迎春,大熟年成"。这里的"迎春"是旧时杭州官府的一种仪式。钟毓龙《说杭州》:"立春前一日,杭府率领仁(仁和)、钱(钱塘)两县至太平门外先农坛迎勾芒神,谓之迎春,此为最古礼。""勾芒"是古代传说中主管树木之神。谚语说的是如果是踏雪举行迎春仪式,也就是立春下雪,那么当年就会丰收。这句谚语既有关杭俗,又与杭州的气候相关。例如

3.迎春之日,如遇下雪,杭人俗称"踏雪迎春,大熟年成",主丰收。(《杭州市志·第二卷民俗风情篇》)

4.这个春节假期的天气显得有些不够好,连日来常常处于阴雨不断的境地。好在立春那天飘起了点点雪花,博得了一个"踏雪迎春,大熟年成"的好彩头,算是把一段时间以来的阴雨天给整个扳了过来。(《新闻晚报》2006.2.6)

杭州话也有谚语"年三十的吃,年初一的穿"。吃饱穿暖是人生存的基本要求。"年三十的吃"是说过年时年三十晚上的饭菜一定是一年中最好的,这是因为辛苦了一年,一年的最后一顿饭一定要吃好。杭州有年三十晚吃"十碗头"的说法。也就是年三十晚要烧"元宝鱼、元宝肉、白斩鸡、冬笋韭芽炒肉丝、八宝菜、如意菜、长生果、素烧鹅、藕富、暖锅儿"这十碗菜,其中元宝鱼是不能动的,以取"年年有余"之义。而"年初一的穿"则是说大年初一要穿新衣服,一则满足了穿暖的要求,二则新年新气象,穿上新衣服,精神面貌也焕然一新。

5.也许,年夜饭那是我们幼小时节的最大期盼,"年三十的吃,年初一的穿",以穿肇始,以吃作结,生活的幸福与美满均寄托在这"吃饱穿暖"几个字之上了。(上虞论坛:http://www.0575bbs.com/read-htm-tid-592662.html)

杭谚有"闷声大发财",出自杭州迎接灶神的风俗。《通俗编·杂字》"悗"条:"有悗声发财之谚。""悗声"即"闷声"。《说杭州》:"送(灶神)之时,先以细柴架井字形于庭中,而佐以易燃之物。灶神马及旁悬之花元宝,置于灶上,而坐之井中。焚化之时,必燃放鞭炮双响,故是日黄昏前后,爆竹之声不绝于耳。亦有不用爆竹者,谓之闷声大发财。"另外旧俗杭人在搬入新居后,"预先有亲友迎之入屋,并以灯烛导之登楼,彼此不交一语,取俗谚'闷声大发财'之意"。①现在称不声张而在某方面有较好收获的为"闷声大发财"。例如:

6.在伦敦伯克利广场(Berkeley Square)的一座连体别墅中,一个由8名高管婚恋配对顾问组成的团队在过去23年时间里一直都在"闷声大发财",他们的工作就是为那些渴求浪漫的百万富翁和亿万富翁们找到理想中的伴侣。

(《亿万富翁渴望爱情 高端婚恋顾问闷声大发财》杭州网http://news.hangzhou.com.cn/jjxw/content/2011-01/20/content_3597772.htm)

杭州还有旧谚"七月十二接祖宗,西瓜老藕瞎莲蓬",说的是杭州旧俗"中元接祖"。范祖述《杭俗遗风·中元接祖》:"杭城风俗,七月十二夜,须接祖宗。"钟毓龙《说杭州·风俗·七月十二日》:"十二日是日晚,家家必备莲蓬、菱、藕等物,以供祖先。杭谚所谓'七月十二接祖宗,西瓜老藕瞎莲蓬'是也。按杭州各户,有祖宗堂者多,本在家中,何烦乎接?接祖宗之风,由南宋而来。高宗南渡,例须祭祖,而坟墓在北,无从设祭,遂有是事。""中元接祖"是宋室南迁时形成的风俗,直至笔者幼时(20世纪60年代初)还见邻家在农历七月摆桌祭祖。不过此风俗现已不见。

二　有关气候或地理的谚语

杭州地处长江三角洲的东南部,属于亚热带季风气候,四季分明,温暖湿润,雨量充沛。夏冬二季较长,春秋二季较短。从气象上看,一般阳历三月中入春,五月中入夏,十月初入秋,十二月初入冬。夏季温度比较高,极端高温可达 40 摄氏度以上。冬季较冷,最低气温可达零下 7 摄氏度以下。杭州话谚语中有很大一部分反映了这样的气候情况。如"知了儿叫,石板儿炮","炮"音[p'ɔ],即烫的意思。谚语是说农历六月知了叫的时候,正是酷暑,石板都晒得很烫。又如,"头伏如火烧,二伏如油熬,三伏石板晒得两头翘"也是说杭州盛夏之酷热。说杭州冬天寒冷的有"冬至月初,石头冰酥"。而"落雨落雪,冻煞老鳖"则是反映杭州冬天雨夹雪的阴冷。清孙锦标《通俗常言疏证·天文》中已收此谚。反映杭州夏天炎热冬天寒冷的还有"夏天恨开门无风,冬天恨关窗有缝"。杭州二月至三月,历法上虽已立春,但如果下雨,往往奇冷,所谓春寒料峭,因有民谚"冬冷不是冷,春冷冻煞人"。杭州初夏如下雨,气温就会比较低,因有民谚"吃了端午粽,还要冻三冻"。反映天气的谚语还有"太阳落山如火烧,明朝热得双脚跳""干净冬至邋遢年,邋遢冬至晴过年",等等。

杭州话中也有许多与气候有关的农事方面的谚语。例如"清明翻草籽,谷雨播谷子","草籽"即苜蓿,是稻田绿肥。谚语是说清明耕田,谷雨播种。又如"芒种芒种忙忙种,芒种一过白白种",说的是水稻(单季稻)必须在芒种时种好,过了这个节气再种将无收成。杭州是茶叶之都,绿茶采摘时间越早的越珍贵,故清明前采摘的"明前茶"最为珍贵,其次为雨水前采摘的"雨前茶",之后的茶叶就老了。故有"早摘三日茶是宝,迟摘三日变成草"的民谚。

还有一些与气候相关的生活谚语。如"五月五,雄黄老酒过端午",杭州端午节有吃"五黄"的习俗,即黄瓜、黄鳝、黄鱼、咸蛋黄和雄黄酒。端午往往处于杭州的梅雨季节,吃雄黄酒可以驱邪解毒。又如"十月萝卜小人参",是因为农历十月当令的萝卜不但营养价值高,还有一定的保健作用,故有此谚。再如"九月团脐十月尖",是说农历九月吃雌螃蟹(团脐)为佳,农历十月则是吃雄螃蟹(尖脐)更好。关于养生的有"冬养三九补品旺,夏治三伏行针忙",是说夏天入伏后用针灸、拔罐等传统医疗方法治病与冬令进补一样有效。再如"困觉要困冬至夜",则是说冬至夜这个最长的夜晚适宜人们安睡。又如"头伏火腿二伏鸡,三伏吃只金银蹄"。《说杭州》:"富人家之食品,则曰'头伏火腿二伏鸡,三伏金银蹄。'"新鲜猪踵杭人称为"银蹄",火腿踵称为"金蹄";"金银蹄"即新鲜猪踵和火腿踵同煮而成的食物。这则谚语是说杭州人注重保养,吃这些食物以挨过酷暑。一些上年纪的杭州人现在还是保留入伏吃好的风俗。

三 有关市井百态、生活事理的谚语

杭州话谚语中关于市井百态和生活事理的非常多,这里只能是选一些而分析之。

杭谚有"男的讲吃场,女的讲穿场"这是说男人喜欢吃得好,女人喜欢穿得漂亮。又有"男的囡木头,女的囡布头"之说。"囡"就是藏。这是说男人的积蓄用于盖房子、做家具,而女人的积蓄则是用来买布做衣服被褥。又有说女子爱俏的有"若要俏,骨头冻得嘎嘎叫",讽刺那些虽然天寒但为显示身材苗条而不肯添衣的爱俏女子。

杭谚有"穷有穷办法,腌菜请菩萨"。杭州民间有冬季腌菜的风俗,《杭俗遗风》:"杭人犹有踏冬菜一事。在冬至节半月之前买白菜数百斤,洗净晒干,用盐腌于大缸内,约需半月之久即可食。"吴存楷《江乡节物诗·腌菜》:"杭俗腌菜,例以冬至开缸,先祀而后食。"谚语反映了杭人勤俭的生活方式和乐观的处世态度。又如"扣铁打钉,扣米煮饭","扣"章炳麟《新方言·释言》:"今人谓度量多少弗令过剂为扣。扣分、扣数是也。"谚语是说有多少能力办多少事,反映了杭州人务实、精明的处世方式。又如《杭俗遗风》中有"糖炒栗子,难过日子"之谚。杭州人爱吃糖炒栗子,而栗子上市在深秋,此时寒天将至,穷人便为过冬而发愁。

杭州自古商业比较发达,因此有许多反映商业经济活动的谚语。例如,"功名要求,生意要兜",是说做生意和求功名一样,都要采取主动,坐等生意上门是不可取的。"媒人两头哄,中人两头压"反映的是旧时媒人对男女各方说尽好话和中人(类似现在的中介)两头压价的常规做法。又如"有钱不置懊恼产"。《说杭州》:"契上虽写明倘有纠葛,由卖主自行理处,不涉买主之事,然发生纠葛,买主未必即能安然处之。故买屋者必须详探其来历。如不明白,宁弗买。杭谚有曰'有钱不置懊恼产',正虑此也。"杭州人还有"一千赊不如八百现,八百现不如七百腰里缠"。是说买卖中拿比较高的赊账,还不如拿较少的现钱,而现钱也最好放在身边。杭州还有"羊肉当狗肉卖"的说法。这在清翟灏《通俗编·识余》"集对"中已有收录。羊肉应比狗肉贵,挂羊头卖狗肉的是奸商,而"羊肉当狗肉卖"则是比喻把货物贱卖,有时这也是一种营销策略,以求薄利多销。

杭谚中也有不少是批评讽刺社会陋习的。例如"落水叫救命,上岸讨包裹儿",讽刺那些忘恩负义贪心不足之人。还有"吃人家的汗出,吃自己的眼泪出",讽刺那些好占小便宜,自私自利之人。"错进不错出"也是反映自私之人不肯吃亏又好占小便宜的做派。又如"多管闲事多吃屁",讽刺了不干己事不过问的小市民心态。还有"脸皮老老,肚皮饱饱",则是讽刺为达目的可以不顾脸面的做派。还有"舌头无骨,随编随说"则是批评不负责任随便乱说的行为。

还有一些反映生活事理的。例如,"神仙难断瓜里红",是说挑选西瓜之难。这则谚语《梦笔生花·集杭州俗语》中都已有。又如,"宁使挑不动,不可轻头重",是说挑担两头重量要均衡,否则无法挑动。

四 关于为人处世的谚语

杭谚中讲为人处世道理的谚语也非常多,这里分为涉及自身的和处理人际关系的来分析。

1. 关于为人道理的

有一些谚语是说人安身立命道理的。如"人不做要懒,桶不用要散",告诫人要勤快不可懒惰。"腰缠万贯,不如一技在身",告诫人再富有也不如掌握谋生的技能。又如"挨亲不富,戤饭不饱","戤"读作[gɛ˧],《土风录》卷十五:"倚靠曰戤。"《新方言·释言》:"今江南运河而东至于浙江为有所倚恃为戤。"杭州人称蹭饭吃为"吃戤饭",这则谚语是说人要自立。清缪艮《梦笔生花·集杭州俗语》中已有此谚。

有些是讲人生态度的。如"前人做事后人看,做子容易做爹难"则是说要对后代、对社会负责任。"酒多伤身,气多伤人""有福不可享尽"是说人要有节制,要宽容。"生不带来,死不带去""活要活得歪,死要死得快"则反映了达观的人生态度。"歪"读作[ʔuɛ],杭州话中表示年老而健康的意思。"皇天不负善心人"则是劝人要向善,这则谚语《梦笔生花·集杭州俗语》中已有。这些都体现了杭州人达观、务实的民风。

有些是讲处世方法的。如"孵生不如孵熟"是说与其换新的地方、单位,还不如待在熟悉的地方和单位。这也反映了一部分杭州人保守、求稳的心态。"天坍自有长人顶","长人"即高个子。此谚是说不必做杞人之忧。清翟灏《通俗编·天文》已收录"天坍自有长子",清孙锦标《通俗常言书证》和《梦笔生花·集杭州俗语》中都已收此谚。"有山必有路,有水必有渡"比喻事情总会有解决的办法。又如"钱财不露白,露白要受灾"则是告诫人们不要露富。而"冷勒风里,穷勒债里",则是告诫人们借债之弊。"勒"即"在"。还有"钱落赌场,人落法场"则是劝人戒赌。《梦笔生花·杭俗语对》中已有此谚。

2.处理人际关系的

杭谚中还有一些是反映人际关系处理的。

反映家庭关系的。"公要馄饨婆要面"是说媳妇难当,也比喻难以满足多方面的要求。《梦笔生花·集杭州俗语》中已有此谚。"儿子不养爹,孙子吃爷爷",则是说子若不孝,孙子就会啃老。"拳头底下出孝子,筷儿头上出忤逆"则是讲宠子不发的道理。"坟前一桌,不如床前一碗""死了拜三拜,不如活着夹一筷"则都是说对长辈要孝顺,要厚养,不要长辈在世时不孝顺,而在去世后做样子。

反映一般人际关系的。杭谚有"进门看脸色,出门看天色",出门看天色是为了防雨,而进门看脸色是看主人是否有不愉快之事,以防讨人厌。《梦笔生花·杭俗语对》中已有此谚。"吃人一口,还人一斗",一方面是说对别人的付出要加倍回报,另一方面也是告诫不要轻易求人。"借伞不用谢,只要晾过夜",是说借用别人的物品应当爱惜。"宁可雪中送炭,不可雨后送伞"则是说提供帮助应在别人急需时,而不是在困难过去后。"送件衣裳暖一时,教会手艺用一世"则是说明帮助人应该从根本上解决问题这个道理。

附注:
① 引自《杭州市志·第二卷风俗民情篇·居住》。

参考文献:
[1] 鲍世杰.说说杭州话[M].杭州出版社,2005.
[2] 杭州市志[Z].北京:中华书局,1995.
[3] 李荣主编,鲍世杰编纂.杭州方言词典[K].南京:江苏教育出版社,1998.
[4] 〔明〕高濂.四时幽赏录[Z].上海古籍出版社,1999.
[5] 〔明〕田汝成.西湖游览志余[M].杭州:浙江人民出版社,1980.
[6] 〔清〕范寅.越谚[K].上海文艺出版社,1987.
[7] 〔清〕范祖述.杭俗遗风[Z].上海文艺出版社,1989.
[8] 〔清〕顾张思.土风录[M].清嘉庆三年序刊本.
[9] 〔清〕缪艮.梦笔生花[M].光绪甲午上海文新书局石印本.
[10] 〔清〕孙锦标.通俗常言疏证[M].民国十四年南通孙氏石印本.
[11] 〔清〕翟灏.通俗编[M].北京:商务印书馆,1958.
[12] 温端政.中国谚语大辞典[K].上海辞书出版社,2011.
[13] 章炳麟.新方言[M].浙江图书馆校刊本.
[14] 钟毓龙.说杭州[M].杭州:浙江人民出版社,1983.

(作者单位:浙江外国语学院 杭州 310012)

山西方言俗语中的语法现象分析

李淑珍

人们对方言俗语的关注从未停止。清代就有像《越谚》《乡言解颐》《吴下谚联》《里语徵实》等以记录和解释当地口语俗语的著作问世(参《汉语语汇研究史》)。近年来,又陆续出版了一些较大规模的辑录各地方言和俗语的词典,如《泉州谚语》《宁波谚语》《龙岩方言熟语歌谣》《潮汕方言歇后语集释》《忻州方言俗语大辞典》《忻州歇后语词典》《繁峙方言俗语汇编》等,也出版了一些综合性研究专著,如《三晋俗语研究》《瓯越语语汇研究》《越谚与绍兴方俗语汇研究》《重庆方言俚俗语研究》等。一些研究性的论文也越来越多,这些都说明,方言俗语已经大规模走入人们的研究视野。综观已有的研究成果,语法研究是方言俗语研究中一个最薄弱的环节。

俗语具有口耳相传、流传久远、结构相对凝固等特点。就其语法结构而言,俗语属于固定的词组形式,而词组是话语中处于词和句子中间的一种语言单位。方言俗语是用地道的方言词通过一定的语法规则组合而成的,有些属于单纯词组型,有些则具有类句子的结构,一些古老的俗语还保留着某些古汉语的底层语法。"从语言学角度观察地方语汇,方言性是第一性的。"(吴建生,2009)方言俗语中的语法现象,是跟方言语法紧密结合在一起的,可以说是方言语法集中而具体的体现。因此,考察一个地区俗语的语法现象具有双重功效,既可以观察到一个地区方言的构词特征,也可以反映一个地区方言的句法特征。本文选取山西方言俗语,对山西方言俗语中的某些语法现象进行考察,希望能对山西方言的语法研究起到一定的补充作用,并从中透视汉语方言俗语的语法研究。需要说明的是,山西方言内部复杂,有些语言现象对内缺乏普遍性(乔全生,2000)。本文所列举的一些语言事实可能不带有普遍性,只是客观地描述,说明某方言点确实存在着某种情况。限于篇幅,本文不讨论山西方言俗语的结构,只就其在词法和句法两方面表现出来的一些特点进行粗浅的探讨。

一 词法方面

(一)重叠构词、构语现象多

1. 普通话的子缀词,方言俗语中变重叠式构词

(1)矮白矮喽选将军(太谷)

(2)王长府看闺女——一锤锤的买卖(平鲁)

(3)男子汉是个耙耙,婆娘家是个匣匣;不怕耙耙没齿齿,但怕匣匣没底底(汾西)

上述三例俗语,从(1)—(3)分别为形容词、动词、名词重叠,重叠之后都变为名词。"矮矮"="矮子","锤锤"="锤子","耙耙"="耙子","匣匣"="匣子","底底"="底子",这些在普通话中的子缀词,在方言中都变成了重叠式,语义没有变化。

2. 普通话单用的词,方言俗语中变成重叠式

(1)门缝缝勒看人——把人看扁咧(平鲁)

(2)看见手稍稍,看不见手心心(汾阳)

(3)捂住耳朵偷铃铃(汾阳)

上述俗语中,"门缝缝＝门缝,手心心＝手心",意义一致。有些词在方言中单用时一般不重叠,但在进入俗语以后,为了追求韵律感,变成重叠式。这种现象很普遍,如临县方言俗语中就有:

(1)吃不倒瓜瓜搂蔓蔓

(2)跟上凤凤扬土土

(3)瞌睡想个枕头头

(4)高高山上乌鸦叫,谁做的事谁知道

(5)狮狮还没啦捏爪爪来唡

(6)顺毛毛卜掌

(7)挑旗旗,打伞伞

(8)一出出一会会

(9)一弹弹一个雀儿

(10)阴坡坡对阳注注

(11)嘴是个扁片片,由人挽练练

(12)笨死的男人一阵阵,精死的婆姨七成成

(13)儿汝坐下一摊摊,不如各儿有个小拴拴

(二)利用独特的词缀,构成多样的附加式四字格

汉语词缀丰富,且各地方言都有独特的词缀,山西方言也不例外,词缀在构成四字格俗语方面起到了非常重要的作用。

1. 独特的词缀"圪"

带"圪"字的四字格俗语普遍存在于山西方言晋语区内,"圪"的意义也已经完全虚化,表示一种情态,以贬义居多(王临惠,2001)。以平鲁方言为例,主要有以下三种格式:

(1)圪 ABC 式　　圪柳把弯　　圪腥烂气

(2) AB 圪 C 式　　冷麻圪森　　牙茬圪都_{东西多而乱}

(3) 圪 A 圪 B 式　　圪瘸圪拐　　圪丢圪沓_{唠唠叨叨说不清楚}

2. 常见词缀"忽"

由"忽"构成的四字格俗语在山西方言中大量存在,以榆次方言为例(吴建生,2009):

(1) 忽 A 忽 B 式　　忽底忽闪

(2) 忽 ABC 式　　忽雷爆阵_{突然发作}忽溜倒腾_{做事干脆利索}

(3) AB 忽 C 式　　松里忽塌

3. 富有地方特色的准后缀"马爬""打蛋""卜斥"等

(1)"马爬"表示一种让人不舒服的状态,在山西方言中分布广泛,如大同有:心急马爬、气喘马爬、受罪马爬;忻州有:噘气马爬、跌跤马爬、磕头马爬;临县有:弯腰马爬、跌倒马爬;平遥有:神经马爬、跪膝马爬;榆次有:跌倒马爬、神经马爬、嗑人马爬;太原有:圪出马爬、日脏马爬。

(2)"打蛋"用在动词或形容词后面,增强感情色彩或加深程度,含有贬义。如大同有:背锅打蛋、糊涂打蛋;忻州有:迷糊打蛋、跌跤打蛋;太原有:圪出打蛋、焉眉打蛋。

(3)"卜斥"表示一种嫌弃厌恶的色彩,山西方言中区较多。如榆次有:圪撩卜斥、凉哇卜斥、凉五卜斥等。

(三)古汉语遗留的疑问代词

1. 何地

(1)哈多住惯哈多好(汾阳)

(2)哈多黑噜哈多住(汾阳)

(3)啊达儿黑咾算啊达儿(临县)

《汾阳俗语》中收录的这两例当地俗语,都有表示疑问的指示代词"哈多",意思是"哪儿"。根据宋秀令(1994):我们推测其本字当为"何地","哈多"大概是照音实录,不是本字。"何"作为指示代词表疑问,一直通行在中古以后的通俗文里,后逐渐退出了历史舞台,但在汾阳方言俗语中保留了完整的用法和形式,成为古汉语的活化石。"哈多住惯哈多好"意思是在哪儿住惯了就觉得哪儿好。临县方言俗语"啊达儿黑咾算啊达儿",意思是走到哪儿算哪儿,"啊达儿"也为照音实录,意思同"哪儿、哪里","啊达儿"会不会也是"何地"的音变,还有待我们进一步考察。

2.甚

(1)钉鞋没掌,唱戏没嗓,担担没膀——甚也做不了(陵川)

(2)灶家爷上天——有甚说甚(屯留)

(3)没甚也不要没钱,有甚也不要有病(忻州)

(4)做甚要甚的工钱(临县)

(5)庄户人不用问,人家做甚咱做甚(忻州)

上述俗语中,"甚"为表疑问的代词,意思是"什么"。吕叔湘先生(1985)在《近代汉语指代词》一书中认为:"甚么在最初常常只用一个甚字,始见于唐末,通行于宋、元两代。"后在讨论"怎么"时,又说"怎字单用有时候还看得见,不像甚字单用几乎已经绝迹"。但在山西各地的方言土语中,"甚"字单用是一个普遍现象,像"甚嘞?""吃甚呀?""喝甚呀?""做甚呀?""用甚呀?"等说法非常常见,可以说是古汉语的遗留用法。

(四)地域性极强的量词

量词的地域性极强,在山西方言内部也因地区不同而不同。

1.个(块)

普通话量词"个"在山西各地有不同的说法:
(1)一外槽上袊不住俩叫驴子(万荣)
(2)人活脸,树活皮,石榴儿活得槐圪嘴嘴(文水)
(3)一百骨神官也捉不了乃的鬼(临县)
(4)磨道儿寻块驴蹄蹄——找碴碴(平遥)
(5)一啊槽儿上拴不噜两啊叫驴(汾阳)

"除北区的大同、天镇等地用'个'外,山西多数方言计量人或物可以用一个通用量词'块'。'块'在各地读音不同,写法各异,其实同出一源,意思相当于北京话'个'。"(乔全生,2000)上述俗语1-4用例中,"外、槐、骨、块"都是"块"的变音。汾阳方言中,量词"啊"非常普遍,意思相当于"个"。

"个"在跟"人"搭配使用时,常可省略:
(1)一人不耍水,二人不碰鬼;一人不喝酒,二人不赌钱(孝义)
(2)一人唱得好,不如二人合的音(平遥)
(3)一人肚里没有计,三人肚里唱台戏(原平)
(4)一人说话满有理,俩人说话见高低,三人说话有证人(襄垣)
(5)宁与千人好,不与一人仇(忻州)
(6)家有千口,主事一人(陵川)
(7)一人难捂众人的口(汾阳)

在某些方言中,量词"个"还可以"儿化",如孝义方言"一人一个儿性性,一颗麦子一个儿缝缝"。

2. 颗

在普通话中,量词"颗"用于"圆形或粒状的东西",但在山西方言中使用范围比普通话中大得多。如：

(1)瞎公鸡瞅得一颗瘪荞麦(临县)

(2)一颗鼻涕两颗泪(霍州)

(3)小秃儿圪脑上一颗儿虮——明摆着呢(晋城)

从上述俗语可以看出，"荞麦、鼻涕、眼泪、虮"等都能用"颗"来修饰。"颗"还可以跟"米、泪"等词一起构成名词，可加子尾或儿化。如：

(1)半夜看三国流泪颗儿哩——替古人担忧(万荣)

(2)锅盘上的米颗儿——熬出来呗(洪洞)

(3)锅头渠儿的米颗子——熬出来的(忻州)

(4)米颗熬到锅沿上，十年的媳妇熬成婆(万荣)

有时候"泪颗"还可重叠使用，如临县"泪颗颗紧管炮嘞"。

3. 疙瘩

"疙瘩"也是山西方言中比较常见的量词，很多块状的或平展的东西都可以用"疙瘩"来修饰，相当于普通话"块"。如：

(1)井儿盒里的蛤蟆——见过瓜瓜底疙瘩天(平遥)

(2)鼠狼儿爬得鸡窝上啦——吃住疙瘩鸡儿啦(孝义)

(3)一颗黄豆磨不成浆，一疙瘩砖头垒不起墙(原平)

二 句法方面

从语言单位所属的层面上来说，俗语是固定的词组，不是句子，不能从句法层面对其进行分析，但汉语中一些俗语具有类句子的结构，透过这些俗语，我们可以看出汉语在句法结构和功能上的一些特点。

(一)山西方言俗语中的比较句式

比较是辨别两种或两种以上同类事物的异同,是语言中一种重要的语义范畴。在汉语方言里,比较有着各种不同的表达形式,从而构成了各种不同的比较句式。从构成上看,比较句通常包含比较项(比较的对象)、比较值(比较的结论,或称结论项)和比较词。比较项包括比项(A)和被比项(B);A项和B项可以是体词性成分(如名词、代词等),也可以是谓词性成分(如动词、形容词或动词、形容词性短语等)。比较值有时只是一种笼统值(或称基本值,W),有时则还带有一种量化值(或称附加值,Z)(汪国胜,2000)。

山西方言俗语中也存在着一些比较句式,从语义类型上来说,主要有"平比句、差比句、渐进比句、极比句"四种类型(参吴建生,2003)。本文着重讨论山西方言俗语中出现的比较句的语义类型及句法格式,暂不讨论比较各项的性质、隐现及比较点的位置和相关条件等。

1. 平比句

平比句比较两个比较项在性状、程度等方面是否相等。山西方言俗语中,平比句用的比较词主要有"如、顶、顶如",主要格式为:A+如/顶/顶如+B。如:

(1)惯子如杀子(阳曲)

(2)三碗面汤,顶一碗拌汤(万荣)

(3)少说话顶如吃壮药(忻州)

(4)人情顶如债,拔上锅沿街卖(忻州)

(5)逮住一外铜漏锅的,顶几个钉盘儿碗的(万荣)

也有的地区用"会(和)……啊底"来比较,如临县"大小会碾盘啊底,稀稠会牛毛啊底""能得会个鹞子啊底";有的不用任何比较词,如万荣"惯娃害娃,惜子毒子"。

2. 差比句

差比句比较两个比较项在性状、程度等方面的差别。从意义方面看,可分为"胜过式"和"不及式"两种。

(A)胜过式,表示比较项 A 在某方面胜过比较项 B,比较词多用"胜过、赛过"等。主要格式为:A＋胜过/赛过＋B。如:

(1)剃头洗脚,胜过吃药(万荣)

(2)早起三天赛过一工(阳曲)

也有的方言点用"比……强/多"等来表示 A 胜过 B,如太谷"但跳黄河比井强""过的河比你过的浇道也多"。

(B)不及式,表示比较项 A 在某方面不及比较项 B,主要用比较词"不如、不顶、不胜"。格式为"A＋不如/不顶/不胜＋B。"不胜"作不及式中的比较词,主要出现在山西南部的万荣、永济、新绛、洪洞、临汾、吉县以及东南部的晋城等地区(吴建生,2003)。如:

(1)人强不如地强(忻州)

(2)垒高墙,喂恶狗,不如十字路口交朋友(汾西)

(3)医补不如食补(武乡)

(4)男人无钢,不如一把糠(平鲁)

(5)打伞不如云遮月(临县)

(6)三单不顶一棉(万荣)

(7)倒下水是个湿的,烧下纸是个黑的,不顶活着时递与乃个吃的(临县)

(8)娃好不胜媳妇好(万荣)

(9)唱戏不像,不胜不唱(万荣)

有的方言点用"比不上"来表示比较,如太谷"比不上娘的槐脚尖尖"。

3. 渐进比句

渐进比句是表示程度逐渐加深或减弱的比较句,是多个事物的逐次比较,可以看作是差比句的一种特殊情况。也可分为胜过式和不及式两种。现在为止,在山西方言俗语中我们只收集到较少的用例。

4. 极比句

极比句表示某一事物在某方面胜过或不及同类的其他事物。比较的对象或范围比较宽泛,往往是遍指或者任指的。也可以看作是一种特殊的差比,也可分胜过式和不及式两种。山西方言俗语中,我们只搜集到不及式的例子。格式均为:W+不过+B,如:

(1)雁北十三县,冷不过望狐、桥头、国家营(广灵)

(2)好吃不过扁食,好活不过睡下(临县)

(3)亲不过姑舅,香不过猪肉(万荣)

(4)好喝不过尽善酒,好吃不过栈羊肉。(汾阳)尽善:杏花村旧称。栈羊:圈起来用精饲料喂养的羊,其肉极香嫩。

(二)山西方言俗语中的"VX+着"结构

(1)脑子里住鳖虱着嘞

(2)杀鸡着问客嘞

(3)虱子圪蚤也穿裤儿着嘞

(4)栽锤着啦,塞把着嘞

以上四例俗语均来自临县,其中包含一个共同的结构形式"VX+着"。这是一个在山西方言中比较常见的结构,关于其中"着"的性质,乔全生(2000)已经做了非常详尽的论述,认为是动态助词,而不是语气词,"着"表示动作正在进行或即将进行,表示状态已在持续或即将持续,并认为"VX+着"多用于祈使语气,也用于陈述、疑问语气。我们认同此观点,我们搜集到的俗语用例,对这个结构形式在用法上又有一定的补充。

例(1)从句型结构来说,属于存现句结构,"住鳖虱着嘞"="住着鳖虱嘞","鳖虱",指土鳖,常用来比喻傻人。整条俗语用来形容人傻到了极点。这是"VX+着"结构可用于存现句的一个例证。

例(2)是一个连动结构,"杀鸡着"="杀着鸡",客人来了,主人一边杀鸡,一边故意询问客人吃不吃鸡,想让客人做出否定的回答,这样就可以不用给客人吃鸡了。常用来讥讽人不愿意给予,但又碍于面子,故意询问对方。这是目前为止"VX+着"用于连动结构的偶见用例。

例(3)属于主谓结构,是"VX+着"常常进入的句式结构,"穿裤儿着"="穿着裤儿","圪蚤"指跳蚤,俗语意思是家里的虱子跳蚤等都很难跳出来,形容人非常小气吝啬,一点儿东西都舍不得拿出来。从现有的资料中,我们还没发现山西方言中动词"穿"在这一结构中的用例,这可以作为一个补充。

例(4)中"锤"指锤子,"把"音 bà,口语中常说"把子",指农具等器具上便于手拿的部分,"栽"意思是倒着插入,"塞"意思是使劲敲打棍子等使插进去。"栽锤着"="栽着锤","塞把着"="塞着把"。物体用锤子和把子固定住,便会很牢固。这条俗语常常独立运用,且用于反问语气,意思是任何事都不能保证万无一失。一般来说,"VX+着"多用于祈使语气,也用于陈述、疑问语气,这种用于反问语气的用法,值得我们重视。

(三)山西方言俗语中的"V十动"结构

(1)说动容易做动难

(2)做动活唠,吊死鬼寻绳;吃动饭唠,李闯王进城

以上两例俗语均来自万荣。两例中包含一个共同的结构形式"V+动",已有的研究成果表明,山西方言中普遍存在"V+动"结构形式,其中"动"可以看成结构助词,用在动词性成分后面,表时间"……的时候"(杨俊芳,2005),多数方言点还可带动态助词"了$_1$",读音各不相同,有"咾、嘞、哩"等。还有些方言点将"了"变为"家",构成"V+动+家"格式,如保德、五寨、宁武、神池等方言点(肖建华,2006)。"V+动+咾"结构还可以加宾语,宾语可以在"动"之前或之后。

一般来说,"V+动"结构在句中多做状语,如例(2),但在例(1)中,"V+动"结构处在主语的位置,这一方面是俗语用语的经济简洁性使然,另一方面是因为俗语中包含着一种对比关系,"说动"和"做动"做比。这是对该句式用法的一个重要补充。

(四)山西方言俗语中表程度深的补语

(1)起面馍馍不就菜,油泼辣子美得太(万荣)

(2)小鸡儿跳到麻团里——跷(俏)煞呀(盂县)

(3)打煞卖盐的了(忻州)

(4)拆拆缝缝,气杀公公(太谷)

山西方言中表程度深的补语有很多,这里只讨论搜集到的俗语中的例子。例(1)中的"美得太"相当于普通话的"好得很"。副词"太"做程度补语主要出现在山西南区一些方言点,如万荣方言"街上人多得太""今儿个天气冷得太"。这种格式中的"太"还可以重叠,表示程度更深,如"街上人多得太太""天气冷得太太"。而

在俗语中,由于节奏和韵律的要求,句末表示程度的副词"太"一般不重叠(吴建生,2009)。

其余三例,"跷(俏)煞""打煞""气杀"分别相当于普通话的"打死""俏死""气死"。"动/形容词＋煞"表示程度深,多见于山西中部一些方言区,"煞"后常加人称代词做宾语。"杀""煞"同音,应为一字。

(五)山西方言俗语中表条件的连词"但"

(1)但有三分奈何(临县)

(2)但跳黄河比井强(太谷)

以上两例中"但"单用,意思是"只要"。根据谢洪欣(2008):"但"可以用作转折连词,表"不过、只是"义,也可用作条件连词,表"只要"义,关于"但"的后一种用法,汉语史相关著作论述极少,《汉语大字典》(1990)、《文言虚词诠释》(1994)、《简明汉语史》(1993)均未论及。《文言常用虚词》(1983)最早明确指出"但"表示条件关系,列举《颜氏家训·诫兵》:"今世士大夫,但不读书,即称武夫儿,乃饭囊酒瓮也,"这是现有语法著作中条件连词"但"最早的例句。

而在上述两例山西古老的方言俗语中,却完全保留了"但"作为条件连词的用法。例(1)常作为复句的前句,意思是"只要有一点儿办法,就不至于……"。如:"实在是逼得没法哩,但有三分奈何,谁舍得卖咾儿女嘞。"例(2)意思是"只要有勇气做出新的选择,就比维持现状强"。古老的方言俗语,可以为汉语史的研究提供翔实的资料。

三 小结

相对方言语音和词汇来说,语法是受外界影响最小的。考察方言中的各种语法现象,可以让我们更加清晰地认识一种方言的语法特征。方言俗语口语性强,结构固定性强,因此,最有可能保留古汉语的底层语法形式。方言俗语中的各种语法现象,对方言语法研究具有重要的补充作用,有时候方言俗语的某些语法现象,可以成为方言语法研究的一个重要的突破口,可以为某些难以解释的方言语法现象提供帮助。

从方言研究的角度来看,方言俗语的语法研究是方言语法研究的一个方面,是对方言语法研究的补充。从俗语研究的角度来看,方言俗语语法研究不仅完善了方言俗语研究,更拓展了俗语研究的领域。因此,方言俗语的语法研究,对方言和俗语这两大学科门类的研究来说都具有非常重要的意义。

方言俗语中的语法现象究竟能不能单独进行考察,又该如何去考察,目前尚未有人进行专门的论述,我们摸着石头过河,对山西方言俗语中的某些语法现象进行了一个简单的分析和尝试,如何对方言俗语语法进行系统的研究,还需要今后学界同仁共同努力。

参考文献:
[1] 洪梅,陈泽平.龙岩方言熟语歌谣[K].福州:福建人民出版社,2008.
[2] 刘锡仁主编.汾阳俗语[K].山西省汾阳县志办公室,1986.
[3] 吕叔湘.近代汉语指代词[M].上海:学林出版社,1985.
[4] 乔全生.晋方言语法研究[M].北京:商务印书馆,2000.
[5] 乔全生.山西方言儿化、儿尾研究[J].山西大学学报(哲学社科版),2000(2).
[6] 盛爱萍.瓯越语汇研究[M].北京:人民出版社,2011.
[7] 宋秀令.汾阳方言的指示代词和疑问代词[J].山西大学学报(哲学社科版),1994(1).

[8] 汪国胜.湖北大冶方言的比较句[J].方言,2000(3).
[9] 王建设等.泉州谚语[K].福州:福建人民出版社,2006.
[10] 王临惠.山西方言"圪"头词的结构类型[J].中国语文,2001(1).
[11] 王敏红.越谚与绍兴方俗语汇研究[M].北京:中国社会科学出版社,2009.
[12] 王燕丽.霍州俗语研究[J].山西师范大学硕士论文,2009.
[13] 吴芳.潮汕方言歇后语集释[K].广州:暨南大学出版社,2012.
[14] 吴建生.李淑珍.三晋俗语研究[M].太原:书海出版社,2009.
[15] 吴建生.山西方言语汇的特点[J].山西师大学报(社会科学版),2009(1).
[16] 吴建生.万荣方言的比较句[J].忻州师范学院学报,2003(3).
[17] 肖建华.神池方言语法探究[D].华中师范大学硕士学位论文,2006.
[18] 谢洪欣.元明时期汉语连词研究[D].山东大学博士学位论文,2008.
[19] 杨俊芳.长治方言语法研究[D].上海大学硕士学位论文,2005.
[20] 杨月蓉.重庆方言俚俗语研究[M].北京:中国文史出版社,2004.
[21] 杨增武.平鲁方言研究[M].太原:山西人民出版社,2002.
[22] 赵德闻.宁波谚语[K].宁波出版社,2010.

(作者单位:山西省社会科学院语言研究所　太原　030006)

山西壶关方言谚语的
句法、语义、修辞分析

王 利

一 引言

近年,出现了一些关于山西方言谚语的研究成果,比如:《三晋俗语研究》(吴建生、李淑珍,2010)、《山西方言谚语修辞特色研究》(关磊,2009)、《上党谚语的文化透视》(贾晓峰,2008)、《长治方言谚语的文化内涵与审美特征》(史素芬、段丽,2007)等,这些成果多是从某一个视角对山西方言谚语的探讨。从句法、语义、修辞三个方面对某一方言谚语进行研究的成果还较少见。本文试图从三个方面来分析壶关方言谚语的特点。

壶关县位于山西省东南部,因县城北有老顶山,南有双龙山,两山夹峙,中间空断,山形似壶,且以壶口为关,因而得名壶关。历史上,这里常年干旱缺水,石厚土薄的石灰岩较多,交通不便,其自然条件相当恶劣,这里的人民在与大自然不断斗争中,随时总结经验,流传下来许多脍炙人口的谚语。通过多次实地调查,我们共搜集到1235条谚语,其语法结构复杂,语义内容丰富,修辞特点鲜明。

二 壶关方言谚语的句法分析

谚语经常以句子的形式来表达一个相对完整的意思,从句子形式上看,壶关方言谚语可以分为单句形式、紧缩句形式和复句形式三种类型,这三种类型谚语的数量和所占比例情况请见表1。

表1:三种类型谚语数量和所占比例情况表

谚语形式	单句形式	紧缩句形式	复句形式
数量	83	47	1105
所占比例	6.7%	3.8%	89.5%

(一)单句形式的谚语

壶关方言中,单句形式谚语的数量较少,所占比例仅为6.7%,而且都为主谓结构,包括名词性谓语句、动词性谓语句、形容词性谓语句、主谓谓语句四种类型,这四种类型谚语的数量和所占比例情况请见表2。

表2:四种类型谚语数量和所占比例情况表

类型	名词性谓语句	动词性谓语句	形容词性谓语句	主谓谓语句
数量	12	38	20	13
所占比例	14.5%	45.7%	24.1%	15.7%

从表2的统计数据可以看出,动词性谓语句数量最多,所占比例最大。下面对四种类型谚语分别举例说明。

名词性谓语句谚语:①老虎下山好年成。②老虎上山一张皮。③猫狗七条命。

动词性谓语句谚语:①老鸦笑猪黑。②巧媳妇做不上没米粥。③吃饱肚子不想家。④原汤化原食。⑤好闺女不如个赖媳妇。⑥一分钱逼倒英雄汉。⑦二八月乱穿衣。⑧瞎子给瘸子宽心。

主谓谓语句谚语:①新生的孩子娘惯咧。②一人藏了十人找不着。③二八月昼夜相停。

形容词性谓语句谚语：①春风毒似虎。②新打的茅坑香三天。③麦黄一晌。

(二)紧缩句形式的谚语

紧缩句是用单句形式表达复句内容的一种特殊的句子形式，其内容丰富，壶关方言中，紧缩句形式的谚语所占比例仅为3.8%。根据其构成方式的不同，可以将其分为意合式紧缩句谚语和关联式紧缩句谚语两大类，其中，意合式紧缩句谚语共有31例，关联式紧缩句谚语共有16例。

1. 意合式紧缩句谚语

该类紧缩句谚语的特点是没有关联词语，也没有固定的格式，完全依靠语义逻辑关系来构成。这类紧缩句的谚语占紧缩句谚语的72%，从语义上看，主要表示并列、转折、因果、假设、承接等关系。下面分别举例说明。

并列关系：①下雪不冷消雪冷。②生土萝卜熟土葱。③生就的骨头长就的肉。④酒吃滋味话听音。⑤张口容易合口难。

转折关系：①疤是疤有钱花。②惹不起你怕起你。③破是破，苏州货。

因果关系：①不到十五月不圆。②三春有雨地生根。③根不正梢不正。④天寒火不着。

假设关系：①一冬无雪天藏雨。②伏天偏雨富了村。③有钱难买五月五日旱。④伏天偏雨富了村。⑤各顾各不啰唆。⑥有钱能买鬼上树。⑦贼不摸底细寸步难行。⑧会说话当钱花。

承接关系：①一年庄稼二年闹。②儿大不由爷。③不敲梆子不知你是个卖豆腐的。④人死财散。⑤外甥哭姈子想起来一阵子。

2.关联式紧缩句

该类紧缩句谚语的特点是利用一些关联词语组合而成。如：

①不怕人穷就怕志短。(不……就……)

②胡椒虽小辣人心。(……虽……)

(三)复句形式的谚语

壶关方言中,复句形式的谚语数量最多,所占比例达到89.5%。根据其构成方式的不同,可以分为意合式复句形式的谚语和关联式复句形式的谚语两大类,其中,前者共有986例,后者共有119例。

1.意合式复句形式的谚语

该类谚语的特点是没有关联词语,完全依靠语义逻辑关系来构成。这类谚语占复句形式谚语的比例为89.2%,从语义上看,主要表示并列、承接、假设、条件、因果、转折等关系。下面分别举例说明。

并列关系:①人心换人心,八两换半斤。②饭怕搅,人怕挑。③娘家不是躲死处,房檐下不是避雨处。④人活实心,火着虚心。

承接关系:①外甥似狗,吃了喝了扬长走。②出门三辈小,不叫大哥叫大嫂。③三翻六坐九圪爬,十个月上叫爸爸。④拙是拙不受说,一说就把脸来黑。

假设关系:①寡妇生心,等不到五更。②没有高山,不显平地。③人托人,够着天。④农忙时节不做工,仓里无粮喝西风。⑤小窟窿不补,大了难捂。

条件关系:家有梧桐树,才有凤凰来。

因果关系:①小孩念书不操心,不知书中有黄金。②结婚不要早,早了不太好。

转折关系:儿媳妇生孩子,老公公出不上力。

2.关联式复句形式的谚语

这类谚语是借助关联词语组合而成的,数量不是很多。如:

①宁给好汉拉马,不给懒汉做爹。(宁……不……)

②宁叫邻居买头驴,不愿邻居科个举。(宁……不……)

③若要公道,打个颠倒。(若……)

④若是年华虚度过,到老空留悔恨心。(若……)

⑤要知父母恩,就要怀里抱儿孙。(要……就要……)

⑥不怕慢,就怕站。(不……怕……)

三 壶关方言谚语的语义分析

壶关方言的谚语是当地人民群众在长期的劳动实践过程中不断总结出来的,在语义表达上,可以从不同的层面来分析。

(一)基本意义和附加意义

基本意义,也叫概念意义,是谚语中起核心作用的最主要的意义。附加意义,也叫色彩意义,是附着在基本意义之上表达人或语境所赋予的特定感受。谚语的附加意义主要有感情色彩义和形象色彩义。感情色彩义主要体现的是爱憎好恶的褒贬情感。按照感情色彩可以将谚语分为褒义谚语、贬义谚语和中性谚语。如:

(1)褒义:①老虎下山好年成。②树木成林,风调雨顺。③亲戚仁义水也甜。

(2)贬义:①吃倒泰山不谢土。②人前是人,人后是鬼。③一人一条心,穷断骨头筋。

(3)中性:①冬至十天阳历。②上辈留下辈,滴水照屋檐。③

三伏三九冷热非凡。

形象色彩义一般给人一种形象感,使人们能从形象、具体、生动、通俗的语言中体会到深邃的哲理。如:

①兔子不吃窝边草,老虎不吃窝边食。

②养活闺女不发家,又要萝卜又要菜。

③丧家狗到处跑。

④六月天猴子脸说变就变。

⑤君子失势把头低,凤凰落架不如鸡。

⑥树怕伤皮,人怕伤心。

⑦好钢用在刀刃上,有油抹在车轴上。

需要注意的是,所有的谚语都有基本意义,但并不是所有的谚语都有色彩意义。如:

①年怕中秋月怕半,星期就怕礼拜三。

②好黑来不如个赖白日。

③三日胳膊两日腿。

④十里地风俗不一般。

(二)表层意义和深层意义

谚语的表层意义,即谚语的本义,它可以按照谚语的组成成分的意义及其之间的语法关系推断出来。谚语的深层意义,即派生义,则是谚语在实际运用过程中结合语境由表层意义所派生出来的意义,二者之间的关系概括起来有两种:第一,表层意义与深层意义一致。第二,表层意义与深层意义不一致。

1. 表层意义和深层意义一致

壶关方言中,有些谚语的表层意义和深层意义相一致。根据本文搜集到的材料来看,农业、气象、生活类谚语一般属于这一类型。如：

①亲戚莫共财,共财两不来。

②三翻六坐九圪爬,十个月上叫爸爸。

③吃了端午粽,才把棉衣送。

④山上郁郁葱葱,山下五谷丰登。

⑤深谷浅麦子,玉茭栽在浮皮子。

⑥饲草铡的不过寸,牲畜吃上定有劲。

⑦要想小孩保平安,常带三分饥和寒。

⑧无食不伤风。

⑨待亲戚不得不大方,成人家不得不仔细。

⑩酒要少喝,话要少说。

2.表层意义和深层意义不一致

壶关方言里一些谚语有两个意义,一个和表层意义一致,是本义,另一个则是由本义派生出来的深层意义,即派生义,如:"走正路不怕崴了脚。"该例中,本义是指走正路脚就不怕受伤,实际派生义是指生活工作中坚持原则就不会犯错误。再如：

①一家一姓,百家百姓。

②眼瞧心打划,脚蹬手拨拉。

③大河没水小河干,缸里没水锅里干。

④白天游街走四方,黑来熬夜补裤裆。

⑤久爬的坡不嫌陡。

⑥囫囵吞了个枣,不知大和小。

根据对壶关方言谚语的深层意义和浅层意义的分析,可以看出有些谚语的表层意义和深层意义之间所体现的内容具有某种相似性和相关性,可以通过联想、概括阐发出深层的意义。比如:"瘦死的骆驼比马大。"由骆驼和马联想到富人和穷人,进而联想到变瘦的骆驼和财产遭到一定程度损失的富人在强大的实力上具有某种相似性,从而产生了深层意义:就像瘦的骆驼比马大一样,富人即使财产受到一些损失,但他仍然要比穷人富有。再如:

①春风毒似虎。

②君子失事把头低,凤凰落架不如鸡。

③丧家狗把头低。

④没把子的流星,断了线的风筝。

⑤没有香花找不来蜜蜂,没有臭味引不来苍蝇。

⑥猪不吃的南瓜,驴不吃的草。

⑦不知黄连苦,哪知蜂蜜甜。

与浅层意义相比,通过联想、概括等方式所产生的深层意义则显得更加深刻,更富有哲理。谚语之所以通俗性和哲理性兼而有之,就在于其善于将深刻的哲理内涵寓于浅显的通俗语言中。壶关方言谚语也不例外。

四 壶关方言谚语的修辞分析

方言谚语是当地广大人民群众长期生产、生活的经验总结,它不仅内容丰富,而且形式优美。它虽具有口语化的特点,但在长期的传诵过程中,广泛而恰当地运用了各种修辞方法来表情达意,进而达到言简意赅的表达效果。壶关方言谚语也不例外,它的语用价值也得益于它所使用的丰富的辞格。

(一)比喻在壶关方言谚语中的运用

在所搜集到的 1235 条壶关方言谚语中,有 102 条谚语使用了比喻。比喻辞格在壶关方言中形式多样,有明喻、暗喻和借喻等,但从语法结构形式上大体一致,主要有以下几种形式。

1.单句式比喻谚语

单句式比喻谚语一般是由一个单句构成,并包括本体、喻体,有些还有喻词。如:"十亩地里一棵谷",比喻十分稀缺的人或物。再如:

①刀子嘴豆腐心。

②水浅养不住大鱼。

③花下韭香似油。

④人死如灯灭。

2.双句式比喻谚语

双句式比喻谚语是指由两个分句构成并使用比喻辞格的谚语。根据谚语所包含的比喻的数量,可以分为以下几种情况:

(1)双句单比喻

即谚语中的两个分句合在一起构成一个完整的比喻。如:"小错不改成大错,痱子不治成毒疮",前一分句是本体,后一分句是喻体,将小错和大错的关系比喻为痱子和毒疮的关系,非常形象地阐述了小错不改的后果。再如:

①人老弯腰把头低,树老焦梢叶子稀。

②谷子不间苗,长得像牛毛。

③力气是浮柴,歇歇又重来。

(2)双句双比喻

谚语中的前后两个分句都使用了比喻。如:"衣是人的威,钱是人的胆",前后两个分句都使用了暗喻,形象生动地说明了衣服和钱财的重要性。再如:

①得病来如山倒,好病如抽丝。

②孬媳妇是家中宝,好媳妇是招风草。

③眼是观宝珠,手是试金石。

④没有香花找不来蜜蜂,没有臭味引不来苍蝇。

(二)借代在壶关方言谚语中的运用

借代就是以甲事物的名称来代替与其密切相关的乙事物。谚语中使用借代,可以通过名称替换引起人们的联想,突出事物的特征,达到幽默诙谐的表达效果。在壶关方言谚语中,共有97条谚语使用了借代辞格。如:"圪哼哼熬死圪崩崩",其中,"圪哼哼"指代身体长期虚弱的人,"圪崩崩"指代身体硬朗的人。再如:

①家有梧桐树,才有凤凰来。

②话为轻,笔为重,凭纸上不凭纸下。

③养活闺女不发家,又要萝卜又要瓜。

(三)对比在壶关方言谚语中的运用

在壶关方言谚语中,共有789条谚语使用了对比辞格,所占比例为63.9%。可见,在壶关方言谚语中,对比的使用频率比较高。对比辞格就是将两种相互对立的事物或者一个事物的两个方面放在一起形成强烈的对比,来增强语言的表达效果。如:

①有福不在乱张慌,没福整天跑断肠。

②不怕猛虎三只眼,只怕人怀两条心。

③人勤地生宝,人懒地长草。

④时来黑铁能生辉,运去黄金也无光。

⑤有使乏的牛,没呢耕乏的地。

⑥天长长不过五月,天短短不过十月。

⑦春前有雨花开早,秋后无霜叶落迟。

⑧人活实心,火着虚心。

⑨夏走十里不黑,冬走十里不明。

(四)排比在壶关方言谚语中的运用

在壶关方言谚语中,共有 10 条谚语使用排比辞格。排比辞格是使用多个相同的结构来突出某种意思的修辞手段。使用排比可以增强表达气势,节奏鲜明。如:

①人争气,火争焰,猪争食,花争艳。

②土地到户多打粮,牲口到户吃的胖,农具到户寿命长。

③人多厮靠,龙多旱涝,媳妇多了倒了锅灶。

④村看村,户看户,群众看得村干部。

⑤种田纳粮,养马支差,经商纳税。

⑥树靠土长,鱼靠水养,人民靠的是共产党。

⑦念了三年书填补了个码子,响了三年家伙拍不了个镲子,唱了三年戏打不了个把子。

⑧桃三,杏四,梨五年,枣树当年就送钱。

⑨红火生,黄火成,白火赶快把炭停。

⑩麦怕冰雹,黍怕风,谷穗就怕天连阴。

(五)反复在壶关方言谚语中的运用

在壶关方言谚语中,共有 8 条谚语使用反复辞格。反复辞格是为了强调某个意思,突出某种情感,重复某些词语。反复辞格的使用可以使谚语突出情感,加强节奏感。如:

①人快赶不上火快。

②走乡随乡,走到彭城捏缸。

③拴住马嘴,拴住驴嘴,拴不住人嘴。

④年好过,节好过,日月难过。

⑤蚕姑姑苦,蚕姑姑苦,蚕姑姑只活四十五。

⑥官凭印,虎凭山,农户凭的是刮金板(土地)。

⑦知心只把知心害。

⑧皮子挨皮子,省的盖被子。

(六)对偶在壶关方言谚语中的运用

在壶关方言谚语中,共 58 条谚语使用对偶辞格。对偶辞格是把字数相等、意义相关、结构相同或相近的两个短语或句子放在一起。在谚语中对偶辞格的使用使得谚语读起来抑扬顿挫,节奏鲜明,易于记忆,富于音乐美。如:

①衣破捂不住皮,水浅养不成鱼。

②书要精读,田要精管。

③母壮儿肥,种好苗旺。

④地怕夹秋早,人怕老来贫。

(七)夸张在壶关方言谚语中的运用

夸张辞格是故意言过其实,借以突出事物的某种特征,增强感染力。在壶关方言谚语中,共有 4 条谚语使用夸张辞格。如:

①小嘴四指宽,吃倒太行山。

②六月韭臭死狗。

③三人成一心,黄土变成金。

④人托人,够着天。

(八)拈连在壶关方言谚语中的运用

拈连辞格是把本来适用于甲事物的词语移拈在乙事物上,形成超常搭配,以达到增强表达效果的目的。在壶关方言谚语中,有 1 条谚语使用拈连辞格:辣椒辣嘴蒜辣心,芥末辣断鼻梁筋。

(九)顶针在壶关方言谚语中的运用

顶真辞格是指谚语的前后两个部分首尾蝉联,环环相扣。顶

真辞格的使用可以使谚语语气连续、节奏明快。在壶关方言谚语中,共有 5 条谚语使用顶真辞格。如:

①正五九,不剃头,剃头剃死亲舅舅。

②人养猪,猪养地,地养人。

③树成林,林成群,沙土窝里不起尘。

④亲戚莫共财,共财两不来。

⑤远亲不如近邻,近邻不如对门。

(十)回环在壶关方言谚语中的运用

回环辞格是将词语变换次序,循环往复,这样可以增强谚语的语势,增强节奏感。在壶关方言谚语中,共有 3 条谚语使用回环辞格。如:

①快了好不了,好了快不了。

②蔓菁地里长葵花,葵花好来蔓菁大。

③现在人养林,以后林养人。

(十一)互文在壶关方言谚语中的运用

互文辞格是指上下两句话或一句话的两个部分,共同阐述一个问题,相互补充。在谚语中使用互文充满古文意味。在壶关方言谚语中,共有 2 条谚语使用互文辞格。如:

①家庭不和四邻欺,夫妻不和狗也欺。

②冬吃萝卜夏吃姜,病了不用开药方。

例①的意思是家庭、夫妻之间不和睦就会被邻居们欺负。例②的意思是说一年四季都应多吃点萝卜、生姜,这样有利于健康。

(十二)白描在壶关方言中的运用

白描是对客观事物不加修饰,如实地将其形貌和内在特征描写出来。谚语中使用白描既质朴又传神。在壶关方言谚语中,共有 103 条谚语使用白描辞格。如：

①过天气比树叶子还多咧。

②天下乌鸦一般黑。

③猪是猪，羊是羊，猪肉安不在羊身上。

④卖出去的牛马，不忘庄稼。

⑤吃哪家为哪家，打一天忙工为主家。

⑥什么谷出什么米，什么蛆下的什么虮。

(十三)辞格的兼用

在壶关方言谚语中，共有 54 条谚语并不是使用单一的某一个辞格，而是使用多个辞格，这些辞格不分先后，完全融合在一起，不可截然分开。如：

①婆婆打破缸，做错也无妨。媳妇打破盆，惊来一家人。（对偶＋对比）

②穷汉吃了顿饼，三天不离井。（借代＋夸张）

③人心齐，泰山移。人心散，不能干。（对比＋夸张）

④人前是人，人后是鬼。（顶针＋对比）

⑤东山看着西山高，西山看着东山高，东山缺水吃，西山缺柴烧，过来过去一般高。（对偶＋反复）

五　余　论

在调查、搜集大量语料的基础上，上文主要从句法、语义、修辞三个方面对山西壶关方言谚语的特点做了较为系统的考察和分析。事实上，谚语是方言语汇的重要组成部分，其本身蕴含着丰富的地域文化，涵盖着社会生活的方方面面，关于此问题，容另文再述。

参考文献:

[1] 关磊.山西方言谚语修辞特色研究[D].山西师范大学硕士学位论文,2009.

[2] 贾晓峰.上党谚语的文化透视究[J].长治学院学报,2008(2).

[3] 史素芬,段丽.长治方言谚语的文化内涵与审美特征[A].//汉语语汇学研究[C],北京:商务印书馆,2009.

[4] 王利,史素芬.长治方言谚语的类型及其审美文化特征[J].长治学院学报,2011(4).

[5] 温端政.汉语语汇学[M].北京:商务印书馆,2005.

[6] 温端政.俗语研究与探索[C].上海辞书出版社,2005.

[7] 温端政.谚语[M].北京:商务印书馆,1985.

[8] 吴建生,李淑珍.三晋俗语研究[M].太原:书海出版社,2010.

(作者单位:长治学院中文系 长治 046011)

试论太谷方言语汇中的古词语

马 启 红

语汇是结构和语义固定、具有传承性的一类语言形式。语汇由词构成,可以直接反映词的发展变化,同时语汇还可以作为存放词的容器,完好地保存词的发展状态,从中我们可以清晰地看到许多古词语发展变化的轨迹。

本文以太谷方言语汇为载体,分析一些古词语在现代汉语通语以及太谷方言中的存在状态。

一 现代汉语通语中已不用,在太谷方言中以基本词汇或一般词汇形态存在

(一)在太谷方言中作为基本词汇使用

方言和现代汉语通语虽然同属一种语言,但二者的词汇发展变化存在差异,一般而言,方言词汇新陈代谢的情况较为复杂,也较为缓慢。下面这些词语在现代汉语通语中已经不再使用,如不标注音标及语义,一般会认为它们是生僻字词,然而这些词语所表达的概念、所代表的事物与人们世世代代的日常生产生活密切相关,这些词大多从古代一直流传至今,属于方言基本词汇,只是由于方言中口语与书面语的长期脱节,在现代汉语中找不到相应的字体,被认为是有音无字的词汇。赵振铎(1959)曾经说过:"基

本词汇的标准不应当理解成一个签条,而应当理解成表示它们历史发展特殊趋势的词的一定范畴的特性。"赵先生的见解对于帮助我们判断基本词汇很有启发意义,即便是一些"有音无字"的词汇,只要它们的特性存在,就可以判定其在语言中使用的性质。例如下面语汇中的词语:

1.【扡愁帽】$t^ha?^{11}$ $səɯ^{22}$ $mər^{54}$ 比喻摆脱忧虑、愁苦之事。

扡,《说文》:"扡,曳也。从手,它声。"《广韵·歌韵》:"扡,曳也。俗作拖。"《汉大》中与"扡"同字根的"它、铊、陀"诸字音为[tɑ],故"扡"字在太谷方言中亦可随它、铊、陀等字的音[tɑ]而存在白读[$t^ha?$]音的可能。换个角度,从[tuo]拼音之字看,同为[tuo]拼音的拓、托二字均可白读[$t^ha?$]音,如在太谷方言中,"摩托车"白读[$mɤ^{22}$ $t^ha?^{11}$ $ts\cdot ɤ^{22}$],"拓字儿"白读[$t^ha?^{11}$ $tsʅ^{54}$]。从音义两方面来看,"扡"可表示脱帽这一动作。

扡,在太谷方言中虽然只与"帽"组合(扡愁帽/扡帽/扡喽帽),但是这个动作却是人们日常生活中必不可少的动作,属于基本词汇。

2.【揄肠子】$təɯ^{24}$ $tsʅ^{22}$ $tsə?^{11}$ 本指把动物的肠子不断地拉出来,转指与某人拼死到底。

揄,《广韵·侯韵》:"揄,引也。"音度侯切,今太谷方言读[$təɯ^{54}$]。《韩非子·内储说下》:"御者因揄刀而劓美人。"其中"揄"是"抽出"之义;司马相如《子虚赋》:"被阿锡,揄纻缟。"

揄,作为根词,还可构成"揄丝(蚕吐丝或某东西腐烂产生黏性)""揄线""揄开",是人们经常做的动作,"揄"可为基本词汇。

3.【担腿动足】$tɑ^{22}$ t^huei^{32} tu^{24} $tɕyə?^{11}$ 泛指人的行动。

担,举,抬。宋·戴侗《六书故》卷一四:"担,丁但切,拂之重也。楚辞曰:'意恣睢以担拚。'居桀切。朱子曰,担拚,轩举也。"可以看出"担""拚""轩"皆有"上举;翘起"之义。《管子·七法》:"担竿而欲定其末。"《警世通言·况太守断死孩儿》:"却说邵氏取床头解手刀一把,欲要自刎,担手不起。"

今太谷方言"担"所带宾格限于人体部位"胳膊、手、腿、足"。成语"担腿动足"泛指人的行动,如"担腿动足就得花钱"。"担"是人们时时进行的动作,有充足的理由进入基本词汇的行列。

4.【摛喽裤露出你来咧】$t^h i\bar{e}^{32} lə u^{22} k^h uər^{54} lə u^{24} ts^h uə ʔ^{11} n^{32} lei^{22} lie^{0}$ 讥讽人卖弄自己。

摛,《广韵》徒年切,平先定。《集韵·先韵》:"摛,引也。"而引有拉、拽之义,故"摛"字也隐含拉、拽的意义,将衣服从身上脱下来,事实上也是将衣服从身上拉拽下来的过程。

太谷方言中,摛作单音词使用,可带宾格"袄儿、裤儿、袜子、鞋"等,作为人日常生活中重要的动作,摛为典型的基本词汇。

5.【歪眉睨眼】$vɑi ʔ^{22} mi^{22} liaʔ^{24} ni\bar{e}^{32}$ 形容人的长相丑陋。

【斜眉睨眼】$ɕie^{22} mi^{22} liaʔ^{24} ni\bar{e}^{32}$ 形容对人极不满意的样子。

【女人的窈窕,男人的捩调】$ny^{32} z\bar{ə}^{22} tə ʔ^{11} io^{22} tio^{22}, nɑ̃^{22} z\bar{ə}^{22} tə ʔ^{11} liaʔ^{11} tio^{54}$ 指女子姿态妖冶可赢得男子的欢心;男子能巧妙地协调处理事务可立足于社会。

睨,《集韵》入声屑韵,力结切,"转视"。太谷方言中还可以说"圪睨",表示不满意而频频侧目而视。"睨眼"也写作"捩眼",唐·韩愈《寄崔二十六立之》诗:"四座各低面,不敢捩眼窥。"清·黄遵宪《纪事》诗:"路旁局外人,各个捩眼窥。"但在太谷方言中,"睨"与"捩"分别表示不同的动作,"捩"表示"扭转""挤压"之义。如:

①把衣裳给我捩出来。

179

②你一说他,他就把脸挼的一壁子。
③小心些,看把胳膊给挼折。
④我的腰也叫挼着咧。
⑤你把车子挼过来吧。
⑥娘(人家的合音)他可会挼理这些事儿嘞。

例①"挼"是"挤压"之义。宋·戴侗《六书故》卷一四:"挼,力结切,拳绞也。"宋·陆游《斋居纪事》:"枸杞粥,用红熟枸杞子,生细研,净布挼汁,每粥一碗,用汁一盏,加少炼熟蜜乃鬻。"例②—⑤中"挼"是"扭,扭转"之义,是"拳绞"的引申义。唐·陆龟蒙《杂讽》诗之一:"人争挼其臂,羿矢亦不中。"例⑥及谚语"女人的窈窕,男人的挼调"中"挼理""挼调"为并列型合成词,义为"巧妙地协调处理复杂的事情"。

可以看出,"睨"与"挼"在太谷方言中构词能力极强,属于基本词汇。

如上几个动词,由字形来看属于生僻字,但在方言中却表达着人的基本行为动作,是从古代一直流传至今的基本词汇。而如果我们不从古代典籍、辞书中找寻它们的本字,这些词将处于"有音无字"的状态,加之受普通话的影响,这些基本词汇所指称的事物和表达的概念会逐渐被其他词汇代替,但代替归代替,这些历经沧桑的古词语却会永远定格在方言语汇中被保存起来。

(二)在太谷方言中或作为一般词汇,或只保留在语汇中使用

古词语,产生于文言文和古代白话作品。文言文脱离所在时代的口语,书面色彩浓烈;古代白话作品的语体色彩较之于文言文虽稍具口语特点,但与现代白话文相比,作品的书面味道仍然相当浓。这样,源自文言文或古代白话作品的一些词语使用于现代作

品时,就显出了它们色彩上的书面特点(王吉辉,1997)。书面色彩是古词语的重要特点,但是一些古词语在方言中却因其顽强的生命力,一直未脱离人们的口语而生生不息,有的作为一般词汇存在;有的则也退缩,只留存于特殊的语汇中使用,也就是说,语汇成为这些古词语的永久寄居地。例如下面这些古词语:

1.【生得婍娖,长得可喜】sə²² tə?¹¹ tɕʰiə?¹¹ tʰa?¹¹,tsɒ³² tə?¹¹ kʰə?¹¹ ɕi⁵⁴ 形容姑娘或孩童长得漂亮、俊俏可爱。

太谷方言中,说儿童、青少年面貌俊俏好看,或指孩童憨灵而逗人喜爱、懂事、成器时用"婍娖"。婍,《广韵》墟彼切,上纸溪。太谷方言中,置于词首,促化读为入声。《广雅·释诂一》:"婍,好也。"《广韵·纸韵》:"婍,貌好。"娖,《说文》:"娖,好也。从女,兑声。"《广韵·泰韵》:"娖,好貌。"太谷方言中,同字根的"说",读 fa?¹¹,韵母白读为 a?,那么娖也极有可能白读为 a?。

婍娖,是太谷人口中赞美孩童最常用,也是唯一能表达孩童可爱懂事、姑娘俊俏的一个词。

2.【女人的窈窕,男人的捩调】ny³² zə²² tə?¹¹ io²² tio²²,nā²² zə²² tə?¹¹ lia?¹¹ tio⁵⁴ 指女子姿态妖冶可赢得男子的欢心;男子能巧妙地协调处理事务可立足于社会。

【窈窕忽四】io²² tio²² xuə?³² sɿ⁵⁴ 形容女子妖艳风骚。

窈窕,是一个古老的词,非现代汉语常用词,只限于话语中引用"窈窕淑女,君子好逑"时使用。《诗·周南·关雎》:"窈窕淑女,君子好逑"中"窈窕"形容女子娴静、美好。"窈窕"还可形容女子的妖冶貌,如:秦·李斯《谏逐客书》:"而随俗雅化,佳冶窈窕,赵女不立于侧也。"《后汉书·列女传·曹世叔妻》:"入则乱发坏形,出则窈窕作态。"李贤注:"窈窕,妖冶之貌也。"明·朱谋㙔《骈雅》卷二

"释训":"窈窕、妖蛊、姚冶……,姿媚也。""窈窕"不仅至今还保留在太谷方言中,而且专指女子貌美、妖冶,多数言语中突出指女子妖冶作态。

3.【乜乜斜斜,强盗的爷爷】miəʔ¹¹ mie²² ɕiəʔ¹¹ ɕie²², tɕiŋ²² tɑu⁵⁴ təʔ¹¹ iəʔ¹¹ ie²² 指某人看上去一副糊涂痴呆的样子,内心却有许多鬼点子坏主意。

乜斜意义有二:呆痴、糊涂之义;又萎靡之义。《任风子》剧一:"俗说:能化一罗刹,莫度十乜斜。"此为"糊涂"义,是说宁化度一个凶恶汉,也不化度十个糊涂人。《乐府新声》中无名氏小令〖朱履曲〗:"倒在我怀儿裏撒乜斜。"撒乜斜,是指人装痴佯呆。元散曲《醉花阴·复欢》:"又被那医不活害不死病乜斜。"此例中"乜斜"为"萎靡"义。

太谷方言中一旦说某人乜斜,也定要再说一句"乜乜斜斜,强盗的爷爷",极言此人表面糊涂,内心却揣着坏主意。

4.【和是人不同】xuo²² sʅ²⁴ zə̃²² pəʔ¹¹ tʰu²² 与别人都不同。责骂人做事方式怪异。

"是人",人人,任何人。唐·姚合《赠张籍太祝》诗:"古风无手敌,新语是人知。"宋·周邦彦《梅雪》词:"回文近传锦字,道为君瘦损,是人都说。"清·李渔《闲情偶寄·词曲上·结构》:"狗马为人所习见,一笔稍乖,是人得以指摘。"

太谷方言中"是人"也是"人人,任何人"之义,但只用于惯用语"和是人不同"之中。

5.【挠头酥菜根】nɑɯ²² təɯ²² suo²² tsʰai²⁴ kə²² 指人不梳头,头发像松软的菜根杂乱松散。

"挠头"在太谷方言中有两个意义:其一形容某事麻烦,搅得头脑发昏。如"可挠头人嘞,不做它咧"。其二指不梳头,如惯用语"挠头酥菜根",就指人不梳头,头发杂乱松散。明·沈榜《宛署杂记·民风二》:"不梳头曰挠头。"

6.【不揎裤就出恭】pəʔ¹¹ tʰiē³² kʰuər⁵⁴ tsɤɯ²⁴ tsʰuəʔ¹¹ kū²² 不脱裤子就要大便。讥讽人做事先后颠倒,把事情搞糟。

"出恭"一词本无方便之意,从元代起,科举考场中设有"出恭""入敬"牌,以防士子擅离座位。士子如厕须先领此牌。因此俗称如厕为出恭。并谓大便为出大恭,小便为出小恭。元·关汉卿《四春园》第三折:"俺这里茶迎三岛客,汤送五湖宾,喝上七八盏,管情去出恭。"《西游记》第二九回:"沙僧,你且上前来与他斗着,让老猪出恭来。"

太谷方言中,"出恭"也只是用于语汇中,其他言语交际中不用。

7.【不是圪垯裁疋】pəʔ¹¹ sɤr²⁴ kəʔ¹¹ taʔ¹¹ tsʰei²² ti⁵⁴ 比喻人成不了才。

"裁疋"在太谷方言中指"布料",引申指"材料"。"疋"《汉大》,pǐ,同"匹"。《广韵·质韵》:"匹,俗作疋。"《字汇补·疋部》:"匹,匹、疋二字自汉已通用也。""裁",《汉大》,量词。布帛的片段。也通"材",材料。太谷方言中,一块布料为一匹布的一小部分,故人们称一块布为"一圪垯裁疋","不是圪垯裁疋"实为"不是那块料",喻指人不成才。

太谷方言中"疋"音为[ti⁵⁴]。"疋"字本身即其声符,"疋"字的字酷似"是"字的下部之字,二者的字形存在微小差异:"是"字的下部上面为一横("一"),而"疋"的上面为"⼂","一"与"⼂"甚似。而在太谷方言中"堤、提"均读[ti],因而,在太谷方言中"疋"很有可能随之讹读[ti]。①

"裁"与"疋"组合在太谷方言中尤为古老,而在现代汉语中早已不用。

可以看出,这些古词语给人们以文绉绉、古色古香的语感,如果脱离其所依存的作品,我们则很难读懂它们。而在太谷方言语汇中,因语汇的传承性,这些词语一直未曾脱离人们的口语,一直是人们易于理解的词语。

二 现代汉语通语中仍在使用,在太谷方言语汇中或保留古音,或保留古义

(一)通语及太谷方言中或作为基本词汇使用,但在方言语汇中保留了古音

一个词的发展变化,既会有语音的变化,又会有语义的变化。有的古词语保存在某些方言里,保存了原来的语义,语音则"以类相从",或是与通语混同,或是按本方言的特殊演变规律发生了变化;有的古词语则既保存了它原来的语音特点,又保存了它原有的语义内容。然而在语言系统产生文白异读之后,原有的古音大多会被逐步扩大的文读形式所排挤掉,而白读形式有时只能凭借它在某些特定土语词或方言语汇中的读音存在下来。

1.【好的个赤蹯足】$xɑɯ^{32} tə?^{11} xuɑi^{32} sə?^{11} p^hiɑ?^{11} tɕyə?^{11}$ 指比别人强不了多少。

太谷方言俗称光脚板为"赤 $p^hiɑ?^{11}$ 足"。"$p^hiɑ?^{11}$"即"蹯"。《左传·文公元年》:"王请食熊蹯而死。"宋·司马光《类篇》卷六:"'蹯'符袁切。《说文》兽足谓之'番',或作'蹯'。"《广雅·释兽》:"蹞、蹢、枸、蹯,足也。"太谷方言中"蹯与足"并用,因古无轻唇音,

[f]上古读[p]、[pʰ]或[b],"蹯"在普通话中读轻唇音[f],在太谷方言中仍读重唇音[pʰ],今音变为[pʰiaʔ¹¹]。"蹯"在太谷方言中既保存了它的古音,又基本保存了它原有的语义内容,或许在不断进行的文白竞争中,"蹯"也只会保存在语汇中。

2.【属床床_白板凳,隔两天就得楔砸】fəʔ⁴³ fəʔ¹¹ fuo²² pɑ³² tər⁵⁴, tɕiaʔ¹¹ liŋ³² tʰiē²² tsɤɯ²⁴ tie²² ɕia²⁴ tsaʔ⁴³ 讥讽人不安分,经常得训斥整治。

床床,小凳子。床,床母平声字,太谷方言中白读为清擦音[f]。在古代,床是供人坐卧的器具,与今天只用作睡卧不同。《说文》:"床,安身之坐者。"安身,指使身体安稳的意思。《广雅》云:"栖,谓之床。"为人坐卧之用。故古代供跪坐之物,如同日本今之坐蒲团,曰床,汉代自胡人传入,为垂足之坐;如今之行军椅曰胡床,唐代自印度传入,为倚背垂足之坐,如椅子亦曰绳床。

"床"可使身体安稳,由此引申出起承托稳定作用的东西,太谷方言中还有牙床、鞋床、茅床、机床、车床。除新生事物"机床、车床"中"床"文读为[tsʰuo²²],其他如"牙床""鞋床""茅床(农村茅厕中放置的木质坐便器)"中"床"均白读[fuo²²],而随着社会生活的发展,"鞋床"与"茅床"已经在逐渐退出人们的生活,"床"的古音[fuo²²]会逐渐被取代,最终只能凭借"牙床"或语汇中的读音保存下来。

3.【响嘞疮_白忘嘞疼_白】ɕiŋ³² ləʔ¹¹ fuər²² vuo²⁴ ləʔ¹¹ təʔ²² 伤口愈合就忘了当时的疼痛。比喻事过之后就忘了过去的苦痛,不知道吸取教训。

疮,穿母平声字,在太谷方言中保留了读清擦音[f]的白读系统。"疮"从古至今一直是一个常用的词,但其声母读清擦音[f]的古音形式却要受到词汇条件的限制,只定格在上述惯用语中,其他如"冻疮",声母已经读为[tsʰ]。这样看来,语汇靠人们世代口耳相传的稳定性将会成为白读音生存的最后"阵地"。

(二)现代汉语仍然使用,但使用或语义有变,而太谷方言语汇携带古义使之保留至今

1.【吃饭不知饥和饱,睡觉不知颠和倒】tsʰəʔ¹¹ fã⁵⁴ pəʔ¹¹ tsɿ²² tɕi²² xuo²² pɑɯ³²,fu²⁴ tɕiɑɯ⁵⁴ pəʔ¹¹ tsɿ²² tiē²² xuo²² tɑɯ³² 讥讽人懵懂不懂事。

【见饭饥,见水渴,见人吃饭就眼热】tɕiē²⁴ fã⁵⁴ tɕi²²,tɕiē²⁴ fu³² kʰiaʔ¹¹,tɕiē²⁴ zə̄²² tsʰəʔ¹¹ fã⁵⁴ tsɤɯ²⁴ niē³² zaʔ¹¹ 眼热,羡慕;眼红。形容人不管别人做什么都羡慕。

在古汉语中"饥"和"饿"是有区别的:"饥"指肚子吃不饱,"饿"指饥之甚。《淮南子·说山训》:"宁一月饥,无一旬饿。"高诱注:"饥,食不足。饿,困乏也。"宋·戴侗《六书故》卷二八:"饥,食不充也。饿,无食久馁也。"可见"饥"是指一般的饿,"饿"则是严重的饥饿,有时特指饿死。如《论语·季氏》:"伯夷、叔齐饿于首阳之下,民到于今称之。"据学者考证,在北方话中,"饿"成为"饥"的等义词并开始取代"饥"是在元代以后发生的,至迟到18世纪中叶替换已经完成,这种局面一直延续到现代汉语:单音词用"饿",双音词则用"饥饿";"饥"作为单音词已经被淘汰出词汇系统,只作为构词语素保留着,但在上述两条语汇中,"饥"作为单音词在太谷方言中依旧存在。不过今太谷方言中指肚子饿了用"饿",饿的厉害则说"饿死了"。可见单音词"饥"以及它的原始意义"食不足"只是被语汇传承而保留下来。

2.【一瓶子不满,半瓶子忽衍】iəʔ¹¹ pʰiə²² tsəʔ¹¹ pəʔ¹¹ mē³²,pē²⁴

$p^hiə^{22} tsə?^{11} xuə?^{11} ie^{32}$ 说是一瓶,不足满满一瓶;说是半瓶,还又多于半瓶。比喻某人的知识掌握或知道得不甚多。

【大瓮里衍喽油,显也不显】$tɒ^{24} və̃^{54} ləɯ^0 ie^{32} ləɯ^0 iəɯ^{22}$,$ɕie^{32} ie^{32} pə?^{11} ɕie^{32}$ 大瓮里流洒出一点儿油,不觉其少。转指小的缺失或损失不易被人察觉。

"衍",满溢;众多。宋·戴侗《六书故》卷六:"衍,水流衍溢也。"《诗·小雅·伐木》:"伐木于阪,酾酒有衍。朱熹集传:'衍,多也。'"《史记·河渠书》"河菑衍溢,害中国也尤甚"。《宋史·乐志八》:"祀事孔寅,明灵降眷。洁粢丰盛,仓箱流衍。""衍"均做"满溢"讲。现代汉语通语中"衍"字做"推衍""敷衍"等词的构词语素,不再用作单音节词使用。太谷方言中,"衍"做"水满溢"讲时只用在语汇之中,做构词语素组成"忽衍/圪衍"时,则当"稍稍倾倒出一点"讲,语义由"满溢"转为"倾倒"。

3.【不识抬,坐的轿里拾出来】$pə?^{11} sə?^{11} t^hei^{22}$, $tsuɒ^{24} tə?^{11} tɕyər^{24} ləɯ^0 sə?^{43} ts^hua?^{11} lei^{22}$ 讥讽人不识抬举。

"拾",起身冲出去(过去)。宋·戴侗《六书故》卷一四:"拾,是执切,掇敛也。……又记曰:与客拾踊,曰妇人奔丧与主人拾踊。"这里"拾"与"踊"意义相近。《金瓶梅词话》二六回:"[宋惠莲]一头拾到屋里,直睡到日沉西。"《醒世姻缘传》二〇回:"季春江出其不意,望着晁思才心坎上一头拾将去,把个晁思才拾了个仰百叉。"《儿女英雄传》二六回:"[何玉凤]把太太的腰胯抱住,果然一头拾在怀里,叫了声:'我那嫡嫡亲亲的娘啊!'"

"拾"除做单音词使用外,还可构成"忽拾",如"他生喽气,忽拾上走咧"。

4.【一无脸二无羞,一份家严②顺手溜】$iə?^{11} vu^{22} lie^{32} ɐr^{24} vu^{22}$

ɕiəu²² ,iəʔ¹¹ fə⁵⁴ tsəʔ¹¹ tɕiəʔ²² iẽ²² fə²⁴ səɯ³² liəɯ²² 家严,指祖、父辈留下的家产。斥责人不择手段地贪占家产。

溜,顺手窃取;偷偷地拿。《金瓶梅》:"[祝日念]溜了他一面水银镜子。"《醒世恒言·赫大卿遗恨鸳鸯绦》:"差人各溜过几件细软东西,到拿地方同去回官。"《二刻拍案惊奇》卷九:"被我趁他不见,溜了一张来。"

在太谷方言中,"溜"做单音词只用于语汇中,此外还可以作为"摸溜"的构词语素,也为窃取、偷拿之义。

(三)现代汉语通语中使用,但在太谷方言中使用范围缩小,只用在语汇中

1.【足儿不拈手儿拈】tɕyəʔ¹¹ ɐr²² pəʔ¹¹ niẽ²² səɯ³² ɐr²² niẽ²² 特指小孩不能安稳地坐一会儿,不是手摆弄就是脚乱动。

宋·戴侗《六书故》卷一四:"拈,奴廉切,指摄也。"元·关汉卿《金线池》二折:"你怪我依旧拈音乐,则许你交错劝觥筹?"元·朱凯《黄鹤楼》一折:"某乃鲁肃是也。某文通三略,武解六韬。十八般武艺,无有不拈,无有不会。"语境中"拈"为"习弄,摆弄"之义。"拈"的指摄、捏、摆弄之义在现代汉语通语中仍在使用,如"拈弓搭箭""拈阄""拈弄""拈花惹草"。而在太谷方言中,"拈"只在惯用语"足儿不拈不手儿拈"中出现,相同的动作已经用"抓、捏"代替。

三 词汇所指称的事物和表达的概念已经退出人们的生产生活,但词汇仍保留在语汇中

词汇是通过旧词消失、新词产生不断新陈代谢的方式发展变化的。新事物出现后,就要求语言用新词来表现它;旧事物消亡后,语言中相应的词也就逐渐不为人们所使用,渐渐地就会消亡。

但词语的衰亡会出现层次性,有的词汇"销声匿迹";有的词汇"复活回归";有的词汇则"顽强留存",凭借世代流传的语汇保留下来,成为"语言遗迹"。比如:

"鞴",用来鼓风吹火的风箱,在上世纪六七十年代之前是人们生活中不可缺少的使用工具,但在如今人们的生活中已经看不到此物,也只有在人们偶尔说到歇后语"坟地里拉鞴——吹鬼哩"时,"鞴"才会重新回到人们的语用中。

"五道爷",是我国古代民间信仰的一位神灵,一般在村庄十字路口五道庙供奉。人死之后,儿女们要去五道庙内,为亡灵烧"到头纸"或"买路线"。以表示死者宣告结束阳间生活正式向阴间的"五道爷"报到。五道爷接报后再转报城隍爷,说明又一个子民来阴曹地府上户口。现如今五道庙早已不复存在,五道爷这一名称也变得生疏,对于上世纪七十年代以后的人来说更是陌生,但是当人们笑骂一个人鬼鬼祟祟时,会说"贼眉鼠眼,死不入眼,偷的吃了五道爷的供献",这样具有生疏感的词汇会突然闪现。

结　语

一定程度上讲,语汇阻止或减缓了词汇的新陈代谢,因而我们能够凭借语汇的稳固性,考察古词语存活于语言中的形态;凭借语汇的传承性,倾听古词语的古音古韵。

附注:
  ① 引用方言爱好者贺树刚先生说法。(本字还待商榷)
  ②"家严",《易》曰:"家人有严君焉,父母之谓也。"俗称父曰家严。父既称严,则母亦可以称严矣。俗称母曰"家慈",荆公诗:"慰我堂上慈母。"盖言母也。《大学》:"为人父,止于慈。"则父亦可以称慈也。又有称母为"家堂"

者,盖取北堂之义。父母俱在高堂,父亦可称堂。因而,家严、家堂皆有父母之称谓,也皆有北堂之义,在太谷方言中,用"家严"可指祖上留下的房屋等财产(待商榷)。

参考文献:

[1] 胡继明.《广雅》名词基本词汇及其发展演变[J].重庆广播电视大学学报,2012(3).
[2] 廖珣英.广东梅县客家方言入声韵本字考[J].方言,2004(3).
[3] 陶炼.从词目对比看20世纪汉语基本词汇的变化[J].修辞学习,2009(6).
[4] 汪维辉.《老乞大》诸版本所反映的基本词历史更替[J].中国语文,2005(6).
[5] 王福堂.文白异读和层次区分[J].语言研究,2009(1).
[6] 王吉辉.论旧词语[J].学术研究,1999(7).
[7] 徐通锵.历史语言学[M].北京:商务印书馆,1996.
[8] 赵振铎.虚词不能归入基本词汇吗[J].人文杂志,1959(3).

(作者单位:山西省社会科学院语言研究所 太原 030006)

试论鄂尔多斯方言人物品貌惯用语的地域文化特征*

李慧贤

俗语由词与词组合而成,结构相对固定,具有叙述性和多种功能。俗语流传地区广,是汉民族共同语的重要组成部分,有的俗语具有明显的地域特征,仅为某一区域的人们所熟知和使用。鄂尔多斯方言人物品貌惯用语指在鄂尔多斯地区的汉语方言中,描述人的外表、容貌、表情、性格、品德、行为的惯用语,这些惯用语是鄂尔多斯方言俗语的重要组成部分,为当地群众所喜闻乐见,活跃在人们的日常口语中,在描述人物的品貌方面具有共同语不可比拟的鲜明的形象性和生动性。温端政"惯用语是非'二二相承'的描述语"(温端政,2005),惯用语具有描述性、双层性、结构可扩展等特征,其中,描述性是其根本特征,鄂尔多斯方言人物品貌惯用语大多为三个字以上。

一 鄂尔多斯方言人物品貌惯用语的形象性

惯用语是描述语,主要作用是使语言表达更具形象性。鄂尔多斯方言人物品貌惯用语在描述人物的外貌、衣着、形象、品性、性格、行为、习惯等方面具有鲜明的形象性、生动性,是当地人民口语

---

* 本文得到国家社科基金青年项目(12CYY036)、内蒙古地区社会历史文化研究基地项目(项目号 nsjy0911)、内蒙古大学语言与民族文化创新团队(10024—12110620)的资助。

的鲜活反映。

描述人外貌的惯用语如"前崩颅,后把子",人前额和后脑勺都突出,形容头部不周正;"柳叶眉,杏壳眼"形容女子容貌漂亮。衣着的如"长袍子,短褂子",形容人的衣着随意、不正式、不搭配;"穿绸子,摆缎子"泛指服饰讲究或奢靡。体态的如"摇圪锥"形容人妖里妖气或袅娜多姿的样子;"哈鼻子唾顽痰"形容老人年老气衰而鼻涕顽痰雍盛的样子;"拧头调启子"形容人走路头部、臀部不停地扭动,借以卖弄风骚;"嘴撅得能栓头驴"形容人生气时嘴撅得高高的。

描绘人物性格的惯用语如"七十二个画匠难描画"形容人性格乖僻,难以捉摸;"扎藜苗苗对枣骨骨"比喻尖刻的人对着尖刻的人;"可肚一根肠子"形容人性格直爽。

描述人物境遇或处境、地位的惯用语如"鸡窝倒燕窝"处境和以前差不多,都不太好;"不是十八年前的王宝钏"指人物处境今非昔比;"探上菜碟子"比喻人有体面,或有权力,可捞到油水,反之,则为"探不上菜碟子";"人走时气马走膘"比喻人境遇顺畅;"擩圪崂,打簸箕"比喻人被遗弃到角落与簸箕为伍;"顾不上个儿的秃痂子,还挠人家的屎痂子?"比喻自顾不及,无暇他顾。

描绘人物品质、道德的惯用语如"不进眼"形容人品不好,别人不喜欢;"宁舍一条命,不丢一根柴"形容人爱财如命;"宁折不圪溜"宁可被折断也不能弯曲,喻指人刚直不阿;"害(损)人一千,自损八百",形容损害别人的人自己也不会有好下场;"抠厘厘,剥毫毫"形容与人相交,过分计较,不肯相让一丝一毫。"当面是人,背后是鬼"形容人表里不一,言行不一致;"抠心炉炉"原指炉子的燎盘密不通风,在方言中比喻什么事情都放在心里的小心眼;"打黑枪"比喻在背后说他人的坏话,也作"扎黑枪";"告黑状"指背地向上司说别人的坏话;"掐虮子留后腿"形容非常吝啬小气;"脸大不识羞"表示不知羞耻;"吃鼻痂子"形容过分吝啬,连鼻屎也不舍得扔掉。

描述人物行为的惯用语数量较多,如"白天轮门走四方,黑夜熬油撩裤裆",白天到处游荡,连裤裆破了也顾不得缝补,到晚上才点灯熬夜去补,形容游手好闲不顾羞耻、不知得失,也作"白天拧油走四方,黑夜熬油补裤裆";"别人滚油浇心嘞,你才贪欢作乐嘞",别人心急如焚,你却逍遥自得,寻欢作乐,形容不顾情势危急而自寻其乐的人;"头不直,眼不眨",形容人埋头苦干或神情专注的样子;"三口大、两口小"形容人吃饭速度极快;"坐得闲,编扑蓝"比喻闲着没事做就会编造是非;"口上不提口下提"指到处宣扬自己的功劳、名气;"闲弹杏骨骨",比喻闲聊,当地有儿童弹杏核的游戏;"只编扑篮,不收沿子",指只管铺摊子,不顾成效;"脸皮比城墙厚"形容人不知羞耻,不要脸皮。

描述人的智力、能力的惯用语如"瞎马踩住一条路"喻指缺乏头脑的人一条路走到黑;"眉头一皱就有鬼"略加凝思就可想出办法,形容人足智多谋;"低一头,秃一膀"比喻比别人差一大截子;"个儿不行,还说炕不平"比喻无能者凭借托词诿过于人;"随弯就圪溜",顺势,一指人办事灵巧,就势而为,褒义,一指办事不坚持原则,随顺情势而为,贬义;"熬胶不粘,沤粪不臭"形容人一无是处;"苶人逮大瓜"傻子挑西瓜专挑个头大的,比喻只重名分忽视实质的人多半是傻子;"你也就是个你"表示能力或才干不过如此,并没有什么过人之处;"苶在心上觅"形容人傻到家了。"强一黑豆"比喻只比别人强一点儿点儿;"成了精也是个蛇鼠子"蛇鼠子即蜥蜴,

193

比喻即使有了点儿成就也不会有大出息。

描绘人物生活习惯的惯用语如"懒得骨什疼"形容人非常懒惰;"记性不大,忘性不小"形容人记忆力差;"懒(老)驴上磨屎尿多",偷懒的毛驴一套在磨杆上又拉屎又撒尿,比喻懒惰的人一碰到疑难工作就找各种借口加以推脱;"搐鼻骡子卖的驴价钱",上唇搐的骡子和不值钱的毛驴等价,比喻嘴不好(说话不注意)的人,本领再高也不会受到重视。

二 鄂尔多斯方言人物品貌惯用语的地域文化特征

(1)口语性强,富地域特色

方言俗语由当地人民群众创造,口语特征十分明显,语言通俗,浅显直白,形式自由,用词朴实,有时会在俗语中使用一些粗俗的字眼,尤其和生殖、排泄有关的词,这是方言惯用语的共性,也是鄂尔多斯方言惯用语的重要特征,如"富得屁股流油了",形容人非常富有;"溜沟子,舔屁股",表示溜须拍马;"尿不在一个壶头",形容同处者关系不和;"屎到了屁股门子上才挖茅坑",比喻办事没有深谋远虑,临渴而掘井。甚至还有一些骂人的詈语。

(2)取譬设喻,极具地域风情

描写人物品貌往往就地取材,取贴近当地民众日常生活、民众耳熟能详或眼前随处可见的事物来取譬设喻,具有浓郁的地域文化特色,如"无根沙蓬",沙蓬是一种沙生植物,鄂尔多斯地区处于库布齐沙漠边缘,这种沙生植物很常见,根甚浅,入秋后,枯枝连同根系一并拔起,随风飘散,以此来喻指人无处安身。"扎藜"即蒺藜,我国长江以北地区荒丘、荒地都很常见,其果实由五个果瓣组成,上有尖利的长短刺,惯用语"扎藜苗苗对枣骨骨",比喻尖刻的人对着尖刻的人。"拌汤"是当地一种汤食,由搅拌面团或黄米裹面煮熟后加调味品制成,趁热喝可发汗、驱寒,因而有惯用语"想喝拌汤装风发","风发"即感冒,比喻为达某一目的借故骗人的行为。"粉房豆腐房,各自管一行",比喻界限清晰,互不相干。"蔓菁总比菜根强",比喻关系疏远的自家人总比外人要亲近。粉条、豆腐、蔓菁都是内蒙古西部民众日常饮食最常见的种类之一,为人们所熟知,因而被信手用来设喻,口语性强,通俗易懂。某些人物品貌惯用语能够体现当地的民俗,如"数不见三十六眼窗窟子",当地民居最常见的窗户形制为横竖各六个眼,共三十六个眼,以此来比喻人连起码的生活常识也不具备。

(3) 乡里乡音体现地域特征

鄂尔多斯方言惯用语中叠词、词缀较多,体现了方言词汇的特点,也是其地域文化特色的重要表征。乔全生"重叠作为一种抽象的语法手段在晋语里得到普遍而广泛的运用。"(乔全生,2000)晋语的重叠式较普通话而言,形式多样,且口语性强,鄂尔多斯方言人物品貌惯用语中也有不少重叠式,如"抠心炉炉""磨爪爪""抠厘厘,剥毫毫""混群群,攒堆堆"(形容人爱凑热闹)、扎藜苗苗、枣骨骨等。晋语区使用较多的词缀"圪"在晋语大包片鄂尔多斯地区很普遍,也广泛用于惯用语中,如形容到处搜寻的"搜圪崂,打簸箕",也作"瞅圪晃,打簸箕"。形容女子妖里妖气的"摇圪锥",表示闯祸的"拉圪旦"等。惯用语是民众日常生活用语,因而往往使用地道的方言词,外来人有时会听不懂,如"心上长起脆骨子来览",形容人冷酷无情,和"人心是肉长的"意思相反,"脆骨子"即普通话的"软骨"。形容人爱财如命的"宁挨三个鼻兜,不舍一个钱"中的"鼻兜"即普通话的耳光。这些方言词正是方言惯用语地域特色的重要表征。

(4)感情色彩传达地域文化

温端政(2005)指出,"惯用语在感情色彩上的一个重要特点就是贬义性"。鄂尔多斯人物品貌惯用语中,褒义的很少,大多数惯用语感情色彩为贬义,描述人物品貌不佳或不好的方面,如讽刺人爱财如命的"宁舍一条命,不丢一根柴"、描述人头部长得不周正的"前崩颅,后把子"、贬斥人表里不一,言行不一致的"当面是人,背后是鬼"、贬损品位不高的人难登大雅之堂的"狗肉不上台盘秤"、贬责人不知羞耻,不要脸皮的"脸皮比城墙厚"、贬抑喜好低级趣味到无以复加的程度的"好吃屎的闻见屁也香"、贬低人能力低下、一事无成的"熬胶不粘,沤粪不臭"等。吴建生、李淑珍指出:"惯用语通过对不好或错误的方面进行贬斥,从反面来肯定好的方面,是一种隐性的曲折的表达。"鄂尔多斯方言人物品貌惯用语用隐曲的方式来表达当地民众对于美丽、聪明、品德高尚、行为端庄、性情温和、习惯良好等优良品质的崇尚和追求,反映了当地民众的审美情趣,是地域文化特征的重要体现。

三　鄂尔多斯人物品貌惯用语的认知研究

认知语言学基于非客观主义的认知观,认为在形成有意义的概念、进行推理的过程中,人类的生理构造、身体经验以及人类丰富的想象力扮演了重要的角色。因此认知语言学强调人的经验和认知能力在语言运用和理解中的作用,认为没有独立于人的认知以外的所谓意义,也没有独立于人的认知以外的客观真理(赵艳芳,2001)。隐喻和转喻是人类最重要的认知方式。

传统上认为隐喻是一种修辞手段,Lakoff等人提出了"隐喻的认知观",认为隐喻具有普遍性,是成系统的,隐喻在本质上是认知的,思维过程本身就是隐喻性的,隐喻由结构相对清晰的始源域和一个结构相对模糊的目标域构成,隐喻就是将始源域的结构映射到目标域之上,以便更好地理解目标域,由此形成了投射映射、语用功能映射等关系。鄂尔多斯人物品貌惯用语中,隐喻随处可见,借助对日常生活的各个领域的认知来描述人物的外表、性格、品质、行为,动物领域投射隐喻人物品貌的惯用语较多,如"狼行千里吃肉,狗行千里吃屎"喻指不同人有不同的追求,也指恶人难改恶习;"吃山神爷的狼"喻指厉害的人;"狗戴帽子装好人"喻指坏人假装正经。取譬对象除了狗、狼外,还有鸡、驴、马、牛、雀儿、鸽子、百灵子等,极具形象性。饮食领域,如比喻凶悍的人碰上更凶悍的对手,有惯用语"吃生米遇上淹生谷子";比喻白白得了好处还埋怨挑剔的"白吃的果子还嫌酸嘞";表示一定要做出一番事业的"争不起馍馍气,争个窝窝气"等;表示为达目的借故骗人的"想喝拌汤装风发"等。植物或其他无生物领域投射隐喻人物品貌的惯用语如:喻指人物处境的"无根沙蓬";喻指人物性格的"不出气烟锅子";形容人懒惰异常的"针扎不动,锥攮不动"等。万物是人,人是万物,鄂尔多斯方言中有一些源于人身体的品貌行为方面的惯用语,如"老汉囟门子"喻指软弱之人或软弱之处;"可肚一根肠子"即直肠子;"低一头,秃一膀"喻指和别人差距较大。

认知语言学认为转喻不只是简单的词语之间的替代,更是人类认知世界的重要方式,是在相近或相关联的认知域中,用一个凸显事物来代替另一个,在人物品貌惯用语中,有部分代替整体,如"柳叶眉,杏壳眼"形容女子容貌漂亮等。也有用人体部位或器官来代替功能,如"三口大,两口小"形容人吃饭速度极快。

鄂尔多斯方言人物品貌惯用语是方言语汇中极具形象色彩的一类,在描写人物外貌、品质、性格、行为等品貌方面,其语义的生动性和为群众喜闻乐见的程度不亚于四字格的俗成语。其中所蕴含的丰富的地域文化值得进一步挖掘。

参考文献:

[1] 哈森,胜利.内蒙古西部汉语方言词典[K].呼和浩特:内蒙古教育出版社,1995.

[2] 李淑珍.山西方言四字格的语义特点及其认知研究[J].忻州师范学院学报,2007(4).

[3] 栗治国.鄂尔多斯方言成语词典[K].呼和浩特:内蒙古人民出版社,2004.

[4] 马启红.山西太谷方言惯用语探析[J].语文研究,2007(4).

[5] 乔全生.晋方言语法研究[M].北京:商务印书馆,2000.

[6] 温端政.忻州方言四字组俗语的构成方式和修辞特色[J].语文研究,1986(1).

[7] 温端政.汉语语汇学[M].北京:商务印书馆,2005.

[8] 吴建生.山西方言语汇的特点[J].山西师大学报,2009(1).

[9] 吴建生,李淑珍.三晋俗语研究[M].太原:书海出版社,2010.

[10] 邢向东.关于深化汉语方言词汇研究的思考[J].山西师大学报,2007(2).

[11] 赵艳芳.认知语言学概论[M].上海外语教育出版社,2001.

(作者单位:内蒙古大学文学与新闻传播学院　呼和浩特　010070)

《蒙古风俗鉴》中的谚语[*]

王建莉

《蒙古风俗鉴》为清代蒙古族著名启蒙思想家罗布桑却丹[①]所著,此书完成于 1918 年。罗布桑却丹在《序言》中说明写作此书的目的是"为了蒙古人自古至今的源流不被抹掉,我概要的写了此书"。这部巨著"被称为蒙古族的'百科全书',全面反映了蒙古族的政治、经济、文化、风俗习惯及其历史发展,是蒙古学研究的珍贵文献"(汉译本《序言》)。书中有大量谚语,它们以词语的固化形式来传播、继承和演绎这些文化,简练通俗,含义深刻。

《蒙古风俗鉴》对谚语进行了初步的理论研究。作者本着写作此书的目的,有意识地收列了古代部分谚语,集中在第五卷"写诗与对字头"、第六卷"古今之歌"、第七卷"自古口头流传的语言",共 53 条,有的以诗歌形式传唱下来,说"这些语言,自古人们就在平时常用,到现在也常常引用"。(罗布桑却丹,1988)它们不仅在罗布桑却丹所处的时代使用,更为重要的是,作者强调这些谚语是从古代流传下来的,这就对谚语进行了源与流的梳理。有的谚语还记述了它的产生源头,如"英雄不怕虎,能人不惧病,善言之人不怕

---

[*] 本文为内蒙古师范大学"十百千"人才工程资助项目(项目号 RCPY-2-2012-K-070)阶段性成果。

剑"(详见下文),其研究是很深入的。罗布桑却丹在书中阐述了谚语与民俗的关系。首先阐述了统一的语言与蒙古族的整体民俗之间的关系,说"成吉思汗时,语言也统一于额鲁特语,各蒙古部落的语言也逐步统一起来了。……因此,蒙古各地习俗也趋于一致"(罗布桑却丹,1988)。然后作者认识到,在大同基础上,蒙古族内部形成具有不同地区特点的风俗,谚语反映了这些风俗,说:"谚语在各地都有,是按各地不同习俗形成的,内容不完全一样。"(罗布桑却丹,1988)作者以敏锐的眼光认识到谚语的来源,这在当时是一种很了不起的发现。

《蒙古风俗鉴》中还运用了许多谚语,也不容忽视。我们把这部分谚语与上述收录的谚语汇总起来,可以清晰地看到谚语与文化相互照应,谚语生动反映了丰富的文化内涵,各种文化又是谚语产生及使用的依据。下面对该书的谚语做一简要的分类研究,从一个视角探讨清末民国初以及之前的谚语面貌。

一 民俗类

关于蒙古族的风俗习惯,涉及饮食、服饰、居住、婚恋、节日、礼俗、禁忌、丧葬等,在《蒙古风俗鉴》中都独立成节,叙述详瞻。许多内容不是照抄古人和记录古俗,而是将变化部分,即由于农业经济生活在蒙古地区的深入与发展,汉民族的风俗习惯渗透进蒙古民族中的缘由进行了写实记载。由于这些变化,书中记载的谚语鲜明反映了那个时代的特点。

(一)婚恋习俗

蒙古族很早就认识到近亲结婚不利于后代繁衍,贵族不从同一个部族内结亲,平民不在本血统和本姓氏内结亲。女子选择配偶时,须有正确的择偶观。这种婚姻观以通俗的谚语表达出来。

挖井近些好,结亲远些好

水源近些好,结亲远些好

好挑剔的姑娘,可能会遇上瞎子

如果喜爱,猴子也美。如果相中,讨饭人也俊

蒙古族以游牧生产方式为主,游牧生活更多地依赖于气候、地形地貌和其他草原动物。在婚俗中就用到与马、牛以及其他动物、自然物有关的谚语。

无夫之女光棍,无鞍之马光背

健康人之子,壮奶牛之犊

异乡人,嫁出去的人,石头落到哪里就在哪里落稳

山林茂密狐狸胆壮,丈人家富女婿自豪

长满枝丫的粉绢花,经过风吹就色暗。虽似神仙一样的方士,丢掉了真心就暗淡

在姻亲关系中,也有与家用器具和其他社会关系有关的谚语。

再不好也是儿子,再不锋利也是刀子

国家帝为大,亲戚舅为大

(二)礼仪习俗

蒙古族非常重视礼仪,自古就有崇拜祖先、敬重老人、礼貌、好客等优良传统。《蒙古风俗鉴》记载了蒙古人由游牧向农业经济的转变,蒙古族务农始于清代,他们向汉人学习种植方法,知道了务农的好处。礼俗类谚语与牧业、农业生产、天气结合起来。

礼尚无往怎能来,耕地不种怎收获

兴旺人家说话都接近,正在长的牛形象相似

水藻多的池塘鱼儿多,脾气好的人家客人多

阴天必须开晴,客人必须散去

(三)居住习俗

　　蒙古族所居之地水草肥美,涌现出很多英雄豪杰。他们认识到自然环境对人的成长特别重要,《蒙古风俗鉴》中讲到,"风水不好不出生特殊人物"(罗布桑却丹,1988),"人的年龄长短,靠的是土地之营养的力量而决定的。如果地力强生物营养丰富,在那里生活的动物也强壮。天气和地气调和,则万物发育良好,如果天气不好,地也缺乏生气,营养物质就缺乏,生命也会逐渐变弱。这是天理。因此,人生在世如果是地利好的地方,其寿命必长"。(罗布桑却丹,1988)这与我国传统文化中"地灵人杰"的思想一脉相承,由此产生一些与所居之地有关的谚语。下列第一条《蒙古风俗鉴》中说是"对好地方和坏地方的说法"(罗布桑却丹,1988),第二条反映蒙古族人民对生存环境有顽强的适应能力。

　　有宝之地放光,有鬼之地有病疫
　　繁华的世界无限大,住在哪里都一样

　　生活环境中,水与火有特别重要的意义。"蒙古人古来信奉天地之神,对龙王尤其笃信。各地都一样,每年要有两次大祭和两次小祭,以祭拜天地。"(罗布桑却丹,1988)祭龙王要在泉、湖泊处。这些祭祀点的山或湖泊必须保持净洁,并给以保护。"蒙古地方自古有的信奉天神、龙王为大神,有些地方还把地神、水神奉为神灵,还信奉地区之神。"(罗布桑却丹,1988)蒙古族还特别注重拜火神,把火当佛对待。屋子当中设有火神的位置,放上火盆,永远不断火种,认为这是吉祥之兆。男女结婚时,要给火神磕头。

　　烟火旺盛之地则富,灾难之地则穷
　　不要玷污了水火,污了就要有灾祸

(四)生活习俗

《蒙古风俗鉴》的谚语中有狗、虎、狼、猫头鹰,表达的内容反映了农村生活的场景。"顺着山冈行走",又是游猎生活经验的体现。

狗乱叫,虎狼到

猫头鹰进村,瘟疫必将来临

顺着山冈走,痕迹不会留

二 文化教育类

《蒙古风俗鉴》详细记述对后代的教育,尤其重视家庭教育,所述内容包括学习蒙汉文、识别动物、做人、铭记祖训、学习古代名人英雄、接人待物、打猎以及学针线活等,与这类活动有关的谚语较多。

(一)人生励志

如果不吃一番苦,不能轻易得功名

多思考会成功,多行走会受累

坐在家中磨损褥子的"聪明人",不如骑马驰骋磨损鞍垫的"傻人"

寻找幸福遇痛苦,寻找黄金险丧生

他人之福借不上力,血脖儿肉没有吃头

肉煮时间长成汤,人越长大越有出息

光阴宝贵,机不能失

趁眼力好多看看,趁牙好多吃点

青天高大而永恒,人的身体可并不永生

鸡叫了,还能睡多久,到五十岁了,还能活多久

(二) 民族精神与英雄主义教育

蒙古民族在长期的游牧生活中,磨炼出了不避风暴、不畏严寒酷暑、强悍、刚毅、勇敢善战等民族特点和开拓进取的民族精神。

有了英雄不怕虎

英雄不怕虎,能人不惧病,善言之人不怕剑

黄金可到处用,本领可处处使,哪个国家好就可以在那里生活

虽然人少,心齐为强

第一条与第二条的意思相同,出处也相同,《蒙古风俗鉴》中详细说明了这条谚语源于唐代一个蒙古族英雄哈日夫打虎的故事,用于教育孩童(罗布桑却丹,1988)。第三条是流传下来的古话,年长者对儿女媳妇们的说教之语(罗布桑却丹,1988)。蒙古族很早就认识到"人多力量大"的道理,经过漫长的历史发展,逐渐形成了集体意识、民族意识,第四条充分反映了这一点。

三 人生哲理类

世界上的任何事物都有自己的变化发展条件与规律,蒙古族人在生产生活中长期观察与思考,掌握了许多事物的本质特点。《蒙古风俗鉴》中富有人生哲理的谚语比较多,表现了蒙古族与其他民族共同的认识。

(一) 品德修养

为人谨慎则安然,众人之口可熔金(译者注:人言可畏)

众人之语可熔金,个人得失凭命运

总说别人的不好,自己却生个傻儿子

最不好的语言是骂人,最不好的责打是掐人

说真话的得罪人,拿长棍子得罪狗

莫因自己有本事,妄自尊大搞冒进

马丢了可以找回,一旦失言不可挽回

与胭粉在一起变白,与火药在一起变黑

(二)人伦关系

有缘不分远近,两相情愿事竟成

两个山再近也不能相会,两个人再远也可以相逢

同马相连可行走,与树相连只能停

遇到了有缘人,心中就有了底

(三)人生观、价值观

穷了才知富贵好,临死方知活者甜

富官不能永远富有,人不能永远年轻

人要死,名永留

福祸本无门,全在个人寻

从西边丢失的,从东边找回来

国家大事,男人之事

(四)宗教信仰

元代,佛教传入蒙古地方。佛教的一个派别藏传佛教,在清代非常普及,人人信仰佛,"一切事情都相信佛"(罗布桑却丹,1988)男孩长到十来岁,父母首先希望他当僧侣,"各家的家庭教育,依照佛的旨意,以空、虚、无为教"。(罗布桑却丹,1988)清乾隆年间,皇帝下诏,凡出家当喇嘛的不仅不要税差,而且还要受尊崇,这样佛教在蒙古人中就更加盛行了,他们"把喇嘛说的话当作神圣的语言",(罗布桑却丹,1988)《蒙古风俗鉴》明确指出以下三条谚语来自佛教(罗布桑却丹,1988)。

五难之时,人多食品少

战事丛生,人变聪明

人寿短,浩劫到

书中还用到与佛教有关的谚语。

成墩长着的紫花,没有雨水就长不起来。就是像佛一样的方士,没有了信念就是昏庸。

(五)政治军事类

清代末民国初,政治动荡,内忧外患不断,蒙古族地区不仅有外国侵略者的武装劫掠,还有革命党活动、民族独立运动。《蒙古风俗鉴》记载光绪十七年(1891),遇农民起义,财物被劫掠一空。光绪三十年(1904)日俄战争爆发,遭到俄国人、日本人以及流匪的抢掠,又加上巴布扎布兵乱。宣统三年(1911),建民国,蒙古族各旗陷于战乱。蒙古族地区连年遭受蹂躏,百姓生活穷困。民国时,盟旗官吏们生活骄奢放纵,毫不理会民族的耻辱。在这样的背景下,书中记载了下列谚语,真实反映了当时社会的动荡不安。其中第四条详尽记述源自一个关于鸿雁的寓言故事,而后半句与战争密切相关(罗布桑却丹,1988)。

太阳天天升降,政权经常更换

王公迟早要衰落,钢铁早晚必磨损

夜间鸡烦恼,必有兵马到

失去头的雁,失去旗的兵

《蒙古风俗鉴》中的谚语整体具有多元文化的特点。生活在纯牧区、从事牧业的民族或人们的语言中,毫无疑问地与牧业生活相关的词汇和说法较多,并成为他们进行交流的主要话题。《蒙古风俗鉴》谚语中涉及了这些词语。然而,在清末民国初期,在其固有游牧经济生活内形成的文化内容中,渗透进了宗教文化和汉民族文化。《蒙古风俗鉴》谚语则集中体现了游牧文化、农业文化以及宗教文化。同时又呈现出这个时期动荡变革的时代特点。早期蒙古族谚语研究,《蒙古风俗鉴》不论在理论探讨方面,还是在语料方面,都有重要价值。

附注:

① 罗布桑却丹,内蒙古喀喇沁左旗人。关于其生卒年,学术界说法不一。一说为1874—1928年;一说为同治十二年(1873年),卒年不详;一说生于光绪八年(1882年),约去世于民国十年间(见包益勤《朝阳地方掌故》,朝阳市地方志办公室出版,1986年)。哈·丹碧扎拉桑在其批注的《蒙古风俗鉴》导言中提到,罗布桑却丹生于1875年(罗布桑却丹《蒙古风俗鉴》(蒙文),内蒙古人民出版社,1981年版)。

参考文献:

[1] 宝玉柱.《蒙古风俗鉴》研究[J].内蒙古民族大学学报,2006(3).
[2] 罗布桑却丹.蒙古风俗鉴(汉译本)[M].赵景阳译.沈阳:辽宁民族出版社,1988.
[3] 张克武.《蒙古风俗鉴》对人与自然和谐的关注[J].玉溪师范学院学报,2006(7).

(作者单位:内蒙古师范大学文学院　呼和浩特　010022)

禅籍谚语浅析

何 小 宛

"谚语是汉语里历史悠久、运用广泛、使用频率很高的一种语汇。"(温端政,2005)其形式生动活泼,充满生活信息。如《坛经》中有著名的"如人饮水,冷暖自知"谚语:

> 明曰:"惠明虽在黄梅,实未省自己面目。今蒙指示,如人饮水,冷暖自知,今行者(指慧能)即惠明师也。"(宗宝本《坛经》)

这是惠明在慧能指示下开悟后所说之语。意谓禅悟之事乃是各人本分大事,需要自己亲身体会,如人饮水,感觉如何只有自己知道。以朴素的日常生活经验传达禅旨,远比长篇大论来得直接亲切,也更契合禅的本质。这句谚语因此常常被引用,例如:

> 师云:"法不可见闻觉知。若行见闻觉知,是则见闻觉知,非求法也。既离见闻觉知外,却唤甚么作法?到这里如人饮水、冷暖自知。除非亲证亲悟,方可见得。"(《大慧普觉禅师住径山能仁禅院语录》卷四)

类似的有"如人上山,各自努力",用来说明禅悟乃各人自己的事,需要自身努力,例如:

> 恁么则九旬无虚弃之功,百劫有今时之用。堪报不报之恩,以助无为之化。此即是涅槃妙心,金刚王宝剑。敢问大

众,作么生得到这田地去? <u>如人上山,各自努力</u>。(《续传灯录》卷三十,默堂绍悟禅师)

谚语的生活性、通俗性,在学人看来更容易亲近与接受,禅师们更是可以不假思索,信手拈来,运用自然。因此,禅籍中谚语的使用十分频繁,并呈现出自己的特色。

禅籍中的谚语数量丰富,出现频率较高,且呈现出自身的特点。禅籍谚语来源广泛,主要包括雅语文言、佛经文献、民间口语、自创新语新义。语义上,禅籍谚语体现出多重性的特点,在一般的字面义、引申义之外,还有一类零意义的谚语。就特性而言,禅籍谚语表现出口语性、行业性、系统性、修辞性的突出特点。

一 禅籍谚语的来源

禅籍中的谚语或沿用旧谚,或创造新谚,来源广泛。主要包括:

(一)源于雅语文言

"一言既(已)出,驷马难追"源于《论语·颜渊》,在禅籍中用来告诫学人禅机玄妙不可言说。"差之毫厘,失之千里"也作"差之毫厘,过犯山岳、毫厘有差,天地悬隔"等,源于《大戴礼记·礼察》:"易曰:'君子慎始,差若毫厘,谬之千里。'取舍之谓也。"这也是源于儒家经典的谚语,谓禅机玄妙,若有丝毫差误便相距甚远。

(二)源于佛经文献

生死海广,劫殚同通。得遇本分宗师,以三要印子[①]验定其法,实谓<u>盲龟值浮木孔</u>耳。(《五灯会元》卷一八,坦然)

善男子,汝须知,遭逢难得似今时。既遇出家披缕褐,犹如<u>浮木值盲龟</u>。大丈夫,须猛利,紧束身心莫容易。倘能行愿

力相扶,决定龙华亲授记。(《缁门警训》卷二《大唐慈恩法师出家箴》)

这里的"盲龟值浮木孔、浮木值盲龟"实则是佛经中常用的比喻。据《杂阿含经》卷一五记载,大海底有一只盲龟,百年(一说三千年)才浮出水面一次,恰好撞入一段浮木的孔洞之中。因此,"盲龟值浮木孔、浮木值盲龟"常用来比喻机会难得。

其他类似的还有如"苦海无边,回头是岸""善有善报,恶有恶报""盲人摸象,各说异端"等。

(三)源于民间口语

口语化、通俗化是禅籍语言的主要特征。因此,禅籍中有大量的日常生活谚语。如:

> 上堂:"竿木随身,逢场作戏。然虽如是,一手不独拍。众中莫有作家禅客、本分衲僧出来共相唱和,有么?"时有僧出礼拜。师曰:"依希似曲才堪听,又被风吹别调中。"便下座。

(《续传灯录》卷九,云峰文悦)

此谚语本指江湖艺人随身带着竹木等道具,遇到合适的场地便可随时演出,反映了社会的文娱生活情况。禅籍中常用来比喻悟道之人的任用自如,了无挂碍。

又如"春不耕,秋无望""今年霜早降,荞麦总不收""不挂葫芦醋不酸""苦瓠连根苦,甜瓜彻蒂甜"等均与乡村生活有关。这与禅宗所确立的丛林制度是紧密相关的,百丈怀海禅师曾说"一日不作,一日不食"(《祖堂集》卷一四,百丈和尚),丛林制度将宗教活动与生产劳动紧密结合,农禅的修习与生活方式,体现了禅宗奋发向上的精神特质,也有力地推动了禅宗的发展。禅师在示机应机之时,使用这类生活谚语可谓自然之至。另一方面,对学人来说,此类谚语也是非常易于理解和接受的。

(四)自创新语新义

禅籍谚语还包括大量禅僧自创的新语新义,这也是禅籍谚语的一个重要来源。禅家自创的新语新义,大多带有行业色彩。如:

> 上堂:"我若说有,尔为有碍;我若说无,尔为无碍;我若横说,尔又跨不过;我若竖说,尔又跳不出。若欲丛林平怙大家无事,不如推倒育王。且道育王如何推得倒去?"召大众曰:"著力,著力!"复曰:"苦哉,苦哉!育王被人推倒了也。还有<u>路见不平,拔剑相为</u>底么?若无,山僧不免自倒自起。"击拂子下座。(《续传灯录》卷三〇,育王介谌)

> 问:"手指天地,唯我独尊,为什么却被傍者责?"师曰:"谓言胡须赤。"僧曰:"只如傍者有什么长处?"师曰:"<u>路见不平,所以按剑</u>。"(《景德传灯录》卷二二,罗山义聪)

这是"路见不平,拔剑相为""路见不平,所以按剑"在文献中的较早用例。在这里指能心心相印,契会禅理。又如:

> 天地之前径,时人莫强移。个中生解会,<u>眉上更安眉</u>。

(《五灯会元》卷一五,沧溪璘)

"眉上更安眉"纯属多余,比喻累赘,没有必要。禅籍中有大量与"眉"有关的词语,如"火烧眉毛""眉须堕落""惜取眉毛"等。"眉"系词语数量较多,使用频繁,且具有十分鲜明的行业色彩。

其他如"羚羊挂角,猎犬寻踪"(比喻禅宗启发学人悟道,不依凭文字、见解)、"万里无寸草"(比喻处处有禅)等。

二　禅籍谚语的语义

禅籍中谚语的语义较为复杂,体现出多重性的特点,在一般的字面义、引申义之外,还有一类零意义的谚语。

(一)字面义

字面义是根据谚语的组成成分及其语法关系可以直接推断出来的意义。

> 问:"三乘十二分教,学人不疑,乞和尚直指西来意。"师云:"大德,龟毛拂子、兔角柱杖藏着何处?"僧对曰:"龟毛兔角岂是有耶?"师云:"<u>肉重千斤,智无铢两</u>。"(《祖堂集》卷五,三平)

"龟毛兔角"本是虚无的事物,禅师本希望借此破除学人对佛法义理的文字纠缠,但可惜学人终未领会。"肉重千斤,智无铢两"乃是禅师对学人的斥责之语。

> 示众云:"<u>冰寒于水,青出于蓝</u>。见过于师,方堪传授。<u>养子不及父,家门一世衰</u>。且道,夺父之机者是甚么人?"(《从容庵录》四,第五五则《雪峰饭头》)

三个谚语连用,暗示弟子的智慧超过其师,才有继承禅法的资格。

> 云门因僧问:"如何是佛?"门云:"干屎橛。"无门曰:"云门可谓<u>家贫难办素食,事忙不及草书</u>,动便将屎橛来撑门拄户,佛法兴衰可见。"(《无门关·云门屎橛》)

"家贫难办素食,事忙不及草书"形容云门之窘迫。

(二)引申义

仅使用字面义的谚语在禅籍中的数量并不多,大多数谚语由于特殊语境的影响,不能仅根据字面意义或者今义理解,而是有所引申,具有特殊的禅义。

> 问:"祖意、教意是同是别?"师云:"<u>赤脚人趁兔,著靴人吃肉</u>。""乞师指示。"师云:"著靴人饱,赤脚人饥。"(《汾阳无德禅

师语录》卷上)

"赤脚人趁兔,著靴人吃肉"本义谓劳者不获、获者不劳。在上文的语境中,禅师面对纠缠佛法区别的学人,用此谚语隐喻悟道不能执着刻意追求,秉持清净本心、平常无为则契合禅法。

> 直须在意,莫空过时。游州猎县,横担挂杖,一千里二千里走。这边经冬,那边过夏。好山好水,堪取性,多斋供,易得衣钵。苦屈!苦屈!<u>图他一斗米,失却半年粮</u>。如此行脚有什么利益?信心檀越一把菜一粒米,怎么生消得?(《云门匡真禅师广录》卷上)

"图他一斗米,失却半年粮"本谓因小失大。在禅籍中则多比喻迷失自心,向外求佛,结果得不偿失。

> 上堂,举,夫为善知识,须是<u>驱耕夫之牛,夺饥人之食</u>。驱耕夫之牛,令他苗稼滋盛;夺饥人之食,令他永绝饥虚。众中闻举者,多是如风过耳相似。既驱其牛,为什么却得苗稼滋盛?既夺其食,因什么永绝饥虚?到者里,须是有<u>驱耕夫之牛、夺饥人之食</u>底脚手,便与捞一捞,逼一逼,赶教走到结角处便好。(《法演语录》卷下)

夺走耕夫、饥人最重要的事物,隐喻道法精深的禅师应彻底清除学人的妄念俗情、知识见解等,使其空无依傍,破除执着之心,如此才是领悟禅法的正途。

(三)零意义

零意义是指在一定的语境中,谚语只有形式的存在,在语言上的意义不起作用。也就是说,谚语没有明确的表意功能,或者意义无法言说。这也是禅义的一种特殊表现形式。

> 僧问:"如何是祖师西来意?"师曰:"<u>眼里不著沙</u>。"僧云:

"如何领会?"师曰:"耳里不著水。"僧云:"恁么则礼拜也。"师曰:"东家点灯,西家暗坐。"(《续传灯录》卷二,景德怀清)

僧问:"如何是祖师西来意?"师曰:"是星皆拱北,无水不朝东。"曰:"争奈学人未会何?"师曰:"逢人但恁么举。"(《五灯会元》卷九,芭蕉山遇)

问:"如何是佛法大意?"师曰:"始嗟黄叶落,又见柳条青。"(《景德传灯录》卷二〇,万铜广德)

僧问:"如何是佛法大意?"师曰:"日出方知天下朗,无油那点佛前灯。"(《景德传灯录》卷二二,兴福竟钦)

曰:"如何是法身向上事?"师曰:"石女不粧眉。"(《五灯会元》卷一四,梅山己)

"如何是祖师西来意""如何是佛法大意""如何是法身向上事"等均是禅僧常提的问头(问题)。然而禅籍玄妙,不可言说,需要自心的体悟。禅师用不同的谚语做出回答,但都是答非所问。其目的在于截断学人对语言文字、知识见解的纠缠,反观自心,进入通达、超脱的禅悟境界。这里谚语的意义被完全剥离,无法按照正常的逻辑思维去理解与解释,正是宗门所谓的"无义语",是禅宗"不立文字"语言观的体现。

三　禅籍谚语的特性

谚语在禅籍语言系统中发挥着重要的作用,体现出自身的独特性,具有口语性、行业性、系统性与修辞性的特点。

(一)口语性

1. 禅籍谚语的口语性首先体现在它与社会生活的紧密关联上,涵盖了社会生活的方方面面。如"官不容针,私通车马"原指法律严密不可含糊,但私下人情却可以通融,禅籍中指接引学人时可以开方便法门;"百尺竿头弄影戏","影戏"即皮影戏,在唐宋时期也甚为流行,反映了当时的文娱生活;"见钱买卖不曾赊"反映市场贸易;"一九二九,相逢不出手"与节气有关;"杓卜听虚声"与占卜有关;"朝霞不出门,暮霞行千里""吃醋知酸,吃盐知咸"与生活常识有关;"波斯吃胡椒"波斯人是不吃胡椒的,比喻不能勉强去做一些事,间接体现了当时与异国人的交流。诸如此类,不尽枚举。

2. 禅籍谚语的口语性还体现在丰富多样的表现形式。这种变化主要通过以下几种方式实现。

(1)语素替换与增减

语素的替换包括单语素的替换如"雷声浩大,雨点全无"也作"雷声甚大,雨点全无","脚跟未点地"也作"脚跟不点地";双语素的替换如"咬猪狗手脚"也作"咬猪狗脚手";单双语素的交叉替换如"家家有路透长安"也作"家家门户透长安""家家门里透长安""家家门首透长安","嚼饭喂小儿"也作"嚼饭喂婴儿""嚼饭喂婴孩"等。

语素的增减如"美食不中饱人"也作"美食不中饱人吃""美食不中饱人餐"。但实际上,大多数情况下谚语的多种形式之间既有语素的替换,也有语素的增减。如"一箭过新罗"也作"一箭过西天""鹞子过新罗""箭过新罗","一句合头意,万劫系驴橛"也作"一句合头语,万劫系驴橛""一句合头语,万劫堕迷津"等。

(2)字形替换

师问南泉:"古人道:'道非物外,物外非道。'如何是'物外非道'?"泉便棒,师云:"莫错打。"南泉云:"<u>龙虵易弁,纳子难谩</u>。"(《祖堂集》卷一八,赵州和尚)

雪窦有《静而善应颂》云:"觌面相呈,不在多端。<u>龙蛇易辨</u>,衲子难瞒。金锤影动,宝剑光寒。直下来也,急著眼看。"(《佛果圆悟禅师碧岩录》卷二,第一二则)

僧问:"至道无难,唯嫌拣择。如何是不拣择?"师曰:"昨日初三,今日初四。"僧云:"此犹是拣择。"师曰:"<u>龙蛇易辨,衲子难瞒</u>。"(《续传灯录》卷四,报恩谭禅师)

"龙蛇"喻不同资质者。意谓龙蛇容易分辨,而禅僧难以蒙骗。"蛇、辨、衲、瞒"等均有多种不同的写法,是禅籍谚语口语性的体现。

又如谚语"灸疮瘢上更著艾焦",即在烧灼而致的疮痕上再用艾绒烧烤,比喻错上加错。例如:

药山与么来,早是无事起事,好肉上剜疮。遵公(指遵布衲)不见来病,却向灸疮瘢上更著艾焦。(《黄龙慧南禅师语录》)

这里的"焦"又可以写作"燋、爝、灶"等,它们都有烧灼的含义。

(3)类型转换

禅籍中的一些谚语可以转换为其他形式,如歇后语、成语等。

如谚语"八十老人(公)出场屋"也作"八十翁翁出(入)场屋",谓八十岁老人出入科举考场,并非儿戏。禅籍中多比喻参禅悟道、示机应机并非儿戏,不可掉以轻心。此谚语有歇后语的形式"八十老人出场屋,不是小儿戏;八十翁翁出(入)场屋,不是小儿戏"。

又如谚语"平地起骨堆"指没有埋死人的假坟,多用来讥讽禅人徒劳多事。此谚语也作"平地骨堆、平地掘坑、平地吃交",则是成语的形式。

(二)行业性

在长期的传承与发展中,禅宗形成了一整套独特的思想体系、传法模式、修行实践。而禅籍的语言也因为沾染了禅宗的特殊思想而呈现出独特的面貌,行业性正是其特点的集中表现,谚语也不例外。

我们在上文已经提到,就语义层面来看,禅籍中的谚语大部分都不能简单按照字面意义来理解,也不能想当然按照今天的意义来理解,而是应该结合具体的语境,体味其中蕴含的深层次的禅义。

(三)系统性

在研读禅籍文献的过程中,我们逐渐认识到,禅籍中种种词语现象并不是单个的或偶然的,事实上已经形成了一个充实、完整的系统。禅籍谚语来源广泛,语义层次丰富,同样显示出内在严整的系统性。

1. 禅籍谚语往往形成系统的语群

禅宗典籍以口语性为突出特点,禅师在示机应机中,往往信手拈来,根据日常生活中最常见的事物,自创新词新义。比如禅林讲究"一日不作,一日不食",日常劳作是禅林生活、修行的重要部分,反映在书面上,便形成了关于"牛、马、驴、狗"等的词语群。"牛"系熟语较多,如:"出牛胎,入马腹;隔山见烟,早知是火;隔墙见角,早知是牛;牛头没,马头回;按牛头吃草;得人一牛,还人一马;骑牛不戴帽,正坐不偏行;一字入公门,九牛车不出"等。"马"系熟语也较多,仅"良马见鞭影而行",就有"神骏不劳鞭影;良马不窥鞭,侧耳知人意;素非良马,何劳鞭影"等多种表达方式。其他如:"隔窗见马骑;快马一鞭,快人一言;骑贼马赶贼;三十年弄马骑,今日被驴扑;驴事未去,马事到来;差病不假驴驼药;咬人屎橛,不是好狗;狗儿戴纸帽,猫儿著靴行;画虎不成反类狗",等等。

2. 禅籍谚语多同源异形、异源同义

所谓同源异形,指不同的谚语变体内容大同小异,表达的意思也基本相同。如"金屑虽贵,眼里著不得",谓黄金屑粒虽然贵重,但绝不能放到眼睛里,喻指言句作略等对于禅悟是多余甚至是有碍的,例如:

"如何是浮沙何处停?"师云:"<u>金屑虽贵,眼里著不得</u>。"(《祖堂集》卷一六,南泉和尚)

这句谚语有多种表达形式,如:"金屑虽贵,落眼成翳;金屑眼中翳;金屑虽珍宝,在眼亦为病;金沙堕眼中;眼中金屑;眼中著屑;眼中屑;眼中无金屑",等等。也可以省略后半部分,以歇后语的形式出现,例如:

僧拈问安国:"全肯为什摩却成辜负?"安国曰:"<u>金屑虽贵</u>。"(同上,卷六,洞山和尚)

所谓异源同义则是指形式、来源不同的谚语,所表达的意思却基本相同。如谚语"黄叶为金,止小儿啼"指以杨树黄叶作铜钱,哄骗小儿停止啼哭。比喻认假作真,简单愚钝的思想行为。也作"空拳诳小儿、空拳黄叶、认叶止啼",这是同源演变。而在此之外,还有异源演变如"空里采花,波中取月;将鱼目作明珠;认橘皮为猛火;认萤火为太阳"等。

同源异形、异源同形的谚语组成了一个个谚语群,表现出内部完整的系统性。同时,这也是禅籍谚语口语性的体现,可以看到很多谚语其实并未完全定型,禅师在日常使用中往往可以自由发挥。但也正是因为如此才使禅籍中的谚语表现出丰富的层次感与多样性。

(四)修辞性

禅籍谚语有着极为丰富的修辞现象,给汉语修辞史的研究提供了大量的材料,对这些修辞现象的考察,有助于我们认识禅籍语言的特色。

如"拨火觅浮沤"指拨开火炭寻找水泡,比喻颠倒荒唐的参习行为。"面南看北斗"字面意义是面向南方看北斗星,禅家则用来指消除了分别对立妄心的禅悟境界。"新妇骑驴阿家牵","阿家"为婆婆,生活中若出现此类情况本为颠倒之事,禅家用此奇特之语寓意佛的境界无尊卑区别,万法一如。诸如此类的谚语与一般表达方式不同的是,它们都是带有矛盾意味的词语,在不同寻常的语言表达中传达出禅家的独特认知方式。

又如"天是天,地是地,露柱是木头,金刚是泥塑,饥来吃饭,困来打眠,热则取凉,寒则向火;吃盐闻(知)咸,吃醋闻(知)酸;要眠则眠,要坐则坐;要行便行,要坐便坐;遇茶吃茶,遇饭吃饭;天但唤作天,地但唤作地,露柱但唤作露柱,灯笼但唤作灯笼"等,是一组同源异形的谚语群,这类谚语只是对日常生活或自然现象的如实叙写,隐含的是禅宗"平常心是道"的旨意,表现出与上文矛盾性词语截然相反的特质。禅家提倡的"平常心",含义十分丰富,着重强调随性适意,安闲无为,认为日常生活中处处有禅,头头是道,体现了禅对解放人性的理解以及直面现实世界的态度。平常生活,任运随缘,不仅是领悟禅旨的门径,也是禅悟者的生活态度。

四 结语

谚语作为口语词的典型代表,有其自身的独特性,是禅籍词语系统的重要组成部分。对禅籍谚语的考察有助于考察汉语口语词的发展演变,有助于全面认识汉语词汇的面貌,并为辞书编纂等提供服务。

附注:
① 三要印子:指临济宗开创者义玄禅师接引学人的"三要"施设。

参考文献:
[1] 范春媛.禅籍谚语研究[D].南京师范大学博士学位论文,2007.
[2] 温端政.汉语语汇学[M].北京:商务印书馆,2005.
[3] 于谷.禅宗语言和文献[M].南昌:江西人民出版社,1995.
[4] 袁宾."啰啰哩"考(外五题)[A].//中国禅学(第一卷)[C].北京:中华书局,2002.
[5] 袁宾,康健.禅宗大词典[M].武汉:崇文书局,2010.
[6] 中华电子佛典协会.CBETA电子佛典[M/CD].2009.

(作者单位:运城学院中文系　运城　044000)

清代来华传教士马若瑟《汉语札记》中的谚语

刘亚辉

引 言

法国耶稣会传教士马若瑟(Joseph-Henri-Marie de Prémare,1666—1736),1699年来华,1736年在澳门去世。他在中国37年,潜心学习汉语,研究中国语言文学,是杰出的汉学家。马若瑟著述颇丰,为世界汉学的发展做出了极大的贡献。他翻译的《赵氏孤儿》是第一部译成欧洲文字的中国剧本。《汉语札记》(*Notitia Linguae Sinicae*)(后文简称《札记》)是马若瑟的代表作,完稿于1728年。[①]《札记》内容丰富,既是语法著作,又是文学著作,也是汉语教科书。全书除绪论外分为两编,第一编口语部分介绍白话和常用文体,第二编书面语部分介绍文言文和高雅文体。《札记》原稿用拉丁文写作,后由裨雅各(James Granger Bridgman,1820—1850)译成英文出版,目前尚无中文译本。本文主要依据英文译本,并以拉丁文本为参考。

目前国内外对于马若瑟的研究主要集中在历史学和文化学方面,对《汉语札记》进行语汇学研究的成果尚未见到。

马若瑟对中国的谚语很感兴趣,在第一编白话部分专辟一节讲谚语(proverbs),收集了165条谚语,逐条加注拉丁化拼音和解释。

如第15条"Shú táu hú sun sán,树倒猢狲散,when the tree falls the monkeys flee."(札记156②)汉字前面为拉丁化拼音,后面为解释。

《札记》第一编白话部分的例句主要是从《元人百种》《水浒传》《玉娇梨》等剧本和小说中摘引出来的,谚语也主要是从中国古代典籍、白话著作以及民间口语中摘引而来。

本文主要对《札记》中这165条谚语进行研究,了解其特点、意义及其对后世的影响。

一 《札记》收录谚语的原因

(一)谚语独具特色

马若瑟非常热爱汉语,认为这是一种高雅的、优美的语言。谚语有其独有的特点,也深得马若瑟喜爱,他认为"汉语中的谚语增强了表达的深度和广度"(札记:155)。法国著名汉学家雷慕沙认为,《札记》"不仅仅是一本普通的文法书,如作者自谦之语,也不仅是一种修辞学,几乎可以称之为一部文学讲义。马若瑟收集了汉语中的一切文法规则与助词,而且对于文体,古今成语、俗语、常用的譬喻,广征博引,并加以必要的说明"。(董海樱,2011)"《札记》的丰富性使它远远超越了一本语法书的范畴,它充分体现了马若瑟在中国语言文学方面的渊博知识和深厚功力"。(张国刚,2001)

(二)是深入中国民众的需要

马若瑟在中国传教沿袭"利玛窦规矩",深入中国民众,这就需要讲一口地道的汉语,谚语就是其中的重要部分。多学些谚语,讲出的汉语就更地道。并且,《札记》也是为了向传教士提供一部实用的教材。"马若瑟写成的是一部关于中文和中国文学的复杂著作。他的目的是向传教士提供一本实用的教材,并且为进一步研读中文作品打下基础,而非总结出一套系统严格的语法来"。(张国刚,2001)谚语是汉语中重要的活泼的语言形式,要学习汉语,谚语是一个重要的部分。马若瑟收集这 165 条谚语雅中有俗,有些是从中国传统四书五经中而来,有些则是在老百姓中口耳相传的,可谓大俗,如:

46[③]. 我不淫人妻,人不淫我妻

71. 别人的屁臭,自家的屁香

101. 男僧寺对着女僧寺,没事也有事

153. 火到猪头烂,钱到公事办

(三)与法语谚语有相似性

中法两国都是有着几千年历史的文化大国,谚语的数量都非常丰富,并且,从翻译角度来看,中法谚语中语义对等和基本对等的占了 92%(王玮莉,2009),如:Il faut avoir beaucoup étudié pour savoir peu.(百分汗水,一分成就。)Froid mai et chaud juin donnent pain et vin.(五月冷,六月热,必定是个丰收年。)作为法国人,马若瑟看到这些与本国极为相似的谚语,当然会感到非常亲切,对其产生特别的感情。

(四)与《圣经》箴言相似

还有重要的一点是,汉语中有些谚语与《圣经》箴言相似,如:

2. 祸从口出,病从口入

《圣经》:"你要弃掉邪僻的口。"

17. 虎鹿不同游

64. 万恶淫为首,百行孝为先

《圣经》:"因为淫妇的嘴滴下蜂蜜,她的口比油更滑。"

54.好人相逢恶人相离

157.情人眼内出西施

《圣经》:"她如可爱的小鹿,可喜的母鹿。"④

马若瑟作为传教士中的索隐派代表人物,本来就执着地想从汉语中挖掘基督教教条的痕迹,看到与《圣经》箴言相似的谚语,自然会对其抱有极大的热情。

我们认为,以上各种原因使马若瑟对中国的谚语情有独钟,因此专门对其进行了收集。

二 《札记》谚语的特点

(一)为广义谚语

本节标题为"谚语"(proverbs),里面大部分是谚语,但也夹杂了几条成语:"一举两得""火上添油""指鹿为马""乐极生悲""红颜薄命""朝三暮四""打草惊蛇"。

温端政认为:"谚语是非二二相承的表述语,这是谚语区别于表述性成语的形式特征。"(温端政,2005)因此,从狭义谚语来看,前面所举之例应为成语,而非谚语。然而在马若瑟的时代尚未区别谚语和成语,我们认为马若瑟所说的谚语应为广义的谚语:"古人所说的谚语,是指在群众口语中广泛流行并世代口耳相传的通俗而简练的语言单位。这就是现在人们所说的广义的谚语,相当于'俗语',不仅包括谚语,还包括惯用语、俗成语和歇后语。"(温端政,2005)

从法语与汉语的对应来看,法语中的"谚语"一词其实就包含了汉语的谚语和一些成语,如"对牛弹琴""趁热打铁""缘木求鱼"

"爱屋及乌"。汉语中的"成语"法语译为 expressions toutes fait。

(二)多有源头

《札记》中的谚语大多出自中国文献,有些出自四书五经,有的出自佛经,还有的出自明清小说等。以下略举数例:

11.一盲引众盲,相将入火坑。

此语见《五灯会元》:"若识得释迦即老凡夫是,阿你须自看取,莫一盲引众盲,相将入火坑。"(《五灯会元》263-13)《大正新修大藏经》中也有数例。

5.随风倒舵,顺水推船

《金瓶梅》:"你空耽着汉子的名儿,原来是个随风倒舵、顺水推船的行货子!"

7.一念万年

根据朱氏语料库,此语皆在佛经中出现。如:

"十方智者,皆入此宗。宗非促延,一念万年。无在不在,十方目前。极小同大,忘绝境界。极大同小,不见边表。"(《五灯会元》50-4)

"可谓一念万年岁久板曌不任披阅。"(《大正新修大藏经》册47-41)

45.象牙不出鼠口

"卉茂者土必沃,鱼大者水必广。虎尾不附狸身,象牙不出鼠口。"(《抱朴子》)

58.忠臣视死无难色,烈妇临危有笑容

出自《比目鱼》第七回:"蒻姑道:'奴家昨日要寻短计,只因不曾别得谭郎,还要见他一面……,正是:忠臣视死无难色,烈妇临危有笑容。"

78. 篱牢犬不入

79. 表壮不如里壮

以上两句摘自《金瓶梅》:"常言表壮不如里壮,嫂嫂把得家定,我哥哥烦恼做甚么!岂不闻古人云:篱牢犬不入。"

124. 浊其源而求流之清

此句出自《礼记·礼乐志》"犹浊其源而求其清流。"《汉书·补乐志》:"郑卫之声兴则淫辟之化流,而欲黎庶敦朴家给,犹浊其源而求其清流,岂不难哉!""上曰:'君,源也;臣,流也。浊其源而求其流之清,不可得矣。'"(《资治通鉴》)

128. 庙廊之材,非一木之枝

此句出自《慎子·内篇》:"廊庙之材,非一木之枝;狐白之裘,非一狐之腋。"

164. 讼心者祥,讼人者殃

杨万里《诚斋易传》:"自讼者讼心也。讼心者祥,讼人者殃。"

(三)按内容相关原则排列

目前尚未看出这165条按何顺序排列,但明显看出作者将内容有关联的放在一起。如:

4. 顺风不起浪

5. 随风倒舵,顺水推船

6. 顺风吹火下水行船

12. 医得病,医不得命

13. 医得身,医不得心

15. 树倒猢狲散
16. 树倒无阴

20. 当取不取，过后莫悔
21. 当断不断，反受其乱

32. 草不去根，终当复生
34. 剪草除根，萌芽不发

65. 善人得福为之赏，恶人得福为之殃
66. 善人听说心中刺，恶人听说耳边风

83. 人无刚强，安身不长
84. 人无钢骨，安身不牢

151. 酒能成事，酒能败事
152. 酒发心腹之言

157. 情人眼内出西施
158. 嫫母有所美，西施有所丑

(四) 有一些俗字和别字

俗字例如：

61. 験其前便知其后

其中"験"为"验"的异体字。

97. 上樑不正下樑歪

其中"樑"为"梁"的异体字。

别字例如：

11. 一盲引众盲,相将入火炕

最后一字疑为笔误,应为"坑"。

18. 遂鹿者不顾兔。He who pursues the stag disdains to notice the hare.

第一个字"遂"疑为笔误,应为"逐"。

26. 坏臰而求芳。His desire to become agreeable renders him disgusting.

此句出自《淮南子·说林训》,句中有两个别字,第一个字应为"怀",第二个字应为"臭"。

29. 眼睛跳,悔气道。When the eyes quiver it is a bad sign.

根据英文释意,"悔"应为"晦";"道"应为"到"。

出现别字的环节可能有几个:一是马若瑟在手写此书时,二是儒莲在抄录马若瑟手稿时,三是在制作铅字字模时,四是裨雅各在将拉丁文本译为英文时。由于以上几个环节,有错字是在所难免的。不过《札记》中错字并不多,已属难能可贵。

三 《札记》谚语的意义及对后世的影响

谚语是丰富的文化宝库。《札记》中收录的谚语不仅保存了汉语中的语料,为在华西人及传教士的生活和工作提供了便利,也为后来学界了解当时的语言使用情况和中西语言接触保存了实据。

综观马若瑟之前西方传教士所编的汉语词典、教材、著作,就目前所见的资料来说,《汉语札记》是西人著作中第一部对谚语进行了专门收集的著作。西方学者所著最早的两部官话语法书——意大利传教士卫匡国(Martinus Martini)的《中国文法》(*Grammatica Sinica*,1652年)和西班牙传教士万济国(Francisco Varo)的《华语官话语法》(*Arte de la Lengua Mandarina*,1703年)中都没有专门收集谚语。

《札记》对后来英国新教传教士马礼逊(Robert Morrison,1782—1834)编著的《华英字典》(*A Dictionary of the Chinese Language*,1815)产生过影响。马礼逊在《札记》的出版方面做出了巨大贡献,1823年回国度假时,偶然得到了一本《札记》手稿,于是决心将其出版。他与英国金斯博鲁勋爵(Lord Kingsborough,1795—1837)建立了联系,由勋爵出资1500英镑出版此书。1825年3月,雷慕沙的学生儒莲(Stanislas Julien,1797—1873)受命誊写雷慕沙的抄本,交给马礼逊,之后马礼逊经过几年的努力,终于使《札记》拉丁文版于1831年由马六甲英华书院(Anglo-Chinese College)出版。《华英字典》中有一些谚语和成语与《札记》中的相同或相似,如:祸从口出,病从口入;玉不琢不成器,人不磨不成道;有钱使得鬼动,无钱唤不得人来;对牛弹琴、朝三暮四。

《华英字典》是世界上第一部汉英——英汉字典,对后来英汉字典的编纂产生了巨大影响(李伟芳,2013)。后来美国传教士卢公明(Justus Doolittle)的《英华萃林韵府》(*Vocabulary and Handbook of the Chinese Language, Romanized in the Mandarin Dialect*,1872)、美国传教士狄考文(C. W. Mateer)的《官话类编》(*A Course of Mandarin Lessons Based on Idiom*,1892)等都收集有一定数量的谚语。

西人汉语著作中的俗谚研究是一个较新的课题,通过这方面的研究,我们可以探讨西人对汉语俗谚的兴趣所在、对俗谚的观察方式、研究视角等。

附注:

① 《汉语札记》出版过程十分坎坷,直到1831年才正式出版。原稿为拉丁文,后又由裨雅各译成英文于1847年出版。本文引用该书的内容由笔者自译。

②③ 此为《札记》中每条谚语的序号。本文谚语序号皆与原书相同,以便对原书谚语面貌更为了解。

④ 《圣经》箴言摘自《中国谚语和圣经箴言》,http://www.ysljdj.com/topic19/tc-19-108.html,2013年8月11日查阅。

参考文献:

[1] 董海樱.16世纪至19世纪初西人汉语研究[M].北京:商务印书馆,2011.
[2] 李伟芳.论英国专业汉学史上马礼逊的奠基之功[J].兰台世界,2013(3).
[3] 王玮莉等.浅谈法国常用谚语——比较中法两国常用谚语的共同点[J].中国商界,2009(10).
[4] 温端政.汉语语汇学[M].北京:商务印书馆,2005.
[5] 张国刚等.明清传教士与欧洲汉学[M].北京:中国社会科学出版社,2001.
[6] Joseph-Henry-Marie de Prémare(马若瑟). *Notitia Linguae Sinicae*(汉语札记)[M],Malacca:Cura Academia Anglo Sinensis,1831.
[7] Bridgeman,J.G.(裨雅各). *The Notitia Linguae Sinicae of Prémare. Translated into English*[M].Canton:The office of the Chinese repository,1847.

(作者单位:浙江财经大学人文学院　杭州　310018)

论《新华语典》的学术意义

温端政

原创性的辞书,都是既有应用价值,又有学术意义。应用价值比较明显,人们容易感觉到;学术意义则具有潜藏性,人们不易感觉到,需要进行深入的研究,才能发掘出来。

《新华语典》的学术意义是多方面的。最值得注意的是:有助于发展汉语语汇学,有助于催生汉语语典学,有助于发挥语典的文化传承作用。

一 有助于发展汉语语汇学

《新华语典》书前有商务印书馆辞书研究中心撰写的"出版说明",称:"《新华语典》是一部中型语典,意在同《新华字典》《新华词典》配合,从字、词、语不同的角度,全方位展示现代汉语的面貌。"这充分说明了本书出版的意义。十多年前,我们曾经提出"语词分立"的主张。本书的出版,表明在汉语里"语词分立"是不争的事实。

《新华语典》在收条上有一个重要特点,就是不仅收了成语、谚语、惯用语和歇后语,而且收了格言和名言。我在"前言"里把这种做法解释为增加实用性。指出,《新华语典》在立目上,既注意了科学性,又注意了实用性。科学性,是指接受汉语语汇学的理论指导。汉语语汇学把"语"定义为：是由词和词组合成的（或大于词的）、结构相对固定的叙述性语言单位。根据这个观点，"语"应包括成语、谚语、惯用语和歇后语。实用性是指辞书编纂要考虑到读者的实际需要。格言、名言从性质上看，属于言语单位，不属于语的范畴。但它们和"语"有一些相通的地方，而且有些格言、名言在一定条件下，可以转化为"语"。因此，把格言、名言也作为语典的收条对象，对读者来说，可能是一种方便。

这种解释并无不妥。字典、词典也都注意实用性。《新华字典》字头下就收有不少"带注解的复音词或词组"，如"白"字下面就收有"白领""白话""白字""白族"，"代"字下面收有"代表""代词""代价""年代""代沟"等。《现代汉语词典》1978年第1版"前言"称："词典中所收条目，包括字、词、词组、熟语、成语等。"

现在看来，还可以有另一种解释，就是把格言、名言直接看成是"语"的组成部分。李如龙（2009）就主张把格言、名言归入"语"，合称"典雅语"。这样做有一个好处，就是拓宽"语"的领域，使"语"的内涵更加丰富。

但要把格言、名言归入语，就需要修改语的定义。格言、名言和成语、谚语、惯用语、歇后语相比较，既有"同"的一面，也有"异"的一面。

"同"的一面，一是都是大于词的单位；二是在意义上都具有叙述性。

"异"的一面，一是从结构上看，格言、名言是固定的，而语的结构是相对固定的；二是在性质上，格言、名言是言语性的单位，而语是语言性的单位。

因此，要把格言、名言归入"语"，就要把"语"的定义改为：大于词的、结构固定或相对固定的叙述性的言语或语言单位。

这样,"语"就有了两个定义,一是狭义的语的定义;一是广义的语的定义。狭义的语的定义,只包括成语、谚语、惯用语和歇后语;广义的语的定义,除了成语、谚语、惯用语、歇后语之外,还包括格言和名言。

这样,汉语语汇学的理论体系就需要做重大调整,格言和名言要设专章论述,汉语语汇学将出现新的面貌。

二　有助于催生汉语语典学

《新华语典》既然是与《新华字典》《新华词典》相配合,这就再次证明语文辞书呈现"字典""词典""语典"三分的局面。

如同字典编纂催生字典学、词典编纂催生词典学,语典编纂也将催生语典学。《新华语典》的出版将为汉语语典学的建立提供事实基础。

2014年1月,商务印书馆出版了我们的《语典编纂的理论与实践》一书。本书与汉语语典学既有联系又有区别。从联系的一面看,本书提出的一些基本理论为汉语语典学的创建打下坚实的基础。不同的一面是:《语典编纂的理论与实践》的主要目的是总结语典编纂的经验;汉语语典学的主要目的则是建立语典学的理论体系。

建立汉语语典学的意义主要表现在两个方面:

一是丰富和发展辞书学。把语典从词典中分立出来,作为相对独立的研究对象,建立起语典学的理论体系,使辞书学增加了新的研究对象,内容更加丰富。

二是通过语典学的研究,有助于加强对语典编纂的指导作用,提高语典编纂的质量和水平,在以下几个方面发挥作用:1.给各种类型语典的编纂以学术上的支撑,从宏观上引导语典编纂向正确方向发展;从微观上探索各种类型语典编纂的基本环节,包括总体设计和立目、释义、举证等主要环节,提出带有规律性的指导原则和多种行之有效的实施方案。2.指导语典编纂处理好继承和创新的关系,提高语典编纂的生命力。3.指导建立语典编纂良好的文风和学风,反对简单模仿乃至抄袭剽窃之类的不正之风。

汉语语典学的主要内容包括:

1.论述汉语语典学的对象,研究的内容、任务和方法。

2.从宏观上论述语典的类型和语典编纂的一般原则。

3.从微观上论述各种类型的语典编纂方法,包括:(1)成语语典的编纂;(2)谚语语典的编纂;(3)歇后语语典的编纂;(4)惯用语语典的编纂;(5)俗语语典的编纂;(6)格言、名言语典的编纂;(7)综合性语典的编纂;(8)方言语典的编纂。

4.叙述各种类型语典编纂的简史,在此基础上论述语典编纂的继承和创新,论述语典编纂手段的创新,探讨语典编纂的现代化技术及其应用。

5.论述建立语典编纂优良学风和文风的重要性和必要性,阐述单纯模仿和抄袭剽窃的危害性,使语典编纂形成良好的风气。

创建汉语语典学是一件十分艰巨的工程。有了《新华语典》作为事实基础,其可能性将大为增加。

三 有助于发挥语典的文化传承作用

《新华语典》的封底辞称:"集录民众智慧,典藏语汇精华。"这体现了语典的文化传承作用。

汉语的语汇源远流长。著名学者季羡林曾经说,"语是中华民族智慧的结晶,它们涉及人们如何处理人与大自然(天人)的关系,人与人的关系(社会关系)以及每个人的个人修养等问题,并且都有精辟的意见,对指导我们的人生有重要意义。这些'语',在全世界所有的民族和国家中,都罕有其匹,是我们中华民族的珍贵的文化遗产"。(见《语海·出版说明》,上海文艺出版社,2000,第7页)

著名语言学家张志公曾经论述过语汇在语言中重要地位。他在《语汇重要,语汇难》一文(见《中国语文》1988年第1期)里指出:在语音、文字、语汇、语法四者之中,语汇比较重要,也比较难;语言的表情达意功能主要是靠语汇来实现的,语气、语调、语序多少也有表情达意的作用,然而必须附丽在语汇上,才能显示出来。张先生这里所说的"语汇"是指"词和词的组合体",比我们所说的语汇要宽。但这并不影响我们对语汇在语言里的重要地位的认识。笔者曾经沿着张先生的思路,撰写了《也谈"语汇重要,语汇难"》(《语文研究》2006年第3期)一文,进一步阐述了语在语言中的地位和作用,论述了汉语语汇的特点和优点。指出:汉语语汇具有厚重的民族性和人文性,是中华传统文化的重要载体,是中华民族智慧的结晶。

《新华语典》以汉语语汇为收录对象,逐条进行诠释并举例加以补充说明,这就把中华传统文化的精华系统地呈现在读者面前,对于传承和弘扬优秀的传统文化具有无可估量的作用。

吕叔湘先生曾经把成语的价值概括为:"成语之妙,在于应用。颊上三毫,龙睛一点。"(题《中华成语大辞典》,吉林文史出版社,2000)《新华语典》所收成语涵盖了汉语常用的成语,可称为"智慧结晶的结晶"。像"和而不同""和气致祥""和衷共济"等所蕴含的

"和为贵"思想,"众志成城""众擎易举""众口铄金"所蕴含的群众观点,以及"哀兵必胜""唇亡齿寒""户枢不蠹"等所蕴含的深刻哲理,都富有教育意义。

谚语都具有知识性,大部分是人民群众社会和生产实践经验的总结,"用简单通俗的话反映出深刻的道理"。(《现代汉语词典》第7版)《新华语典》选收了其中的精华部分,像"家和万事兴""打铁还需自身硬""远亲不如近邻""众人拾柴火焰高""吃一堑,长一智""前事不忘,后事之师"等含义深刻的谚语,具有丰富的文化内涵。像"红花还得绿叶配""挨金似金,挨玉似玉""从善如登,从恶如崩""三百六十行,行行出状元"等,对人们有着潜移默化的教育作用。

惯用语具有描述性。通俗形象、言简意赅,是它的主要特点。《新华语典》所选收的,像"唱高调""啃硬骨头""快刀斩乱麻""旧瓶装新酒""八字没有一撇""身在曹营心在汉""万事俱备,只欠东风""公说公有理,婆说婆有理"等,都具有很强的表现力,不论是口语还是书面语都广泛使用。

歇后语是汉语独有的语言形式。它以奇特的想象和风趣横生的表现手法而为人民群众所喜闻乐见。像"老鼠过街——人人喊打""八仙过海——各显神通""韩信将兵——多多益善""黄连树下弹琴——苦中作乐""外甥打灯笼——照舅(旧)"等都蕴含着人民群众的智慧。

格言和名言是具有引用性的言语单位。我国历史悠久,古往今来,文化名人层出不穷,名作名篇浩如烟海。许多含义深刻的格言和富有表现力的名言,广为人们所引用。单是《论语》《孟子》,常常引用的格言就有:"温故而知新,可以为师矣""三人行,必有我师焉""有朋自远方来,不亦乐乎""君子喻于义,小人喻于利""工欲善其事,必先利其器""天将降大任于是人也,必先苦其心志,劳其筋骨""老吾老,以及人之老;幼吾幼,以及人之幼"等。至于历代诗文中的名言就更多了:"朱门酒肉臭,路有冻死骨"(杜甫)、"欲穷千里目,更上一层楼"(王之涣)、"春风又绿江南岸,明月何时照我还"(王安石)、"不识庐山真面目,只缘身在此山中"(苏轼)、"山重水复疑无路,柳暗花明又一村"(陆游)等。《新华语典》选收的这些格言、名言,是中华民族传统文化的精华,对弘扬中华文明具有不可替代的作用。

我们相信,随着时间的推移,《新华语典》的学术意义还将进一步显现出来。希望本文能起抛砖引玉的作用,有更多的学者来共同总结《新华语典》的编纂经验,进一步发掘它的学术意义。

(作者单位:山西省社会科学院语言研究所　太原　030006)

《新华语典》与《现代汉语词典》成语用例对比探析

——以"Y"部成语为例

辛 菊 丁春江

不同类型的辞书用例比较研究,对辞书的编纂具有重要的理论意义和实用价值。《新华语典》(以下简称《语典》)和《现代汉语词典(第7版)》(以下简称《现汉》)是当代两部具有代表性的汉语辞书。《新华语典》是一部中型语典,以"语汇"概念统辖,囊括成语、谚语、歇后语、惯用语、格言、名言,收条达两万多,反映了汉语语汇的丰富性。《现代汉语词典》所收条目包括字、词、词组、熟语、成语等,是一部以记录普通话词语为主的中型词典。本文针对《语典》和《现汉》中的成语用例进行对比探析,然成语条目数量较大,为便于说明问题,以"Y"部成语为例。

《现汉》Y部收成语400条,其中有用例的39条;《语典》Y部收成语735条,每一条都有例句。详见下表:

	Y部成语		
	立目数(条)	有例句数(条)	百分比(%)
《现汉》	400	39	9.8
《语典》	735	735	100

通过对比,我们发现两部辞书的用例在语义、语法、语境等方

面有着不同的表现。

一 语义方面

例句和释义不可分割。探讨用例情况时,自然涉及对释义的分析。

多数情况下,成语所表达的不仅仅是字面义,更多的是引申义或比喻义。当义项之间的差别不是很明显时,仅靠释义来区分是不够的。然而,一旦结合用例,就可以大大降低理解难度,能辅助学习者辨析不同义项的含义。如:

【偃旗息鼓】

《现汉》:放倒军旗,停击战鼓。指秘密行军,不暴露目标。现多指停止战斗或停止批评、攻击等。

《语典》:①指军队为不暴露目标而隐蔽行动。例我军～,神不知鬼不觉地占领了高地。②指停止作战。例敌人当晚就～,逃得无影无踪。③比喻事情中止或声势收敛。例他们昨天还干得热火朝天,不知为什么,今天却～了。

《现汉》无例,《语典》释义分列三个义项:由"隐蔽行动"的基本义,引申为"停止战争"义,进而比喻"事情中止或声势收敛",每一义项都举出用例,以配合释义:"神不知鬼不觉"关照"隐蔽行动"的语义,"逃得无影无踪"暗指"作战停止",用"热火朝天"反衬"事情中止或声势收敛"。用例形象贴切,又通俗易懂。

再如:

【一见钟情】

《现汉》:男女间一见面就产生了爱情。

《语典》:钟情:感情专注(多指爱情)。①指男女初次见面就产生了爱情。例他们俩～,不久就谈婚论嫁了。②泛指一见到某人或事物就产生了深厚的感情。例祁连山俘虏了我的心,青海湖让我～。

【有血有肉】

《现汉》:形容文艺作品描写生动,内容充实:这篇报道写得生动具体,～。

《语典》:①形容活生生的。例他是个～的人,当然不会对大家的苦难无动于衷。②形容文艺作品描写生动,内容充实丰富。例这部小说把主人翁描写得～,给人留下深刻的印象。

"一见钟情"通常指男女爱情,但也泛指对人或事物的深厚感情。《语典》分列两个义项,释义比较全面,所举用例也较准确生动,出现了"谈婚论嫁"的语境,也使用了富有文学色彩的例句"青海湖让我一见钟情",生动表达了一见到青海湖这一自然美景就产生的深厚感情。"有血有肉"常用来形容文艺作品的生动充实,可以说"报道写得有血有肉",也可以说"小说把主人公描写得有血有肉"。但"有血有肉"也形容活生生的、有感情有灵魂的人,《语典》分为两个义项进行释义的同时,还分别举出用例。

二 语法方面

一般说来,成语分成谓词性和体词性两大类。谓词性成语包括动词性成语和形容词性成语,在句中主要充当谓语、定语、状语和补语;而体词性成语在句中主要充当主语和宾语。(倪宝元,姚

鹏慈,1990)试比较:

【吆五喝六】

《现汉》:整天～地抖威风。(动词性成语做状语,修饰谓语中心"抖威风")

《语典》:①他在赌桌上～的,嗓门大着呢。(动词性成语做谓语)②他用不着～地耍威风,大家都不服他。(动词性成语做状语,修饰谓语中心"耍威风")

"吆五喝六"是一个动词性成语,《现汉》展示了它做状语的功能,《语典》还补充了一个做谓语的功能。

以下《语典》举出用例,《现汉》无例:

【烟消云散】

《现汉》:形容事物消失净尽。

《语典》:像烟一样消失,像云一样飘散。形容事物消失净尽。例 毕竟已经过去二十多年了,他们之间的恩怨早就随着时间的流逝～了。(动词性成语做谓语)

【掩人耳目】

《现汉》:遮着别人的耳朵和眼睛,比喻以假象蒙骗别人。

《语典》:遮住别人的耳朵和眼睛,比喻用假象蒙骗人,以掩盖事情的真相。例 为了～,他把受贿得来的赃款,都存在别人的名下。(动词性成语做介词"为了"的宾语)

【一败涂地】

《现汉》:形容败得不可收拾。

《语典》:原指一旦失败,就会肝脑涂地。形容彻底失败,不可收拾。例 这场球赛我们输得～。(形容词性成语做谓语

动词"输"的补语)

【一命呜呼】

《现汉》:指死(含诙谐或讥讽意)。

《语典》:指人死亡。常含诙谐意或讥讽意。例他气得～归了阴。(形容词性成语做谓语动词"气"的补语)

【一本正经】

《现汉》:形容很规矩,很庄重。

《语典》:原指一本正规的经典。后多用来形容十分规矩,很庄重、严肃。例他总是～的样子,平日里连个玩笑也不开。(形容词性成语做定语,修饰中心语"样子")

【一技之长】

《现汉》:指某一种技术特长。

《语典》:指某一方面的技能或专长。例人一定要有～,否则难以立足于世。(体词性成语做谓语动词"有"的宾语)

【言为心声】

《现汉》:言语是思想感情的表达。

《语典》:指言语是情感和思想的表达,从一个人的话里可以知道他的思想感情。例～,我说的都是真心话。(独立成句)

从《语典》的用例,可以看出成语的多种语法功能,这为成语的教学及使用提供了参考资料,有助于语言的规范化运用。

三 语境方面

用例通过句内语境,加上句式和语气等因素,将原本抽象而单

调的释义具体化和形象化,使学习者能更为直观地理解和辨析释义。(王彤,2012)

(一)语境的作用

1.例句的语境有助于准确表达释义。如:

【鸦雀无声】

《现汉》:形容非常安静。

《语典》:连乌鸦和麻雀的叫声也没有。形容非常安静,听不见声音。例 老师一走进教室,原本叽叽喳喳的教室,顿时变得~。

【言过其实】

《现汉》:说话过分,不符合实际。

《语典》:原指说话过分夸张,与实际才干不符,后泛指说话过分,与实际不符。例 灵芝草有一定的营养和药用价值,但是说它能起死回生,就~了。

【宴安鸩毒】

《现汉》:贪图享乐等于喝毒酒自杀。

《语典》:贪图安逸享乐等于饮毒酒自杀。例 如果沉溺于已经取得的成就,不思进取,无异于~,自毁前程。

"鸦雀无声",《语典》所举用例语境准确传达了这一语义内容:原本"叽叽喳喳"十分吵闹的教室,在老师进来时,顿时变得非常安静,没有一丝声音。"言过其实",《语典》的用例表示灵芝草虽是珍贵药材,但再好的药材也不可能让人起死回生,相当贴切。"宴安鸩毒",《语典》用例提供的语境信息是,"沉溺于已经取得的成就""不思进取",这正是贪图享乐的表现,与释义配合得非常精当。

2.例句的语境展示了语义关涉的范围、对象。如：

【有备无患】

《现汉》：事先有准备就可以避免祸患：有了水库，雨天可以蓄水，旱天可以灌溉，可说是～了。

《语典》：指事先有准备，可以避免祸患。例他不知道今天是否由他喊口令，不管是不是先喊一喊试试，～。｜出远门要多带一些衣物，～。

【一成不变】

《现汉》：一经形成，永不改变：任何事物都是不断发展的，不是～的。

《语典》：原指刑法一经制定，便不能改变。后泛指事物一形成就不再改变。例世上没有～的东西。｜他在不断进步，并非～。

【一望无际】

《现汉》：一眼看不到边，形容辽阔：麦浪翻滚，～。

《语典》：一眼看不到边。形容空间十分广阔。例绿油油的稻田～。｜～的蓝天，清澄得没有一片云彩。

"有备无患"的对象可以是事物，也可以是动作行为；"一成不变"可以指物，也可以指人；"一望无际"可以形容稻田，也可以形容蓝天。《语典》例句涉及的范围、对象，更为宽阔、全面。

3.例句的语境体现了成语语义附带的不同感情色彩。

有些成语附带着特定的感情色彩。正确理解成语的色彩义，对于正确运用成语十分重要。如：

【摇身一变】

《现汉》:神话小说中描写人物或妖怪一晃身就变成别的形体。多指坏人改换面目出现。

《语典》:神怪小说中描写人物或妖怪常要一摇动身体,就变成了别的形体。后指人很快地改变面目出现。多含贬义。例他被单位开除后,~,当上了一家旅游公司的副经理。

【一团和气】

《现汉》:原指和蔼可亲,现多指态度温和而缺乏原则。

《语典》:原指待人和气,和蔼可亲,后多指一味和气缺乏原则。例没有原则,~,你好我也好,不是真正的团结。

【以己度人】

《现汉》:拿自己的心来衡量或揣度别人。

《语典》:以自己的心思来揣度和衡量别人。多含贬义。例你不要~,以为人家心胸跟你一样狭窄。

【咬文嚼字】

《现汉》:过分地斟酌字句,多用来指死抠字眼儿,也用来指对文字的使用反复推敲,十分讲究。

《语典》:形容过分地斟酌字句,多用来讽刺死抠字眼儿而不注重精神实质。后也指认真推敲字句的意义或正误。例这篇文章总体看来还是不错的,你就不要再~,吹毛求疵了。|当编辑的要有~的功夫。

这些成语的感情色彩,《现汉》主要通过释文来体现。《语典》除了释义,还用例句予以体现:"摇身一变",用例语境"被单位开除,后又当上副经理",体现了贬义色彩。"一团和气",用例语境"没有原则""不是真正的团结"含贬义。"以己度人"的贬义,用"心胸狭窄"来体现。"咬文嚼字",褒贬各用一例,区别鲜明。

结　语

《语典》和《现汉》的成语都采用自编例句,但做法不完全一样。总的来看,《现汉》比较简明;《语典》比较具体。例如:

【一日之雅】

《现汉》:一天的交情,指交情不深:无～。

《语典》:雅:交情,交往。只有一天的交情。指交情很浅。例我们只有～,难得他如此抬举我。

【一臂之力】

《现汉》:指其中的一部分力量或不大的力量:助你～。

《语典》:臂:胳膊。一只胳膊的力量。指不大的力量或一部分力量。常与动词"助"搭配使用,表示从旁帮助。例我的力量虽小,说不定也可以助你～。

【鱼死网破】

《现汉》:比喻斗争双方同归于尽:拼个～。

《语典》:鱼在网中拼死挣扎,结果鱼死了,网也破了。比喻争斗双方同归于尽或都遭到惨重损失。例两个工厂为争夺原材料,拼了个～,双方都受到了惨重损失。

【渔人之利】

《现汉》:借指第三方利用另外两方的矛盾冲突而取得的利益:坐收～。

《语典》:比喻两方矛盾冲突,第三方从中取得利益。例你们两家相斗,他们坐收～。

【一木难支】

《现汉》:独木难支,一根木头难以支撑房子,比喻一个人的力量难以支撑全局。也说一木难支:众擎易举,～。

《语典》:见"独木难支":一根木头难以支撑将倾的大厦。比喻一个人的力量难以挽救危局。例大厦将倾,～。｜面对这个烂摊子,他感到～。

【扬长避短】

《现汉》:发扬长处,避开短处:知人善任,～。

《语典》:发扬长处,避开短处。例用人要注意～,使他们发扬优点,克服缺点。

通过比较,可以发现:《现汉》所举的用例,以简明见长;《语典》所举的用例,则注意语境的完整性,可以起着互补的作用。

参考文献:

[1] 倪宝元,姚鹏慈.成语九章[M].杭州:浙江教育出版社,1990.

[2] 王彤.对外汉语学习词典成语用例的研究[M].广州:暨南大学出版社,2012.

[3] 温端政.新华语典[K].北京:商务印书馆,2014.

[4] 中国社会科学院语言研究所词典编辑室.现代汉语词典(第7版)[K].北京:商务印书馆,2016.

(作者单位:山西师范大学文学院　临汾　041000)

编研互进,原创经典
——《新华语典》评介

陈 玉 庆

温端政先生主编的《新华语典》2014 年由商务印书馆出版。《新华语典》将语汇理论研究与语典编纂实践相结合,在语汇学理论指导下编纂而成,较之于已经出版的语类辞书,有继承,也有创新。《新华语典》在语目收录、"语性"标注、注释以及例句等方面都很有特色。本文拟从收条立目、"语性"标注、释义及例句四方面入手,对《新华语典》进行评介。

一 关于收条立目

编写一部中型综合性语典,收什么、收多少、各语类比例如何,这些是必须明确的问题。《新华语典》共收录 25600 多条,其中,成语约 8000 条、谚语约 5300 条、惯用语约 5800 条、歇后语约 3800 条、格言约 2200 条、名言约 500 条,在收条立目方面注意做到了科学性与实用性的结合。

(一)从理论上厘清语的范围

2002 年,温端政先生在"第四届全国词汇学学术研讨会"上宣读了《论语词分立》一文,提出"语词分立"的主张,认为"'语'不是'词'的等价物,应该把'语'从'词汇'里分立出来",引起学界关注。随后,他撰写的《汉语语汇学》(2005)和主编的《汉语语汇学教程》(2006)等先后在商务印书馆出版,对"语"的概念、内涵和外延等都做了明确的阐述。温先生指出:"语是由词和词组合而成的、结构相对固定的、具有多种功能的叙述性语言单位。""语应当包括成语、谚语、歇后语和惯用语。包括格言在内的名句、专门用语和专名语、复合词,以及结构上缺乏必要固定性条件的某些习惯性说法等,都不是语。"据此,"语"应包括成语、谚语、惯用语和歇后语,而复合词、专门用语、自由词组和格言、名言等则不属于语。这就从理论上厘清了"语"的范围,区分"语"和"非语",为语典收条提供了理论依据。

(二)注意科学性与实用性相结合

《新华语典》语目的选定,基于对"语"的理性认识,本着科学性的原则,在贯彻"语"不是"词"的思想基础上,收录成语、谚语、歇后语、惯用语。但同时,考虑到辞书的实用性,注意做到了以下几点:

1. 收录少量格言、名言

格言、名言虽然从理论上说属于言语范畴,不属于"语",但格言、名言语汇化的现象却很常见。如"人生七十古来稀",这句谚语原本出自杜甫《曲江》诗:"酒债寻常行处有,人生七十古来稀。"再如"风马牛不相及",很多俗语词典、成语词典都收了,其实这条惯用语原本出自《左传·僖公四年》:"四年春,齐侯以诸侯之师侵蔡。蔡溃,遂伐楚。楚子使与师言曰:'君处北海,寡人处南海,唯是风马牛不相及也,不虞君之涉吾地也,何故?'"后常被用来"指两者互不相干或没有任何关联"而固定下来、广为传用。虽然对于具体的格言、名言来说,语汇化的程度有所不同,人们接受的程度有所区别,但这种现象是存在的。

考虑到格言、名言的特殊性及辞书的实用性,《新华语典》酌情收录了一些形体上大体与"语"一致、引用频率较高的格言、名言。

2.注意收录新语

汉语中新词新语不断涌现,相比于对新词的关注,新语的研究还相对薄弱、相对滞后,新语的理论界定也更模糊。《新华语典》在收条时注意充分利用语料库,收集一些新语,尤其是近现代出现的在现代汉语中使用频率较高、结构比较固定、实际意义使用的不是字面意义的成语、惯用语,如:

【冰山一角】〔成〕比喻某事物已经显露出来的一小部分。

【尘埃落定】〔成〕尘埃:尘土。飞扬的尘土全部落了下来。比喻事情有了结局或结果。

【大跌眼镜】〔成〕指事情的结果出乎意料,感到非常惊讶。

【可圈可点】〔成〕过去读书或评阅诗文时常在妙处加圈加点,表示赞赏。后用来表示文章精彩,或表现出色,值得肯定或赞美。

【一头雾水】〔成〕雾水:雾气凝结成的水。指摸不着头脑,弄不明白真实情况。

【爆冷门】〔惯〕冷门:原指赌博时很少有人下注的一门,喻指冷僻的、不引人注目的事物。指在人不关注或不看好的方面取得意外的好成效。

【吃软饭】〔惯〕指男人无所事事,靠女人养活。

【炒鱿鱼】〔惯〕鱿鱼见热就会卷起来,转指卷铺盖走人。比喻解雇员工。

《新华语典》注意将这一类语有选择地收录进来。

3.语目的合理设置

相对于词汇而言,"语"的形态更加丰富,即便出自同一语源、语义相同的,其表达却可能有多种形式,这就使立目时条目的设置重要而又复杂。

《新华语典》在编写细则中明确规定了"副条从严"的原则,语目以常见的形式为主条,含义与主条基本相同或相近而构成成分或结构方式有所不同的,列为副条,用"也说"表示。副条首字与主条相同的,不另立目;首字不同的,另立目。如:【阿斗当皇帝——有名无实】的副条:也说"阿斗当官——有名无实""戏台上的夫妻——有名无实"。其中,"阿斗当官——有名无实"不另出条,而后一条:【戏台上的夫妻——有名无实】见"阿斗当皇帝——有名无实"。这样的处理既方便查检、增加了信息量,又节省了篇幅。

《新华语典》在立目中还注意到语类之间可以转化的语目,考虑到不同语类的释义特点,基本上各自单独立目,如【矮子里面选将军】【矮子里面选将军——短中取长】分别立目。对于没有另立目的不同语类条目,则在条目后加以说明,如【吉人天相】条后,说明:"如作'吉人自有天相',则为谚语。"

二 关于"语性"标注

《新华语典》以语汇学理论对各类"语"的界定为依据,在编纂中明确了"语"包括成语、谚语、歇后语、惯用语,并把各语类放到整个语汇系统中去考察,科学地划分了彼此之间的界限,明确内部分类,并为所收条目标注了"语性",这是一个重要的创新点,也是编纂中的一个难点。

温端政先生指出,"语"的分类的第一个层面,是"根据语的'叙述性'特征,把语分为表述语、描述语和引述语"。"表述语的特点是具有知识性。内容十分广泛,既包含对客观事物的认识,也包含在社会实践中积累的经验。谚语属于表述语。一部分成语也属于表述语。""描述语缺乏表述语所具有的知识性,不像表述语那样采用逻辑推理的形式,而是运用多种手法描述人或事物的形象、状态,或描述行为动作的性状。惯用语属于描述语。大多数成语也属于描述语。""引述语是由'引子'和'注释'两个部分组成的",歇后语属于引述语,"特征是由有'引注关系'的前后两个部分组成"。

歇后语因其结构上的"引注关系"一般不难区分,但成语、谚语、惯用语的区分则需要有更具体、更具可操作性的标准。

1. 成语是"二二相承"的表述语或描述语

吕叔湘先生在《中国俗语大辞典·序》中说:"成语的主要特点是形式短小,并且最好是整齐,甚至可以说是以四个字,尤其是二二相承的四个字为主。"温端政先生进一步将成语定义为"二二相承的表述语和描述语","'二二相承'有两个含义,一是不论语法结构还是语音结构都采取'二二相承'式;二是语法结构虽然不是'二二相承'式,但语音结构或习惯读音仍是'二二相承'式。前者属于完全意义上的'二二相承'式,后者属于不完全意义上的'二二相承'式。据此,我们可以把成语的结构分为两大类型:完全'二二相承'式和不完全'二二相承'式。"

这样的界定首先避免了以往界定中成语范围过于宽泛的问题,明确了成语必须是四字格,像一般成语词典中常常收录的"不入虎穴,焉得虎子""比上不足,比下有余""五十步笑百步""不到黄河心不死""风马牛不相及"这类语目,在《新华语典》中均被划在成语之外,而标为谚语或惯用语。"完全'二二相承'式和不完全'二二相承'式"两大类型,有效地把成语和四字的惯用语区分开来。

如"闭月—羞花""敝帚—千金"属于完全"二二相承"式成语，"一衣带水""大有可为"属于不完全"二二相承"式成语，而"喝—西北风""作—壁上观""钻—牛角尖"等则因为无论语法结构还是语音结构都不是"二二相承"式，属于惯用语，而不属于成语。以"二二相承"的标准划分成语，不仅符合汉语的实际，也使《新华语典》的语性标注具有了较强的可操作性。

2.明确惯用语是非"二二相承"的描述语

惯用语的性质和范围，历来有不同的看法，各版本的惯用语辞书收条也有很大差异。温端政先生将惯用语定义为"非'二二相承'的描述语"，认为惯用语有两种类型，"一类是不表示完整意思的词组，一类是表示完整意思的句子"。吴建生先生在《惯用语的界定及惯用语词典的收目》(《汉语语汇学研究》，商务印书馆，2009)、《〈新华语典〉惯用语立目问题研究》(《汉语语汇学研究》(二)，商务印书馆，2011)中对惯用语的性质和范围做了阐述，认为惯用语的判定，应以"叙述性"为首要标准，不受"三字格"限制。像"安乐窝""乌纱帽""摇钱树""马后炮"明显属于词的，自然不在《新华语典》收录之列。是否"二二相承"的标准成功地将惯用语与成语区分开来。

3.谚语是以传授知识为特点的表述语

区别谚语和惯用语历来是个难题。像"不见棺材不落泪""大意失荆州""大事化小，小事化了""冻死迎风站，饿死不弯腰""行不更名，坐不改姓"等一些条目，有的谚语辞典收、惯用语辞典也收。

温端政先生主张以"表述语"和"描述语"来区别谚语和惯用语。即从内容上说，二者主要区别是"有无知识性"。如"真人面前不说假话"具有知识性，是表述语，属于谚语；"真人面前说假话"，不具有知识性,是描述性,属于惯用语。"杀鸡焉用牛刀",具有知识性,是表述语,属于谚语;"杀鸡用牛刀",不具有知识性,是描述性,属于惯用语。据此,"不见棺材不落泪""大意失荆州""大事化小,小事化了""冻死迎风站,饿死不弯腰""行不更名,坐不改姓"都不具有知识性,《新华语典》明确将其标注为惯用语。

4. 格言、名言的区分

《新华语典》收录了一些格言、名言。一般来说,格言在功能上具有教育意义,名言指一切有名的句子,格言包括在名言之内。但为了方便标注,温先生也将二者做了区分,把格言定义为"具有引用价值的表述性言语单位",名言定义为"具有引用价值的描述性言语单位",从"描述性"和"表述性"的角度加以定性。

三 关于释义

语的释义与词的释义有相同的一面,也有不同的一面。以往出版的语类辞书,在释义方面已经做出了一些有益的探索。《新华语典》在继承和吸收以往经验的基础上,根据语的特点,进一步明确提出了释义的"三原则"和"三注意":坚持释文的叙述性原则、释义内容与"语性"相统一的原则、从语料中来到语料中去的原则;注意做好重点语素的注释、注意语义的融合性、注意正确运用"提示词"。

1. 注意正确运用"提示词"

《新华语典》明确了释义中提示词"指、形容、比喻"的分工,尤其要"慎用比喻"。在编写细则中,提出三种情况不能使用"比喻":①语目的中心词素和释文的中心词同质的,不能用"比喻";②语目采用比喻手法构成,含有"如、若、似"等比喻词的,不能用"比喻";

③语目的内容属于描述事物的性质和状态的,不能用"比喻"。江蓝生先生在《新华语典》审稿及学术研讨会的书面讲话中,对此做法大为赞赏。《现代汉语词典》在修订中也注意到了提示词使用不当的情况,像第 5 版:

【如汤沃雪】像热水浇在雪上,比喻事情极容易解决.

【如日中天】比喻事物正发展到十分兴盛的阶段。

【池鱼之殃】比喻因牵连而受到的灾祸。

【沧海一粟】大海里的一颗谷粒,比喻非常渺小。

其中的"比喻"在《现代汉语词典》第 6 版中都改用"形容",与《新华语典》的做法不谋而合。《新华语典》在释义中注意到提示词的使用,纠正了以往一些语类辞书中提示词使用不当的现象。如:

【灭顶之灾】大水淹没头顶的灾祸。比喻毁灭性的灾难。

——(《新华成语词典》,476)

【灭顶之灾】指被水淹死的灾难。比喻致命的灾难。

——(《汉语成语大词典》,680)

【狐群狗党】比喻勾结在一起为非作歹的坏人。

——(《新华成语词典》,294)

【狐群狗党】比喻勾结在一起的坏人。

——(《汉语成语大词典》,444)

【如出一辙】好像出自同一车辙。比喻两种事物非常相似。

——(《新华成语词典》,578)

【如出一辙】就像出自同一个车辙。比喻彼此言论或行动情况非常相似。 ——(《汉语成语大词典》,874)

【如操左券】好像手里握有左券。比喻有把握成功。

——(《新华成语词典》,577)

《新华语典》将释文中的"比喻"都改为"指",分别解释为:

【灭顶之灾】大水漫过头顶的灾祸。指毁灭性、致命性的灾难。

【狐群狗党】指勾结在一起胡作非为的坏人。

【如出一辙】好像同一辆车辗下的车辙。指两种事物非常相似。

【如操左券】左券:古代的契约分左右两联,立约双方各持一联。左券即联,常用为债权人索偿的凭据。好像手里拿着左券,指很有成功的把握。

2.注意贯彻"从语料中来、到语料中去"的原则

《新华语典》在释义中注意运用、分析语料,以确保释义的准确。如【一问三不知】一条,作者收集了大量用例:

(1)韩老六跟着又说:"你要想久后无事,就别跟他们胡混,他们问啥,你也来个一问三不知。"(周立波《暴风骤雨》一部二)

(2)王红眼要是追问我,我给他个一问三不知,他又没抓住我的手脖子,看他能把我怎么样!(高玉宝《高玉宝》四章)

(3)你要问他,他总给你一个一问三不知,半句真话他也不肯实说。要不是那老家伙在背后捣鬼,我二叔会这样么!(阳翰笙《三人行》三)

(4)他不好意思地笑笑,随即又收敛了笑容说:"说实在的,这十几年就这么过惯了。那是国民党白鬼子的天下嘛,我就给他个装疯卖傻、一问三不知。"(王愿坚《三张纸条》)

(5)"那不要紧,家里的事交给我们好了。"朱瑞芳拍一拍自己的胸脯,很有把握地说,"让他们派人来调查好了,一问三不知,看他们有啥办法!"(周而复《上海的早晨》二部一一)

(6)一个穷花匠,怎么在解放前就有一座小四合院的家产呢?……工作队都曾专案审查,但是此时郓响堂老头儿早已寿终正寝,死无对证。郓兰渚咬定牙关,一问三不知。(刘绍棠《十步香草》二)

(7)他都说什么啦?"进门就问预分的事儿。""你怎么回他的?""我跟他一问三不知……"(浩然《艳阳天》六章)

(8)这几年我四处打听你的下落,连你家老婶子也一问三不知,你这只断线的风筝飘到哪儿去啦?(刘绍棠《水边人的哀乐故事》三六)

(9)少祥忧虑地问道:"刘叔,难道党委会上不能批评宋厂长么?""谁说不能?能呀,可是人家有学问,有科学;我呢,一问三不知,只有一双手。"(草明《乘风破浪》七章)

(10)饱食终日,无所用心;一问三不知,一日曝十日寒。这是糊涂无用的官僚主义。(周恩来《反对官僚主义》)

(11)到了办公室,连山不在。问会计,一问三不知。玉池说:"别问他啦,我去找!"(李满天《水向东流》三〇章)

(12)拿定了主意,不干己事不开口,一问摇头三不知!也难十分去问他。(《红楼梦》五五)

(13)他好象是死了心。什么也不想,给他混个一天是一天。有吃就吃,有喝就喝,有活儿就作,手脚不闲着,几转就是一天,自己顶好学拉磨的驴,一问三不知,只会拉着磨走。(老舍《骆驼祥子》一三章)

通过分析这些用例,可以看出"一问三不知"有两个用法:一是知道,装作不知道(如:1—7);一是真的不知道(如:8—11)。例[12]《红楼梦》中"一问摇头三不知"当属第一种用法,而例[13]中的"一问三不知"更侧重于"不闻不问",当属临时用法,可以不单立义项。据此,《新华语典》为"一问三不知"立两个义项,释义为:

> 三不知:事情的开始、中间、结束都不知道。①指装作不知道,什么也问不出来。②指不明情况,问什么都不知道。

另外,像"钱到手,饭到口""只见鸡吃水,不见鸡屙尿"等许多条目在分析语料的基础上,释义都有很大改进。

《新华语典》基于强大的语料库,在占有丰富语料的前提下,注意在分析语料上下功夫,同时,还特别注意对重点语素的释义、注意到释文与"语性"的统一、释文的叙述性表述等。对这些原则和要求的贯彻,保证了《新华语典》释义水平的提高。

四 关于例句

《新华语典》收录25600多条,均采用"自编例句"。

从辞书编纂的角度来说,自编例句和采用书证,应该说是各有利弊。自编例句的好处至少有两点:第一,简明,节省篇幅;第二,由于目的比较明确,能够较好地体现条目的意义和用法。尤其是以书证为基础进行改编的方法,更为吕叔湘先生所提倡。吕叔湘先生主编的《现代汉语词典》《现代汉语八百词》中的例句均以大量语言材料为依据,亲自删削改造而成。但是,自编例句的难度很大,对于大部头的语类辞书来说,更是难上加难。

为确保例句规范、典型、简明和具有可读性,《新华语典》在编写中注意做到以下几点:

1.语句要规范,内容要健康

《新华语典》要求例句是意义能自足的句子。语句规范、内容健康是辞书例句最基本的要求,然而对于语类条目来说,真正做到这一点却不容易。在例句编写中,稍有不慎,就会出现语法结构、逻辑等方面的问题。如初稿中:

①【指不胜屈】〔成〕形容数量多。例保健品市场,品种繁多,~。

②【小恩小惠】〔成〕小的恩惠。多指笼络人而给人以小的好处。例不要让~丧失理智。

③【乌烟瘴气】〔成〕比喻环境嘈杂、秩序混乱、气氛恶浊或社会黑暗。例在~的旧社会里,年轻人只有在现代文学作品中呼吸到新鲜空气。

例①②中的例句语法结构有问题,后分别改为:"市场上的保健品,品种繁多,指不胜屈。""不要被小恩小惠引诱得丧失理智。"例③在逻辑上出现了问题,后改为:"在乌烟瘴气的旧社会里,年轻人只有在文学作品中呼吸到新鲜空气。"

有些语目本身比较俗,有的带有贬义色彩或消极因素,编写例句时,更要注意内容的积极、健康,如:

【挨打不计数儿】〔惯〕比喻吃过亏仍不吸取教训。例这件事我们一定要接受教训,不能~。

【戴有色眼镜】〔惯〕比喻带着成见或偏见看待人和事物。例他以前是犯过错误,但也不要老是戴着有色眼镜看他。|看待新生事物,不要~。

【要星星不敢给月亮】〔惯〕要什么给什么。形容过分溺爱、纵容。例千万不要把孩子惯得～,这样对他们的成长没有好处。

这些例句反向引导语目的使用,化消极为积极。

2.语句要简洁,与语目切合

自编例句的优点之一就是针对性强,简洁明了。《新华语典》要求例句为提供明确语境的现代例,尽量用结构简单、表意清晰的句子。如:

【不近人情】〔成〕不合乎人之常情。例他说的这些话太～,让人无法接受。

【白跑腿】〔惯〕指白跑路,没办成事。例我们要坚守岗位,不能让前来办事的人～。

【白手起家】〔成〕形容在原来没有基础或一无所有的条件下,艰苦奋斗,创立一番家业或事业。例这一份家业是爷爷～打拼出来的,我们一定要珍惜。

这些例句语言都比较简洁,与语目比较贴切。

《新华语典》编写细则指出,例句"要跟语目的意义、语性、感情色彩、语用特点相一致,与释义相配合,把释义落到实处",这一点尤为重要,我们在打磨例句的过程中对此也格外关注。如:

①【先君子后小人】〔惯〕指先讲道理,行不通再采用厉害的手段。例咱们还是～吧,讲好的条件再合作。

②【先知先觉】〔成〕指了解或认识事理先于一般人的人。例真正能做到～的很少,一般都是后知后觉。

例①中例句实际上变成"先小人后君子"了,后改为:"我看还是~吧,先看看能不能通过协商解决纠纷,实在不行再诉诸法律。"例②中例句与释义不符,释义为"……的人",后改为:"真正的~很少,一般都是后知后觉。"例句与语目的匹配包括很多方面,具体操作起来比较复杂。

3.语句避免单一,力求形式多样化

《现代汉语词典》编写细则对例证的编写有非常详尽的要求,其中有段话值得我们借鉴:"自造例句必须'逼真'。特别要避免公式化。不要像小学生嵌字造句,淡而无味。也不要像宣传标语,千篇一律。敷衍的例句,有了不如没有。"《新华语典》的例句编写,在避免语句单一方面做了很大努力。首先,注意采用陈述、疑问、反问、设问等多种句型,必要时甚至采用对话体;其次,从语目语法功能的角度,注意体现各种语法功能:主语、定语、谓语、宾语、状语等;第三,从丰富的语境中体现例句的多样化。

事实上,书证与自编例句并不是相互对立的。《新华语典》的编写有强大的语料作为支撑,在例句编写中提倡在作家作品用例的基础上进行改编,避免生造、硬造。虽然找到适合改造的作家作品用例往往要花费很大精力,但仿造例句却能更好地表情达意,丰富语境。

4.可离合语目,例句适当体现离合式

有些语目,尤其是惯用语,在使用时结构成分可以拆开,常常插入其他成分,出现离合形式,《新华语典》在例句中注意给以适当体现,如:

【挨闷棍】〔惯〕比喻遭到暗中的或突如其来的打击。例 遭到这番数落,他像挨了一闷棍,不知所措。

【拜倒在石榴裙下】〔惯〕指男子对美貌的女性崇拜倾慕。例可叹他堂堂一汉子,却~。|这个气质独特的女人,曾令许多男子拜倒在她的石榴裙下。

【迷心窍】〔惯〕指被人或事物所迷惑,头脑不清醒。例这孩子太实在,人家几句好话就迷了他的心窍。

《新华语典》的例句编写始终与研究相结合,作者们认真总结经验,反复推敲、打磨,不断改进。巫建英先生还专门撰写了《略谈〈新华语典〉惯用语例句的编写》(《汉语语汇学研究(二)》,商务印书馆,2011)一文,探讨为什么要自编例句和怎样编好例句的问题。

这样一部较大部头的语类辞书,全部采用自编例句,应该说是前所未见的,确实需要足够的勇气。如果没有"啃硬骨头"的精神,不敢定下这样的标准,也完不成这样的编写任务。温先生说:"我的感觉,自编例句是个无底洞,要达到尽善尽美,十分困难。不过有几个标准必须坚持:1.政治上正确,没有错误。2.知识上站得住脚,没有纰漏。3.基本上能体现语目的意义和用法,不是两张皮。4.语言简练,不拖泥带水。"经过努力,不能说《新华语典》的每个例句都很精彩,但确实创造了一大批经典例句。

《新华语典》的编纂是在语汇学研究的理论指导下进行的。在编纂过程中,编写组多次召开编写工作会议及学术研讨会,期间撰写了多篇高质量的学术论文,通过反复研讨,及时总结、交流经验。编写组始终以"编成一部具有原创性的能够传世的精品辞书"为目标而努力。

《新华语典》作为一本初版新书,不可能做到尽善尽美。有些问题还需要在修订过程中修正、完善。但我们相信,无论是语汇学理论的完善还是语典的编纂实践,都将从此开启新的起点。《新华语典》的出版将为汉语语汇学研究提供新的角度、新的课题,为进一步的语典编纂提供基础和可资借鉴的经验。愿语汇学理论研究在与辞书编纂实践互相促进的良性互动中不断深入、发展。

参考文献:

[1] 盛爱萍,吴浩.再论语汇研究与语典编纂[J].辞书研究,2010(3).
[2] 温端政,吴建生,马贝加主编.汉语语汇学研究(二)[C].北京:商务印书馆,2011.
[3] 温端政,吴建生主编.汉语语汇学研究[C].北京:商务印书馆,2009.
[4] 温端政.汉语语汇学[M].北京:商务印书馆,2005.
[5] 温端政.汉语语汇学教程[M].北京:商务印书馆,2006.
[6] 温端政.论语词分立[J].辞书研究,2002(6).
[7] 温端政.语汇研究与语典编纂[J].语文研究,2007(4).
[8] 徐宗才,应俊玲.俗语词典[K].北京:商务印书馆,2006.

(作者单位:商务印书馆汉语编辑中心　北京　100710)

谈谈《新华语典》成语部分的编写

温朔彬

在《新华语典》中,成语所占比例较大,成语编纂质量的高低关系到《新华语典》编纂质量的高低。本人有幸参加了成语部分的编纂,下面谈谈成语部分的创新与特色。

一 立目:依据成语的创新认识

成语历史悠久,数量庞大,承载着中华民族文化的精华,是中华民族独具魅力的语言瑰宝。学者对成语的理解,有一个认识的过程,1915年版《辞源》对成语的解释是:"谓古话也。凡流行于社会,可征引以表示己意者皆是。"1936年版《辞海》对成语的解释是:"古语常为今人所引用者曰成语。或出自经传,或来从谣谚,大抵为社会间口习耳闻,为众所熟知者。"这个解释把成语看成是"古话"或"古语",是对成语比较宽泛和模糊的理解。这个时期发表的与成语相关的文章,也没有对成语做出明确的解释。

最早对成语做出比较明确解释的,应当是方绳辉的《成语和成语的运用》。该文发表在《国语杂志》3卷2期(1943)上,认为"复字词根本不是成语","成语应当是'语'或'句'"。进而分析了成语形成的原因,指出:"十三经全部约十万个句子,后代采作成语的只是其中的极少部分。这少部分的语句,因为经后代普遍的引用,变成了社会上流行的话,那就是成语,所有的成语都是这样。所以成语必定是社会上流行的语句。"作者根据他对成语的理解,把"成语"分成22类,其中包括:俗语(如"不是冤家不聚头")、谚语(如"羊肉不得吃,空惹一身臊")、市语(如"水中捞月")、缩脚语(如"哑子吃黄连"),等等。

应当说,该文把"复字词"排除在成语之外,认为成语应当是"语",这是正确的,把对成语的理解提升一大步。但把所有成语都说成是从十三经的语句演变来的,不免失之片面,而且与他自己所列举的事实不符。该文把成语分为22类,把应当属于谚语、惯用语、歇后语的语言单位,都归入成语,使成语的性质变得模糊;该文把成语的范围扩大到"句",也使成语的范围过于宽泛。

对成语的认识产生新的突破,发生在20世纪50年代。《人民日报》1951年7月21日登载的吕叔湘、朱德熙《语法修辞讲话》第二讲里说:

> 成语多数是四个字的。最普通的格式是上下两截用对对子的办法连在一起。例如:"高飞远走"、"摩肩接踵"、"烟消火灭"、"四分五裂"、"低三下四"、"惊心动魄"。

《语文学习》1955年第1期发表了周祖谟《谈"成语"》一文,其中的主要内容写入他的《汉语词汇讲话》(人民教育出版社,1959)一书中第四讲第四节"现代汉语中的成语"里。周先生首先为成语定性,他说:"成语一般都是四个字,但是它的结构形式则有种种不同。"

这些论述,把成语的研究提高到一个新的水平,特别是指出"成语一般都是四个字",使人们对成语的形式有了较为清晰的认识。此后,成语的定义基本上沿袭了这种说法。

对成语的认识产生新的飞跃是 21 世纪初,温端政先生在《通用成语词典》(语文出版社,2002)"前言"里指出的:

> 通常所说的成语,则是指习用的"二二相承"的四字固定语。大致上可以分为两类:一类是前后存在并列、对举、承接、目的、因果等关系,明显可分为两段的。如"并驾齐驱""志同道合""见异思迁""守株待兔""水落石出"等,这是典型的"二二相承"的四字固定语;另一类是前后存在"主谓(宾)""偏正""动宾""动补""兼语"等关系,虽然不是分成对称的两段,但读起来在语音上仍是"二二相承"的,如"夜郎自大""茅塞顿开""叶公好龙""近水楼台""一丘之貉""饱经风霜""无动于衷""引狼入室"等。

据此,温先生把成语定义为"习用的二二相承的、结构固定的叙述性语言单位"。在《汉语语汇学》(商务印书馆,2015)一书中,他把成语简明地定义为:"'二二相承'的表述语和描述语。"《新华语典》成语部分的立目正是根据这一创新认识进行的。

二 释义:遵循"三原则",体现"三注意"

语典的释义,不同于字典、词典的释义,有它的独特规律。概括起来,就是要坚持"三原则"、体现"三注意"(见温端政、温朔彬《语典编纂的理论与实践》,商务印书馆,2014,220-231,262-280)。"三原则"为:叙述性原则,与语性相一致原则,"从语料中来,到语料中去"原则。

1. 叙述性原则

大家知道,词的释义可以用同义词对释,也可以用下定义的方式进行释义,如:

稿酬:稿费。

牌证:牌照;证件。

歌词:歌曲中的词。

歌声:唱歌的声音。

还可以用反义词对释,如《现汉》(第7版)"大方"条:

【大方】①对于财物不计较;不吝啬:出手~|他很~,不会计较这几个钱。②(言谈、举止)自然;不拘束:举止~|可以大大方方的,用不着拘束。③(样式、颜色等)不俗气:陈设~|这种布的颜色和花样看着很~。

这些做法都不适于成语的释义,成语的释义要坚持叙述性原则,即释文必须具有叙述性。如"千钧一发""一帆风顺""煽风点火""虚怀若谷""胆战心惊",《新华语典》的释义分别为:

【千钧一发】千钧重量系在一根头发上。形容情况十分危急。

【一帆风顺】指船挂满帆,顺风行驶,非常顺利。形容境遇或办事十分顺当,毫无阻碍、挫折。

【煽风点火】煽惑和鼓动别人干坏事。

【虚怀若谷】胸怀像山谷一样深广。形容十分谦虚,能接受各种意见或批评。

【胆战心惊】形容非常害怕。

2. 释文与语性相一致原则

坚持释文与语性相一致原则,关键是要区分表述性成语和描述性成语。表述性成语释文要体现知识性,如"老马识途""大器晚成""寡不敌众""众志成城",《新华语典》的释文都具有知识性:

【众擎易举】许多人一起向上用力,就容易把东西托起来。

泛指大家齐心协力事情就容易成功。

【寡不敌众】人少的一方抵挡不住人多的一方。

【众志成城】众人团结一致,就能像城墙一样坚不可摧。指大家精诚团结,就能形成强大力量。

【老马识途】老马认识走过的路。《韩非子·说林上》记载:管仲跟随齐桓公攻打孤竹(古代国名),回来时迷了路,管仲利用马的智慧,让老马在前面走,结果找到了路。后用来比喻阅历多、经验丰富的人,熟悉情况,能起引导作用。

描述性成语的释义要体现描绘性。如"老牛破车""众星捧月""著书立说""转危为安",《新华语典》的释文都不具有知识性,而具有描绘性:

【老牛破车】老牛拉着破车。形容办事慢慢腾腾,效率低下。

【众星捧月】众多星星围绕着月亮。比喻许多人簇拥或围绕着一个他们所敬仰的或喜爱的人。

【著书立说】撰写著作,以建立学说。泛指从事著述工作。

【转危为安】由危险转化为平安。

然而,在语典编纂的实践中,有的编纂者往往不注意这一点,常见的是把表述性成语解释为描述性成语。如:

【哀兵必胜】形容受压迫而悲愤地奋起反抗的军队一定能胜利。也形容为正义而斗争的一方必然胜利。

【众口铄金】形容舆论力量大,连金属都可以熔化。

释文中的"形容"二字,把这两个表述性成语误释为描述性成语。我们正是接受这种教训,才提出要坚持释文与语性相一致的原则。

3."从语料中来,到语料中去"原则

坚持"从语料中来,到语料中去"原则,就是释义要以分析语料为基础。如"有血有肉",《现汉》(第7版)的释义只有一个义项:形容文艺作品描写生动,内容充实。但根据以下语料,我们发现还有一个义项:

> 我喜欢那种有热情的,有血有肉的,有快乐、有忧愁、却又是明朗的性格的人。(丁玲《我在霞村的时候》)
>
> 我的生命激情也走了。我变得面目全非,整天无所事事,麻木得像一种物体,不再是一个有血有肉的人了。(侯德云《圆的正方形》)
>
> 这一次出场,是满台的堆纱叠绮,只一个有血有肉的,那就是王琦瑶。(王安忆《长恨歌》一部二章)

这些语料表明,"有血有肉"还有一个义项:形容活生生的。因此,《新华语典》的释义就有两个义项:

> 【有血有肉】①形容活生生的。例他是个～的人,当然不会对大家的苦难无动于衷。②形容文艺作品描写生动,内容充实丰富。例这部小说把主人翁描写得～,给人留下深刻的印象。

《新华语典》的释义还体现了"三注意",即注意成语中重点语素的注释;注意语义的融合性,不望文生义;注意正确运用"提示词"。在这里,主要讨论《新华语典》成语部分是如何注意"提示词"的运用的。

提示词是指释文中起提示作用的词语,如"指(包括泛指、特指、代指、借指等)、形容、比喻"。

提示词的混用,是过去语文辞书的常见毛病。我们接受以往的教训,总结出以下三条规则来指导《新华语典》成语部分"提示词"的运用:

第一,语目的中心语素和释文的中心语素同质的,释文不能用"比喻",一般要用"指"。如"不刊之论""肘腋之忧""灭顶之灾""狐朋狗友",《新华语典》的释文为:

【不刊之论】指不可更改或不可磨灭的言论。

【肘腋之忧】指来自身边的忧患。

【灭顶之灾】指毁灭性、致命性的灾难。

【狐朋狗友】指游手好闲、品行不端的朋友。

第二,语目采用比喻手法构成、含有比喻词的,释文不能用比喻,一般宜用"指"或"形容"。如"噤若寒蝉""目光如豆""如影随形""如花似玉",《新华语典》的释文为:

【噤若寒蝉】指人有所顾虑不敢说话。

【目光如豆】指目光短浅,缺乏远见卓识。

【如影随形】形容关系密切,难以分离。

【如花似玉】像鲜花和美玉一样。形容女子容貌姣好。

第三,语目是描述事物的性质和状态的,释文不能比喻,一般宜用"形容"。如"鹅行鸭步""湖光山色""人面兽心""唇齿相依",《新华语典》的释文为:

【鹅行鸭步】像鹅和鸭子那样走路。形容走路时步态摇摆、缓慢。

【湖光山色】湖上的风光和山中的景色相辉映。形容自然景色美好。

【人面兽心】面貌虽然是人,但心肠凶狠,像野兽一样。形容为人卑鄙、凶残、歹毒。

【唇齿相依】嘴唇与牙齿互相依存。形容相互关系极为密切,谁也离不开谁。

三 举例:源于编者的精心创作

举例是成语部分编纂中的难点,因为《新华语典》的编写体例是不引用作家作品的用例,而是要求编者自编例句。自编例句,看似简单,实则难度很大。因为自编例句要求很高,语言要简明扼要,针对性要强,直截了当、一语中的。我们的做法是:

第一,在正确、完整地理解语义的基础上进行编写。

编写前,先要对语义进行分析,包括字面分析和实际意义的分析,有语源的要进行语源分析。如"并日而食",从字面上看,"并日"是两天合成一天的意思,"并日而食"的字面意义是:两天吃一天的粮食。从语源上看,出自《礼记·儒行》:"儒有一亩之宫,环堵之室,筚门圭窬,蓬门瓮牖,易衣而出,并日而食。"后世的用例有:

《后汉书·周章传》:"家无余财,诸子易衣而出,并日而食。"

宋·张孝祥《建康求晴设醮》:"稽天之浸潜收,不葬鱼龙之宅;并日而食弗饱,尚全雀鼠之生。"

《明史·张后觉传》:"家贫,或并日而食,超然自得。"

分析语源和用例,得出"并日而食"的第一个义项是:形容生活困苦,食不果腹。

再看《三国志·蜀书·诸葛亮传》南朝宋·裴松之注引《汉晋春秋》的用例:

臣受命之日,寝不安席,食不甘味,思惟北征,宜先入南,故五月渡泸,深入不毛,并日而食。

从这个用例里,可以看出,"并日而食"还有一个义项,就是:形容非常忙碌,顾不上吃饭。

弄清字面义和语源义,得出实际意义,才动手编写例句:

【并日而食】语出《礼记·儒行》。两天只吃一天的粮食。①形容生活困苦,食不果腹。例在偏僻的山区里,有的人家至今还过着～的穷日子。②形容工作繁忙,顾不上吃饭。例他是一名工作狂,经常～。

第二,编写的例句要言简意赅,配合释义,体现语目的意义和用法。如:

【不败之地】地:境地。占据一定的优势,不会陷入失败的境地。例只有知己知彼,才能立于～。

【博大精深】语出明·姜世昌《〈逸周书〉序》。形容学识、思想等广博丰富,精湛深刻,例中华文化～,源远流长。

【不屈不挠】语出《汉书·叙传下》。屈:屈服。挠:弯曲。指在困难面前不屈服。例经过～的艰苦奋斗,他们终于攀登上了科学高峰。|我们的先人以～的斗争反对内外压迫者,从来没有停止过。

【不求甚解】语见晋·陶渊明《五柳先生传》。甚:很,极。解:了解,理解。原指读书只需领会意思,不在字句上下功夫。后指读书只要懂个大概,不必深刻理解。例他读书虽多,但～。|泛读可以～,精读必须字斟句酌。

这些例句有个共同的特点,就是都很简明,与释义配合紧密。

有的还举出两个用例,表示不同的用法。

第三,例句力求体现语的多种功能,包括做不同的语法成分。如:

①【长治久安】语出《汉书·贾谊传》。治:太平。安:安定。指社会秩序长期太平安定。例 国家～,百姓才能过上好日子。

②【称心如意】语出宋·朱敦儒《感皇恩》词。称(chèn):符合。指完全合乎心意。例 他找到了～的工作,别提有多高兴了。

③【诚心诚意】语见《西游记》九〇回。诚:真诚,诚恳。指态度真挚诚恳。例 他～表示与我们合作。

④【不情之请】语见清·纪昀《阅微草堂笔记·滦阳消夏录二》。情:情理。请:请求。不合乎情理的请求。常用作求人帮助时的客套话。例 我有一个～,恳请您答应。

⑤【不平则鸣】语出唐·韩愈《送孟东野序》。原指事物不平静,就会发出响声。后用以指人遇到不公平的事,就会发出不满或反抗的呼声。例 ～,他为老师遭受的不白之冤大声疾呼。

例①里"长治久安"做谓语;例②里"称心如意"做定语;例③里"诚心诚意"做状语;例④里"不情之请"做宾语;例⑤例"不平则鸣"做复句里的分句。表示成语功能的多样性。

第四,内容消极的成语,例句编写要特别注意内容健康。如:

【贪财好利】语见《水浒传》二九回。贪财:贪图钱财。好

(hào)：喜好。贪图钱财，喜好私利。例我们开办这座农业学校，不是～，而是为了培养建设新农村的人才。

【贪财好色】语出《汉书·高帝纪上》。色：女色。贪图钱财，迷恋女色。例他本来是个很有作为的年轻干部，却因为～，沦为阶下囚。

【贪大求全】贪求规模大而齐全。多指不考虑实际情况，片面追求大而全。例办学要根据培养人才的实际需要，切勿～。

【贪生怕死】语出《汉书·文三王传》。贪恋生存，惧怕死亡。多指为了保全自己而改变信仰，放弃正义的事业。例～之徒，不足以论大事。｜他不是～的人，不会在关键时刻出卖人民的利益。

这些内容消极的成语，编写例句时要化消极为积极，防止庸俗化。

第五，对所编例句，要下功夫反复推敲、修改。

编写例句，不大容易一蹴而就，往往需要反复思考，反复推敲。即使已经完稿，也还要继续认真修改。2011年8月，我们把经过多次修订的书稿交付商务印书馆后，责编经过审读提出来许多宝贵意见，其中大量地涉及自编例句。于是，我们再次用心修改。例如：

原稿：

【发秃齿豁】〔成〕秃：没有头发。豁：裂开。头发光秃，牙齿豁落。指人已衰老。（语出唐·韩愈《上兵部李侍郎书》）例她对着镜子，感慨时光流逝，转眼间自己已是～、风采无存。

改为:

【发秃齿豁】〔成〕语出唐·韩愈《上兵部李侍郎书》。秃:没有头发。豁:裂开。头发光秃,牙齿豁落。指人已衰老。例时光流逝,转眼间自己已是～、老态龙钟了。

原稿:

【地广人稀】〔成〕土地广阔,人口稀少。(语出《史记·货殖列传》)例这是一个～,偏僻闭塞的地区。也说"地旷人稀"。

改为:

【地广人稀】〔成〕语出《史记·货殖列传》。土地广阔,人口稀少。例这一带～,畜牧业比较发达。也说"地旷人稀"。

原稿:

【蛾眉皓齿】〔成〕皓齿:洁白的牙齿。形容女子容貌美丽。(语出汉·司马相如《美人赋》)例眼前这个女孩子,长得～,非常标致,就像是从画里走出来似的。

改为:

【蛾眉皓齿】〔成〕语出汉·司马相如《美人赋》。皓齿:洁白的牙齿。形容女子容貌美丽。例眼前这个女孩子有一种古典美,～,非常标致。|那姑娘生得～,雪一样的皮肤,跟你家儿子真叫天配的一对儿。

原稿:

【海阔天空】〔成〕①形容天地辽阔,无边无际。例他走了已经很多年,～,不知现在何处。②形容心胸开阔,无拘无束。例他一向无忧无虑,总是谈笑自若,～。③形容想象或说话毫无拘束,漫无边际。例他们都很健谈,常常～,谈到深夜。(语出唐·刘氏瑶《暗别离》)

改为:

【海阔天空】〔成〕语出唐·刘氏瑶《暗别离》。①形容天地辽阔,无边无际。例从山顶望去,～,山水一色,美不胜收。②形容心胸开阔,无拘无束。例他一向宽容大度,遇事有涵养,能包容,他总说:"退一步～。"③形容想象或说话毫无拘束,漫无边际。例他们都很健谈,常常～,聊到深夜。

原稿:

【哼哈二将】〔成〕原为佛教里守护庙门的两个神,形象威武凶恶,后来《封神演义》把他们描写成有法术的两个神将,一个叫郑伦,鼻子能哼出白气制敌,一个叫陈奇,口中能哈出黄气擒将。后多比喻有权势者手下的得力干将。也比喻狼狈为奸的两个人。含贬义。

改为:

【哼哈二将】〔成〕原为佛教里守护庙门的两个神,形象威武凶恶,后来《封神演义》把他们描写成有法术的两个神将,一个叫郑伦,鼻子能哼出白气制敌,一个叫陈奇,口中能哈出黄气擒将。①比喻有权势者手下的得力干将。例他们两人一个是管家,一个是护卫,人称是赵家的～。②比喻互相密切配合的两个人。例父亲哼一句,儿子紧接着也来一句。一唱一和,真像～。

按:原稿没有例句,改稿补上例句。

结　语

有句谚语说得好:"一分耕耘,一分收获。"从2006年商务印书馆立项以来,历经八年奋战,2014年7月《新华语典》终于出版面世。这标识着语言学研究领域出现"字、词、语"三分的局面;相应地,在语文辞书领域也将出现"字典、词典、语典"三分的局面。《新华语典》可能还存在这样或那样的问题,但通过不断的修订,会精益求精,将成为广大读者爱不释手、须臾不离的工具书和他们人生历程中的良师益友。

参考文献
[1] 温端政.汉语语汇学[M].北京:商务印书馆,2005.
[2] 温端政,温朔彬.语典编纂的理论与实践[M].北京:商务印书馆,2014.
[3] 中国社会科学院语言研究所词典编辑室.现代汉语词典(第7版)[K].北京:商务印书馆,2016.
[4] 商务印书馆辞书研究中心.新华成语词典(第2版)[K].北京:商务印书馆,2015.
[5] 温端政主编.新华语典[K].北京:商务印书馆,2014.

(作者单位:山西省社会科学院语言研究所　太原　030006)

"忻州方言语汇系列辞书"编后

张光明

"忻州方言语汇系列辞书"包括《忻州歇后语词典》《忻州成语词典》《忻州谚语词典》《忻州惯用语词典》四种。四书的编纂,断断续续历时八年,共收语 16408 条。本文就方言语汇的调查研究、辞书编纂,谈几点粗浅的看法。

一 方言语汇调查,理想的调查对象当为本地的年长者

方言词正在迅速消失,方言语的存留环境同样急剧恶化,这已成学术界的共识。而大量纯正的方言语保留在当地老年人的记忆里,运用在他们的口头上。所以,搞好方言语汇的调查和研究,理想的调查对象当为本地的年长者。

(一)年长者大脑中储存着大量的深层次的纯正的方言语

现在中青年人口语中多说共同语中的语,少说方言语,少年儿童已经几乎不说方言语了。即使年轻人间或说一些方言语,有时在用词或语音上已经变化了。大量的深层次的纯正的方言语都保存在老年人的脑海中,年纪越大越纯正。忻州方言是我的母语,二十多年来,因研究的需要,我跟老年人接触得多,曾专门向 52 个行业的老年人做过调查,陆陆续续积累下大量的方言语。这些语蕴含和反映了不同时期当地的社会现象和民情风俗。比如:

【扭毫裂系】(成语)毫:旧时杆秤上的秤毫。系:箩筐的提梁。本指秤毫扭住、箩筐的提梁扭歪,常用来比喻人闹别扭或闹矛盾的表情或神态。

【香不香,臭不臭,一年两个东村布】(谚语)两个:旧时一个布是十二丈,两个布为二十四丈。东村布:旧时河北省获鹿县东村产的一种质地较好的布。指人吸烟时,说香它也不香,说臭它也不臭,一个人一年总得吸掉能买两个东村布的钱。意思是说吸烟没有多大用处,却要花不少钱。

【碨磨不插尺儿——拉哩】(歇后语)碨磨:磨面。尺儿:旧时磨面时为把粮食颗粒磨碎而插在石磨上片孔内的短棒,长约一尺,多用高粱秆的根茬做成。拉:双关,本指把粮食颗粒磨成碎粒状的动作,转指说话像拉屎一样肮脏。讥骂人说话很不文明。

【卖油哩多加一拍子】(惯用语)卖油哩:卖油的人。拍子:旧时卖油者为买油者往器皿内盛油的一种器具,用铁皮制成,盛油部分圆形、浅勺状、直径约一寸半,把儿竖起来,长约七寸。本指卖油者多给了买油者一拍子油,转喻做不必要的或多余的事情。

以上这些语,都出现在老年人的口语里,现在的年轻人很少说。即使有的中青年人知道老年人说这些语时要表达的意义,却不知其形成的人文背景,未见过"东村布""碨磨""尺儿""拉哩""拍子"等语素所表示的事物或现象。所以,只有与老年人频繁交流或接触,才会获得丰富的方言语,应该说这是搞好方言语汇调查研究的最好的也是必需的途径和方法。

(二)老年人熟知方言语形成的历史人文背景,理解其表层义和深层义

有一批方言语(主要是谚语和歇后语,少部分是成语和惯用语),其形成具有历史人文背景。我们要研究这类方言语,就必须向老年人做深入的调查。他们亲身经历过或亲眼见过去的一些事物或现象,语中所含的一些反映旧事物、旧现象的方言语素,他们深明其意。因此,他们既了解语的表层义,又能准确理解其深层义。在忻州方言语汇语料库中,有许多语我曾经既不明其背景义,又不明其实际义;有些语虽曾知道人们使用时所表示的实际意义,却不明其形成的背景义。准确了解方言语的背景义,有助于准确认识语的深层的实际义。为准确解释这类语,我曾向三十多位老年人请教。例如:

【不怕城隍爷_{指县官}三出府,单怕匡村_{忻州城西边的一个村子}哩卖豆腐】收集到这条谚语以后,我们并不能完全明白它表示的究竟是什么意思。后经人介绍,我们找到忻州城里的段渭凌老人(当时他74岁),他说:清朝末年,忻县县官出巡时,仪仗队伍声势很大,却被匡村早上出村卖豆腐的人阻拦住不能行走。我们这才明白这条谚语是在形容那时匡村豆腐作坊之多、豆腐业之兴盛。

【黄花儿梁_{旧时忻州人走西口时途中经过的一个地方}上哩糕_{油糕}——吃也后悔,不吃也后悔】此歇后语经常出现于当地人的口中,最初我们理解为是表示"某种食物没吃过的想吃,吃过的还后悔",后向忻州城西匡村的邢眉寿老人(当时他74岁)调查后才明白:旧时忻州人听说走西口的路上有一个地方叫黄花梁,此处的油糕好吃而有名气,人们路过此处时专门找着吃这里的油糕,亲口吃了却觉得并不怎么样。后由此编出了上面这个歇后语,来形容"对于某事,干也后悔,不干

也后悔"。

【五鬼闹判】这个成语我小时候就常听人说,心里清楚它是在形容人胡乱折腾,但不知其来源,后问我父亲才明白:本指旧时忻州一种娱乐活动,五个表演者头戴面具扮成鬼的样子与一个判官进行表演,后人们借用来比喻胡乱折腾的意思。

【误了四月儿八】这是人们口头上常说的一个惯用语,比喻人错失了时机。可是,中青年人都不知其来由。我曾听我岳父说:旧俗,农历四月初八是忻州人到奶奶庙拜神求子的日子,一旦误了,当年就没有机会了。此惯用语由此形成。

通过以上实例,充分说明要想发掘纯正而深层次的方言语、并准确明白其表层义和深层义,必须向老年人调查。否则,搞不好方言语汇研究。

二　发掘和研究历史方言语不可忽视

历史方言语是指方言区内各个历史时期产生或形成的方言成语、方言谚语、方言歇后语、方言惯用语。下面从三个方面谈谈发掘和研究历史方言语的意义。

(一)历史方言语丰富多彩

二十多年调查收集资料的实践表明,隐藏在方言区老年人记忆里的历史方言语非常丰富。初步统计,在数量上,忻州历史方言语里谚语最多,成语次之,歇后语和惯用语再次之。它们记录了当地人日常生活中方方面面的知识,反映了各种事理经验,不断经受着新的验证,从而又不断扬弃、不断完善和丰富。许多语含有深刻的哲理和不同的道德观念,给不同的人或事物以精到的讽颂,给历代人民群众以深刻的启示、规诫和教育。现在试以忻州谚语为例

进行说明:

1. 爱情婚姻

【白马怕金牛,蛇见猛虎泪长流】迷信认为属马的与属牛的不宜婚配,属蛇的与属虎的不宜婚配。

【抓鬏儿夫妻_{结发夫妻}没裸_{没有}隔夜哩仇;上炕夫妻,下炕君子】根据封建礼仪,男人应在妻子面前做出当丈夫的样子来。

2. 家庭伦理

【老子差_欠儿个媳妇儿,儿差老子口棺材】父亲应尽养育儿子并为其娶妻的责任,儿子有为父亲养老送终的责任。

【亲孙孙,栽根根】旧观念认为孙子可以传宗接代,亲孙子应该超过亲外孙。

3. 衣服穿着

【二哈拉马褂子,瓜皮小帽子】形容旧时富人的穿着。

【红袄儿绿裤儿,当铺家哩媳妇儿】形容旧时干典当业的人家的媳妇的穿着。

4. 饮食

【为了吃个改样样,糠饼饼捏_{制作}成糠蛋蛋】指旧时当地人的生活贫困。

【芨壳儿_{用高粱面做的又薄又小的窝头}滚水_{开水},吃不吃就外_那东西】指旧时忻州人的主食单调。

【荞面河捞_{恰恰}油炸糕,吃哩后生猫_弯不倒腰】指旧时忻州盖房时东家给帮工的人吃的饭食比较丰富。

5. 贫富境遇

【人家是糖水干馍馍,咱是苦菜糠窝窝_{窝头}】干馍馍:旧时烤制成的一种馍,圆形,直径约二寸,中间很薄,周围的边儿很厚。窝窝:窝头。指饮食好坏差距很大。

【穷了也是老财,烂了也是买鞋】指旧时财主穷了以后也比一般人有钱。

【佃户做地_{种地},两眼儿流泪,扇车一响,屁毛儿响光】指佃户一点收入也没有,种地的收获全部交了租还了债。

6.事理规律

【会碾磨_{用石头磨子磨面}就会推碾】旧时用碾子碾面粉。比喻做事要触类旁通。

【走胡地,随胡理】胡地:旧指北方少数民族。指人要入乡随俗。

7.文化教育

【一字围围打砖,三字围围坐官哩】旧时教师批阅学生的毛笔字仿时,写得好的字要用红色笔在其上画个圆圈,旧时乞丐用砖击自己的头部,以引起人们的同情。指连"一"也写不好的学生将来定当乞丐,"三"字难写,如能写好,将来必定做官。

【板子_{旧时教师体罚学生的手板}底下出状元】板子:旧时教师体罚学生的手板。指教师严厉,才能培养出好的人才。

【轻研墨子重校笔】指写毛笔字时,墨要轻研,毛笔要重掭。

8.地理史话

【忻州哩台子_{戏台}崞县_{今原平市}哩庙】旧时奇村镇石家庄村地处忻崞交界,该村的戏台在忻州境内,盖的庙却在崞县境内。

【河曲_{忻州地区县名}保德州_{忻州地区保德县},十年九不收,男人走口外,女人挑_挖苦菜】指旧时河曲、保德两县人民的生活境况。

我在20世纪八九十年代,用了17年时间共调查收集忻州方言语11000多条,那时自己认为收集得差不多了。后多次与对忻州方言俗语很感兴趣的忻州教育局王兴治老师交流,觉得在老年人的脑海中还储存着很多历史方言语急需收集,否则就有消失的危险。于是,我委托了各行业16个65岁以上的老年人代我收集,历时五年,又收集到4000多条,非常有价值。从此,收集的忻州方言语的数量突破了16000条。

(二)历史方言语蕴含着不同历史时期的地方文化

我们收集的忻州历史方言语,上至清朝,以谚语为主,反映了不同时期人们的生活状况、传统观念、道德风尚、民情风俗、社会现象等,蕴含着非常深刻而丰富的文化内涵,是研究忻州社会学、民俗学、历史学、心理学等相关学科的弥足珍贵的资料。深感遗憾的是,我们已经无法收集到清代以前的方言语了。历史方言语的条目太多,仅举以下几例说明:

【十里监台五里墩】此谚是清代创制的,那时官道两旁十里设一烽火台,五里设一墩,供人观察敌情。

【老蓝布子_旧时自织的粗蓝布_铜光扣,离鞋_鞋帮与鞋底分离_赤脚打掩子裤_旧时连裆裤_】这是清代产生的一个谚语,记录了当时忻州男人的衣着状况。

【头一个_第一个_洋洋得意,第二个不敢放屁,第三个揣天摸底_看不清路,跟着前边的抬轿者瞎走_,末一个_最后一个_不由自己】这是清代忻州人为出嫁女子抬轿而创制的谚语,记述了处于不同位置的抬轿者的感受或情况。

【要买好绸缎,公益聚德昌;要吃好炉食_用炉子烤制成的糕点_,文德兴盛桂;要下好饭馆,庆万同和会】公益聚德昌:指公益昌和聚德昌两个商号。文德兴盛桂：指文盛楼、德盛楼、兴盛楼、桂香楼这四个商铺。庆万同和会：指庆升园、万和园、同和园、会仙园这四家饭馆。此谚形成于清末民初，反映了当时忻州商业的繁荣景象。

（三）历史方言语含载着方言中特殊的语音、词汇、语法现象

我们长期研究的实践表明，历史方言语中蕴含着颇具特色的方言语音现象、深层次的方言词和特殊的方言语法现象。

1. 保存着特殊的方言语音现象。历史方言语汇是记载和传承方言语音的重要载体。忻州历史方言语汇中蕴含着一些特殊的语音现象，非常值得我们研究。比如歇后语"东呼延哩呀喝河捞——一口口儿咽气 $tuəŋ^{313-33}$ $xuəŋ^{31}$ $yɐr^{53}$ $liɑ^{20}$ $xɔʔ^{2}$ $xɛ^{31}$ $lɔ^{31}$——$iəʔ^{2}$ $k·əu^{313-42}$ $k·ər^{313}$ $iɛ̃^{53}$ $tɕ·i^{53}$" 其中的"呼"说成"$xuəŋ^{31}$"，"延"说成"$yɐr^{53}$"，"哩呀"合音为"$liɑ^{20}$"，显得比较特殊。

2. 含有深层次的方言词和古语词。历史方言语主要是由方言词组合而成的。因此，忻州众多的历史方言语中含载着大量深层次的方言词。比如谚语"家贼难防，盗了油梁"，意思是说家贼危害很大，能把又粗又长的油梁盗走。这个谚语中的"油梁"指的是忻州旧时榨油的作坊里用来挤压油汁的一种大木杆，用榆木制作，直径一尺五寸，长约五丈。四十年前机器榨油取代了手工榨油，于是"油梁"一词便在口语中消失，只保留在这个谚语中，成为研究忻州方言词汇的一个活化石。

历史方言语汇中还保存着很多古语词，比如"待要"，是"想"或"愿意"的意思，这个词在宋元时期就已存在，元·范子安《竹叶舟》第四折："你待要名誉兴，爵位高，那些儿便是你杀人刀。"现在忻州的中青年人口语中已很少用它，以"想"或"愿意"来代之，而在谚语

"待要不待要,三天到岱岳_{山西省山阴县地名}"中还保存着,旧时忻州人去岱岳只能步行,不想走也不行,三天才能到达。

3. 反映特殊的语法现象。忻州有些历史方言语除了具备单独成句、充当句群的组成部分、做句子的各种成分的功能外,还表现出特殊的语法现象,其构成语素虽与语表达的意义有联系,但其内部实在不好进行语法结构分析,都是因表义需要而将关键语素组合在一起。这类方言语一般含有数字性语素,例如"九斗五斗——石四_{一石四斗}",这是旧时忻州人用斗量粮食时创制的一个歇后语,"石四"谐音"淡事",形容人的技能不高或情况不严重。

通过上面的分析,我们可以认识到研究历史方言语汇就是对方言的深层次研究。随着社会的进步,很多旧事物正在快速消失。教育和通信的发展、普通话的普及、老年人的逐渐离世,这些都使得历史方言语在迅速消失,所以,抢救历史方言语具有紧迫性和严峻性。

三 方言语的释义

语的释义,近年来有许多学者做过探讨。方言语的释义,专门研讨还不多见。近十年来,我在研究和编纂普通话语汇辞书的同时,还编写了几本方言语汇辞书。普通话语的释义与方言语的释义相比,既有相同之处,也有不同之处。现在我谈几点解释方言语的体会。

(一)交代清方言语形成的历史人文背景,准确注释其中的方言词

从形成的历史层次上看,方言语包括两种,一种是普通方言语,一种是历史方言语。普通方言语说不出其形成的具体时间,释

义的原则和方法与普通话语汇没有多大区别;历史方言语是在历史上特定时期、特定地域、根据特定事物或现象创制的语,反映的事物或现象具体,流行范围狭窄,多数能说出其形成的大概时间。现在很多人因不明其形成的背景,往往不能正确理解其实际意义,所以释义时一定要交代清楚形成的人文历史背景,准确注释其中的方言语素。现举例商讨:

①【不打翻板】(成语)　旧时用土筑墙时,从底部开始,两面用木板拦着,中间填土,用木夯打实后,把木板翻到上面,再填土夯实,这样连续进行,直至达到规定的高度;如果不由下往上翻动木板,就打不成墙。人们由此创制了"不打翻板"这个成语,比喻不能换位思考,就难以理解对方、原谅对方。

②【旗伞执事有顶子,四肉盒子有饼子】(谚语)　旗:挑角旗,旧时仕宦人家送葬时别人赠送的一种旗子,三角形、红色,周围白边儿,写有白字,拿到墓地焚烧。伞:黄罗伞,旧时仕宦人家用纸制作的一种伞状祭品,送葬时拿到墓地焚烧,以供死者灵魂被阎王责打时躲藏。执事:旧称仪仗。顶子:黄罗伞的尖顶部分。四肉盒子:旧时有钱人家丧筵上摆的一种木盒,长方形,里边又放着十二个小木碟,分别装的是白肉片、蒸肉忻州名食,由土豆泥、淀粉、猪肉、食油、调味品等混合蒸成,圆饼形、鸡蛋片、排骨肉这四种菜。这个谚语记录了清末民初忻州仕宦人家送葬时的阔绰场面,宴席上放的是四肉盒子和饼子,出殡时人们双手举着挑角旗和黄罗伞,仪仗队伍壮观而浩大。

③【忻州哩州官儿戈不留】(惯用语)　哩:助词,的。戈不留:本指清代同治年间忻州知州戈济荣,因其对百姓徭役繁重,手段苛刻,忻州人给他送了个外号"戈不留",谐音"光不溜"赤身裸体的样子。A.形容某人赤身裸体,一丝不挂。B.形容某

人一贫如洗。

以上三例,例①我小的时候就经常听大人们说,也明白它们表示的意义,就是不知道它们是怎么形成的。例②和例③我以前未听说过,是两年前忻州退休老教师王兴治先生(忻州永茂庄村人,现年66岁)为我提供的。像这样的语,忻州还有很多,解释时如不交代清形成的历史背景、不注释其中的方言语素,别人确实无法理解其义。

(二)正确理解表层义,深刻发掘深层义

前文说过,语的表层义就是其语源义,即本义;语的深层义就是其引申义或比喻义,即转义。我通过长期对忻州方言语汇的研究,觉得具有双层意义的语最难解释,难就难在能否在正确理解其字面意义的基础上准确发掘其潜在的深层义。

在方言语汇系统中,歇后语都具有语义的双层性,即使后一部分的字面意义就是实际意义的直陈型歇后语也是如此,这是由作为"引子"的前一部分的意义内容决定的。例如:

①【坐轿嚎叫——不识抬举】(直陈型) 本指坐上轿子了还觉得不舒服,在里边大声喊叫;转讥人不懂得别人对自己的好意。

②【石狮子哩屁眼——深不深,通不通】(非直陈型) 本指石狮子的屁股眼儿既不通又不深,转以形容对某个事理或技艺半懂不懂。

惯用语具有语义的双层性。比如:

③【一只手拿扇子,一只手拿斧子,能扇就扇,能片就片】扇:本指扇风,此处谐"煽"。片:本指用斧头劈,此处谐"骗"。本义为一手拿扇子扇,一手拿斧子劈,转喻使出各种手段来

骗人。

谚语都是表述语,有一部分也具有语义的双层性,双层的意义也都有知识性,只是表达的内容不同。这类谚语在一定程度上具有描写性,往往以比喻的手法来表达表述性的意义,很容易与惯用语相混,解释的时候必须深思慎辨,否则会以惯用语对待。例如:

④【到处磨眼都朝天】本指旧时磨面粉的石磨的上片中部供漏粮食的孔都是朝天的,常用来比喻天下的事理都一样。

⑤【撂鼻子骡子卖不下个驴价钱】本指鼻子上翘的骡子一般人不买,所以卖的价钱比驴还低;转喻说话不守口德,便会惹人讨厌。

方言语的表层义和深层义是客观存在的。表层义是生成深层义的基础。只有正确理解和解释表层义,才能从中推衍和发掘出深层的引申义和比喻义,这是准确揭示方言语的实际意义应遵循的基本原则和方法。

(三)举例要用老年话,并且一定要把话语说完整

普通话中的语释义后的举例可以自己编写,也可以摘取著名作家作品中的典型例句,原则就是要用普通话;而方言语释义后的举例必须用当地群众的口语。这是二者在用例上的本质区别。目前,方言区内的口语分为两种,一种是老年人的口语,一种是中青年人的口语。从研究方言的角度来说,中青年人的口语当然不具有标准性和代表性,因为他们受普通话影响很大,说话时虽以方言为主,但常夹杂普通话语音和词汇,或者有时用方言的语,有时用普通话的语。而老年人一般不会说普通话,也不说普通话的语。所以,为了客观地反映使用方言语的语言环境,保存和传承方言的语音特点、语法现象、词汇和语汇,解释方言语后举例一定要用老

年话,并把话说完整。现举例比较:

A.【一死一活】形容人死拉硬扯的样子。例 他波母亲和他□[ta³¹³]父亲 未天那天 打架嗓的时候,好几个人～哩拖拉开啊。(老年)

【一死一活】形容人死拉硬扯的样子。例 他妈和他爸爸那天打架时候,好几个人～哩拉开啊。(中青年)

B.【舌头不重压死人】比喻流言蜚语十分可怕。例 实际三流子人名可不是外那不拘轮抓品行不好哩人,有人胡说伢人家偷东西啊,～哩,气哩伢这两天几天连门子也不出啊。(老年)

【舌头不重压死人】比喻流言蜚语十分可怕。例 实际三流子人名可不是个赖后生,有人胡说人家偷东西来,～哩,气哩伢人家这几天连门也不出啊。(中青年)

C.【铁匠哩风匣——一出子】风匣:风箱。一出子:指旧时铁匠使用的风箱只从一头进风。比喻人十分吝啬,与人相处有来无往,总想占便宜。例 外狗那人,詈词 精吝啬哩很,和谁挨接相处也是～,老是吃直先人别人哩东西食物哩,直先人各自从来也吃不上他哩,不们所以后来就没人珥理他啊。(老年)

【铁匠哩风匣——一出子】风匣:风箱。一出子:指旧时铁匠使用的风箱只从一头进风。比喻人十分吝啬,与人相处有来无往,总想占便宜。例 外那人精吝啬哩很,和谁打交道也是～,老是吃直先人别人哩东西,直先人老吃不上他哩,所以后来就没人理他来。(中青年)

D.【尿盆子夜壶】责骂两人都不是好东西。例 未那两个

290

嚷_吵起架嗓_{的时候},他骂他不好,他也骂他不好,一避达啊_{旁边}哩人说"～"。(老年)

【尿盆子夜壶】比喻两人都不是好东西。|例| 未_那两个嚷_吵起架时候,他骂他不好,他也骂他不好,跟前哩人说"～"。(中青年)

上面的 A、B、C、D 分别是成语、谚语、歇后语、惯用语,每组的条目一样,释义也一样,用例不同。每一条的两例进行比较,前面的例子具备方言的纯正性,后面的例子则夹杂着普通话的词,显得不够纯正,这就是老年与中青年口语上的区别。这样一比较,该用哪类人的口语举例,就不言而喻了。

实践证明,解释方言语汇难,解释历史方言语汇更难,这是一门非常值得探讨的学问。

参考文献:
[1] 王兴治,王海虎.忻州方言谚语[M].银川:宁夏人民出版社,2009.
[2] 温端政.汉语语汇学[M].北京:商务印书馆,2005.
[3] 温端政主编.汉语语汇学教程[M].北京:商务印书馆,2006.
[4] 张光明,温端政.忻州方言俗语大词典[K].上海辞书出版社,2002.
[5] 张光明主编.忻州歇后语词典[K].上海辞书出版社,2006.
[6] 张光明.忻州成语词典[K].上海大学出版社,2012.
[7] 张光明主编.忻州谚语词典[K].上海大学出版社,2012.
[8] 张光明主编.忻州惯用语词典[K].上海大学出版社,2012.

(作者单位:忻州师范学院方言与文化研究中心　忻州　034000)

论俗语语料库建设的中文信息处理"瓶颈"问题

王海静

小 引

信息时代,语言学要求充分运用计算机技术来推动本学科的发展。计算机技术的飞速发展,也将语言研究领进了一个新的领域。实践证明,汉语俗语的计算与计量研究、计算机辅助汉语俗语研究的各项工作等,都要以语料库为基础,才能更好更快地进行。中文信息处理是指用计算机对中文的音、形、义等信息进行处理和加工,分为汉字信息处理与汉语信息处理两部分,具体内容包括对字、词、句、篇章的输入、存储、传输、输出、识别检索、分析、理解和生成等方面的处理技术。可以说,中文信息处理技术是语料库语言学的基础。

发展俗语语料库有助于提高俗语研究的水平和俗语词典编纂的质量,对于语言学习也具有不可忽视的作用。俗语语料库的建设是一个综合、连续、复杂的过程。就语料库的语料性质来说,俗语语料库可以分为三种:文本语料库、语音语料库、综合语料库。一个综合性的、全面的俗语语料库应包括:文本、语音、知识、检索和辅助五个部分。俗语作为一种特殊的语料,内涵广阔,比如:"莱阳梨子,肥城桃,比不上泰安的萝卜皮""人中吕布,马中赤兔""蚯蚓封洞有大雨",等等,诸如此类,不胜枚举,而作为存放俗语的仓库,俗语语料库则涉及方言、民俗以及地理知识、民族特色等各个领域。

笔者将自己在俗语语料库的程序设计过程中获得的一些心得体会,总结成此文,希望得到更多的批评指正。

一 程序语言选择对比

语料搜集整理后进入计算机,数字化的关键一步就是标记、编程,实现各种查询、统计功能。有人提出,用建立在英语基础上的编程方法去建设汉语语料库,特别是建设俗语语料库这种特殊的语言仓库,难以收到好的效果。究竟现在的编程方法适不适合俗语语料库的建设?笔者曾在国家社科基金项目"汉语俗语语料的计算机处理与相关语言学问题研究"中承担"汉语俗语语料库"软件的开发研制工作,并独立完成了山西省社会科学院2008年度青年课题"基于计算机语料库的歇后语研究"任务,建设了"歇后语语料库模型"软件;随后,又参与了"现代汉语常用语表""汉语方言俗语语料库建设研究"课题工作,承担了设计开发"俗语辞书语目语料库""方言俗语语料库"建设模型和软件编程的工作。

为此,笔者专门用三种编程语言进行了对比实验:VB、Html、Java,以便获得最优的结果。下面是对三种数据库语言的总结:

(一)VB(Microsoft Visual Basic):编写应用程序在设计好界面后,以 Access 为后台,通过 ADO 访问,这是典型的关系型数据库。

优点:ADO 是基于 OLE DB 之上的技术,因此,ADO 通过其内部的属性和方法提供统一的数据访问接口方法。不仅适合于

SQL、Sewer、Oracle、Access 等数据库的访问,也适合于 Excel 表格、文本文件、图形文件和无格式的数据文件的访问。

缺点:既然是"Microsoft"的产品,自然打上了微软的烙印,平台可移植性差。较 C++一类的其他编程语言,效率不高。

(二)Html(Hypertext Markup Language):用于描述网页文档的一种标记语言,结合 javascript 编程可实现查询等功能。

优点:查询过程较快,适合于小型文本库。

缺点:对于大规模的语料库,单纯的 Html+javascript 则运行缓慢,甚至难以实现。

(三)Java:由 Sun Microsystems 公司开发设计的。Java 语言运用 JDBC 接口来规范客户端程序访问数据库,提供了 Java 应用程序与各种不同数据库之间进行对话的接口。

优点:具有健壮性、安全性、跨平台性、可移植性、动态性等诸多优点。

缺点:开发前期需要做大量的系统分析和设计工作。

三种语言,都可以轻松实现语料库的任意字检索功能,并且得到频率统计结果,还可实现语音发声功能。经过对比,对于任何一种以俗语为主要内容的语料库,都应根据自身语料的性质、语料的规模以及语料库的应用平台等来选取合适的编程方法,甚至与多种编程语言相互结合,比如以上三种语言都有可以结合的方法,这样才能开发出高性能、低冗余度的语料库来。没有最好的编程方法,只有更好的编程方法。笔者在编程方法上,小型语料库一般选择第二种方法,中型以上的语料库则采用第一种方法,特大型的语料库可采用第三种方法。

二 俗语语料库建设中的中文信息处理"瓶颈"问题

经过对比试验,笔者发现俗语语料库建设的"瓶颈"并不在编程方法上,有些问题是编程方法本身无法解决的,难点在于中文信息处理技术的基础环节。在建设小模型的过程中,笔者发现了建设俗语语料库的三个问题:不论使用哪种编程方法,这三个问题都是重点中的难点。

(一)生僻字问题

俗语中存在一定数量的生僻字,首先要解决的是计算机输入问题。目前中国日常通用的汉字为 6000—7000 个,其他 5 万多个属生僻字。而计算机的发明者是美国人,英文与汉字有很大的不同。英文是拼音文字,所有文字均由 26 个字母组成,把少数结构简单的字母用线性规则排列成单词,加上数字、标点、符号等,有 50 余个基本键位就足够了。英文一个字符只需要占用一个字节,用计算机处理相对简单。经过多年努力,虽然产生了五笔、拼音等多种输入法,但是,无论哪种输入方法,不论是国标码还是 Unicode 码,都是通过各种编码去调用字库中相应的汉字。即便是专业录入人员也会遇到个别字找不到输入码的情况,因为计算机字库根本没有这个字。现行的造字法,经笔者总结至少有 10 种,但是即使是更换电脑也能显示出图像的"图片造字法",再导入数据库转换成另类文件类型后,也存在无法显示、无法检索的问题。

(二)国际音标问题

建设方言俗语语料库,不可避免地要求计算机准确处理和显示国际音标。国际音标研究存在着译名规范化、编码标准化、字形统一化等理论问题。随着国际音标研究的逐步深入和计算机编码标准的不断完善,不少研究机构研制了适合汉语俗语研究使用的Unicode编码的国际音标字体,并开发出便捷的国际音标输入法。其中使用较广泛的有IpaPanNew字体和云龙国际音标输入法,但是云龙国际音标的使用也需要一个学习过程,另外,如果从Word文档转入到Access、Excel或其他类型的文档里,就会出现个别音标无法显示的问题,例如舌面鼻音、舌面塞音等,也无法进行检索、排序。

在VB编程的过程中,因为文本框、列表框无法支持Unicode码,所以造成了国际音标、自造生僻字无法显示的问题。无论是国际音标还是生僻字,都是汉字编码的转换问题。

(三)俗语的检索与自动识别问题

在参加国家语委课题"现代汉语常用语表"的过程中,我们曾在北京大学语料库和国家语委平衡语料库,对11万余条语目进行逐条查询。其中在北京大学语料库中,课题组同志采用逐条输入法进行查询,而在国家语委平衡语料库,则委托语用所的同志采用机器比较法进行查询。最后查询结果显示,成语、惯用语、谚语、歇后语,四种语类依次在北京大学语料库中查询的频率,要比在国家语委平衡语料库中得到的频率高很多,这不涉及两个库孰优孰劣的问题,而是存在查询方式上的差异:因为俗语是一种形式灵活的语汇,从成语到歇后语,灵活性依次升高,特别是歇后语,中间可以插入各种成分,在人工查询过程中可以识别这种成分,机器查询则是一对一的照应。请看下例:

(1)县长李彬本人在介绍情况时,对此亦不讳言。所谓"司马昭之心路人皆知",这个人卷入浅沙湾填海工程程度之深也一样。(杨少衡《尼古丁》二)

(2)假统一之名,行独霸之实。弃团结之义,肇分裂之端。司马昭之心,固已路人皆知矣。(毛泽东《向国民党的十点要求》)

以上两例,标准的歇后语语目为"司马昭之心——路人皆知",但是如果机器去查询,则查询结果为0,例(1)中间没有用破折号,而例(2)不但没有使用破折号,前后引注之间还加入了"固已"二字。

再者,目前电脑还无法从大量连续的自然文本语料中,精确地自动识别出哪些是俗语,再将有用信息提取出来,这与目前中文信息处理水平有关。中文信息处理同语料库的发展是相互促进的。进行有效的中文信息处理,首先要对中文进行自动分词。虽然我国的中文自动分词已经发展到了一定阶段,取得了一定成果。汉语中"语"的使用更是非常灵活,特别是歇后语在结构上的特殊性,使得它的自动切分和识别更加困难。笔者在对俗语语料库进行编程设计的过程中,所有的标注都是人工进行的,这无疑为语料库的建设增加了繁复性。因为目前国内对于俗语的定性分类还没有统一的标准,我们采用温端政《汉语语汇学》(商务印书馆,2005)一书中的分类标准。该分类标准主要将俗语分为四类:谚语、歇后语、惯用语、俗成语。其中,谚语是表述性的,惯用语是描述性的,歇后语是引注式的,成语则是"二二相承"的四字格形式。这种分类方法,采用了意义和形式相结合的标准,就对中文信息处理提出了更高的要求。请看下例:

(1)我已经批了。死的那个英国人,叫什么卜克斯的,拿几个土匪的脑袋赔他就是了。再道个歉,发一道谕旨,我看也就能堵上洋人的嘴。(鲍昌《庚子风云》二部一章)

(2)不愿惊动老程,他蜷着腿,用被子堵上嘴咳嗽,还不敢起来。(老舍《骆驼祥子》一三)

上述两例中,同样都是"堵上嘴",但是意义不同。例(1)是惯用语,比喻不让人说话或让人有话说不出来;例(2)则体现的是字面义,是指真的用实物塞进嘴巴发不出声音来,属于一般词组。让机器智能地分辨出语性并进行标注,还有很长的路要走。建设大规模的俗语语料库,需要计算机自动识别技术的支持;而提升俗语的自动识别准确性,又必须以大规模的俗语语料库为基础。二者相辅相成,缺一不可。

中文信息处理研究中,基础研究包括:汉字编码字符集、通用汉字样本库、汉字属性字典、语料库等输入技术;高级信息处理则包括:中文情报检索、中文文本校对、机器翻译、自然语言理解、中文人机界面等。可以说,以上提出的俗语语料库建设两大问题涵盖了基础研究和高级信息处理的两大方面。

四 结论

综上所述,俗语语料库的建设是以中文信息处理为基础的。我们可以根据实际情况,选择最适合自己的编程方法,但是如果中文编码问题不能很好解决,建设语料库时输入的国际音标、生僻字就无法正常显示,俗语的检索与自动识别问题也更难以解决。

笔者认为,一个好的俗语语料库,应坚持以下两个原则:

规模上:越大越好。此条需以低冗余度为前提。随着计算机技术的发展、资料存储方式的革命以及信息传播媒介的进步,也为大型俗语语料库的建设提供了客观硬件条件。当然,规模大,国际音标、生僻字就更无法避免。为了解决中文信息处理的基础问题,相对于 ASCII 的 7 位字符集,从 GB2312 到 GBK,再到 UTF-8,都是采用编码方法,"万码奔腾"虽然不能从根本上解决问题,但仍是现今在短期内无法摒弃字库方法的情况下,最好的应对方法。

设计上:多种编程语言结合,从内设字符的规范到界面的设计,都达到最优化。目前笔者正在研习 XML 语言。作为一种可扩展的标记语言,作为 SGML 的子集,XML 易于在任何应用程序中读写数据,能与 Oracle、Java 等数据库语言相结合,实现快速合理标记、多条件查询等功能;并且在语料库达到一定规模,建设网络俗语语料库时,方便、快捷地转换。经过实践,简单的 XML 文档容易设计,但如何同其他编程语言更好结合,得到最优化的俗语语料库处理模式,还需进一步的努力。

努力的方向:笔者以迪志文化出版有限公司出版的《文渊阁四库全书》电子版为借鉴目标。首先,在字符处理上,因为《四库全书》作为古籍,包含了大量古字、异体字等,这些生僻字连同常用字估计超过 3 万字,无论国标码(GBK)或大五码,对于如此庞大的字库都不可能全面支持,所以,设计人员以 Unicode 为基础,建立起 32000 多字的汉字字符集,解决了生僻字的问题。再者,《四库全书》的全文检索并不像 Word 那样,对全文逐字扫描,而是经过数据结构的算法,把读者的检索条件转换为程序员的检索词,并且采用了 XML 等多种编程语言结合的方法,检索速度极快。另外,该电子版采用了微软公司的 Single Binary 跨平台技术,并使本产品能在中文(繁/简体)、英文、日文、韩文的 Win 98 或 Win NT4.0 及以上的各种视窗平台运行,为海内外研究学者提供极大的方便。《文渊阁四库全书》电子版既是一部大型电子书,也可以说是一部大型的古籍语料库,是值得学习的典范。但是其耗费的人员、成本也巨大,不是单纯某个部门、某个人员就能独立完成的。因此,要建设俗语语料库,不仅需要资金的支持,还需要各种人才的配合,特别需要语言、计算机知识都具备的复合型人才。

　　语言学的研究必须以语言事实作为根据,必须详尽地、大量地占有材料,才有可能在理论上得出比较可靠的结论。传统的语言材料的搜集、整理和加工完全是靠手工进行的,这是一种枯燥无味、费力费时的工作。不言而喻,语料库语言学有可能在大量语言材料的基础上,来检验传统的理论语言学基于手工搜集材料的方法所得出的各种结论,从而使我们对于自然语言的各种复杂现象获得更为深刻全面的认识。俗语语料库的建设虽然非常烦琐,但是建好以后不仅可以在最大程度上保存、保护语言资料,还可以大大改进俗语研究的手段,并且对于语言学习和提高俗语词典的编纂水平也具有重要的作用。要想把俗语语料库的建设提高到一个新的层次,首先要解决中文信息处理中未解决的问题;只有突破了这个瓶颈,其他问题才能迎刃而解。在摸着石头过河的过程中,希望可以开辟出一条新路。

参考文献:
[1]程显毅等.中文信息抽取原理及应用[M].北京:科学出版社,2010.
[2]冯志伟.计算语言学基础[M].北京:商务印书馆,2001.
[3]冯志伟.应用语言学综论[M].广州:广东教育出版社,2001.
[4]冯志伟.自然语言处理简明教程[M].上海外语教育出版社,2012.
[5]黄昌宁等.语料库语言学[M].北京:商务印书馆,2002.
[6]亢世勇等.现代汉语新词语计量研究与应用[M].北京:中国社会科学出版社,2008.
[7]肯尼迪等.语料库语言学入门[M].北京:外语教学与研究出版社,2007.
[8]李宝安.中文信息处理技术原理与应用[M].北京:清华大学出版

社,2006.

[9]温端政.汉语语汇学[M].北京:商务印书馆,2005.

[10]郑家恒.智能信息处理:汉语语料库加工技术及应用[M].北京:科学出版社,2010.

[11]Douglas Biber等.语料库语言学[M].北京:外语教学与研究出版社、剑桥大学出版社,2000.

[12]Wolfgang Teubert等.语料库语言学简论[M].北京:世界图书出版公司,2009.

(作者单位:山西省社会科学院语言研究所　太原　030006)

第四届全国汉语语汇学
学术研讨会纪要

2013年8月22日至24日,第四届全国汉语语汇学学术研讨会在内蒙古大学召开。会议由山西省社会科学院、商务印书馆、上海辞书出版社、人民教育出版社和内蒙古大学联合主办,内蒙古大学文学与新闻传播学院承办。与会代表80余人,分别来自北京、上海、天津、山东、山西、内蒙古、安徽、四川、河南、广西、广东等11个省、市、自治区和澳门特别行政区,还有韩国学者也参加了会议。研讨会共收到论文62篇。

23日上午的开幕式由山西省社会科学院语言研究所所长吴建生研究员主持,山西省社会科学院党组书记、院长李中元研究员,内蒙古大学副校长张吉维教授、内蒙古自治区社会科学院副院长毅松研究员、内蒙古大学文学与新闻传播学院院长李树新教授分别致辞。24日下午由李树新教授主持闭幕式,四个小组的发言人分别汇报了各组讨论的具体情况,最后由吴建生研究员代表主办方做了总结。

研讨会采取大会主题发言和专题分组讨论相结合的形式进行。温端政、周荐、程荣等13位专家在大会上做了专题报告,46名代表在分组会上进行了论文交流。会议的研究主题集中在语汇学理论研究、汉语语汇具体研究、方言语汇研究、语典编纂与语词释义、文献语汇研究五个方面。

一 语汇学理论研究

温端政认为"语词分立"的主张是语汇学得以确立的理论依据,当前语汇学研究中语与词、语汇与词汇的对比研究、"语"和非"语"、语汇所属语类之间的划界、广义俗语与狭义俗语的研究等,都是迫切需要进行研究的课题。周荐指出"语词分立"说在语言学界引起了较大反响,这启发人们进行更深入的学术思考,语词分合相关的许多问题仍然需要进一步认真思索并给出合理的解释。杨蓉蓉认为汉语语汇学是一个有生命力的、有发展前途的学科,在学术界引起了很大的反响,但是最终发展成为一门独立的学科还需要在理论建设、人才队伍培养等方面付出更多的努力。马志伟从语的定义、分类和语类的界定方面提出了许多富有启发性的新观点。

王岩认为语的形成、语的意义构建和理解是一个连续的、动态的过程,她还从转喻和隐喻、概念整合等角度分析了语汇生成及语的意义构建的过程。刘歆认为汉语语汇的发展演变经历了"词和词之间的自由组合——成分相对固定、词序相对固定——意义组合或融合而整体化——在全民共同语中使用频率提高"这样的发展过程,语汇化的原因有人类的认知机制、语境的制约机制和反复运用的规约化三个方面。温朔彬指出联想思维是汉语语汇运作的主要机理,研究联想思维有助于我们更好地理解和运用这种语言形式,并可以用来指导新的语汇的产生。

二 汉语语汇具体研究

程荣认为近几年新短语发展较快,出现了很多三字格和四字格的新词语。这些新短语具有一些新的特点,而且存在界定难、辞书收录标准不一、缺乏规范等问题。加强新短语研究及新短语在词典中的收选问题非常重要。王海静认为在汉语俗语语料库建设中,生僻字问题、国际音标问题和检索与自动识别问题已经成为俗语语料库建设的瓶颈,呼吁多个领域协调配合来完善俗语语料库的建设。

姜德军分析了成语、惯用语及歇后语等语类"插入""变序"等语言离合现象,指出这种离合现象在特定的语境的种种作用,同时指出离合程度的大小是研究成语、惯用语及歇后语之间的区别与联系的重要依据。韩国学者金大焕研究了韩中两国汉字词语使用方面的差异,重点对比了两国语言中用汉字书写的成语和谚语。刘静静从"表意双层性"理论出发,对成语和惯用语的划界问题提出了自己的看法。

刘中富认为成语实际上是一个有着一定开放性和不同层次的模糊语类,成语有新旧之分、雅俗之别,其结构的定型性和意义的完整性有程度和表现上的差异,在常用性和通用性上也有明显的区别,可以用分项赋值法来确定成语的典型程度。巫称喜认为"互文"式成语具有结构对称、语义互补的独特性,这类成语出现的主观方面是古人喜好对称又力避雷同的修辞追求;客观方面与汉语汉字本身的独特性以及语言本身的类化功能密切相关。付建荣从互文式成语的生成途径和定型机制方面展开了研究。辛菊对成语产生的逻辑基础进行了研究。王磊利用计算语言学的方法、对国家语言资源监测语料库中媒体语言材料中的成语进行了定量分析,考察了成语在时间和空间上的散布特性。

史秀菊以《新华惯用语词典》为例、综合多种权威的观点,用

"意义整体性""惯用性""口语性""叙述性/描述性""非二二相乘性"和"三字以上"等作为界定惯用语的标准。延俊荣认为谚语是语言符号的一部分,可以充当句子的主语、宾语、定语和谓语等成分,并对是否所有的谚语都能充当句法成分,及其自由度等问题做了进一步的探讨。杨振华认为歇后语的形式和意义的组合具有一定的理据性,歇后语"前语——后语"的形式中,前语与后语的语义组合及后语双层语义的组合受到关联性原则的制约,前语的语义表达要符合共知性和合适性原则。宋惠娟认为歇后语的同义手段非常独特,她重点研究了歇后语同义的构成方式以及这些同义手段的语用价值。

张光明认为"语词分立"的提出、汉语语汇学的建立否定了"语是词的等价物"的观点,为语汇教学实践提供了明确的理论规范,建议改革当下高校通行的《现代汉语》的教学体系,增加语汇的内容,并开设"汉语语汇学"专业选修课。李东宾指出当前的对外汉语成语教学应以"语词分立"观为依据,在语词分收、文化融入、分层分类等教学策略方面进行改革。刘艳平认为在中高级阶段,留学生的成语教学应该把词汇、文化诸要素的教学有机地结合起来,从教学内容分级化、教学方法复合化、练习方式多样化和考试形式灵活化等四个方面改进成语教学。

三　方言语汇研究

马启俊认为方俗词语是地方文化的载体和区域文化的显现,有着很高的历史文化认识价值和多学科的学术研究价值,要尽快开展抢救性的调查、记录、保存和多样化的研究。陈长书认为没有对方言歇后语和普通话歇后语严格区分影响了歇后语研究的深入,他结合实例分析提出了有效区分方言和普通话歇后语的三个标准,即语频标准、结构标准和引注关系标准。

在吴方言语汇研究方面,徐颂列以地域文化和地理环境的视角切入,分析了杭州话谚语的特色,并对部分谚语进行了溯源考证。赵则玲认为宁波方言俗语和谚语具有地域特色的文化底蕴和内涵,即海洋文化、商业文化、渔业文化及民俗乡情文化等。王冲对元末明初用吴方言写成的《田家五行》中谚语的用韵特点进行了研究,以此为材料揭示了吴方言在元末明初之际的部分特点。

在晋语语汇研究方面,李慧贤研究了鄂尔多斯方言中有关人物品貌的惯用语,认为这些惯用语具有较强的描写性,口语性强,地域特色突出,感情色彩鲜明,还讨论了这些惯用语的形成机制。马启红以太谷方言语汇为研究对象,从描绘人们行为动作、记录人们生活中最需要事物、描述人或事物性状的基本词入手记录并分析了一些太谷方言中珍贵的基本词汇。李淑珍选取山西方言俗语中的一些值得注意的语法现象进行了考察。王利从句法、语义、语用的角度对山西壶关方言中的谚语进行了分析。李金梅对晋东南地区的方言谚语从音节、语法结构、谓词性组合形式和语义类型特征等方面进行了研究。

四　语典编纂与语词释义

吴建生介绍了《现代汉语常用语表》研制的具体情况。该研究的目的是通过对现代汉语常用的成语、谚语、惯用语和歇后语的统计与确认,制定一份既方便群众应用、又能够被学术界认可的《现代汉语常用语表》。陈玉庆认为释义是辞书的核心,语汇的释义应该注意依靠语料来释义、注意释义的概括性、注意分析语目内部结构、注意释义的适度性和义项设置的合理性、文化性。

许晋在梳理新成语研究历史的基础上,提出了新成语的定义和界定标准问题,认为这是对新成语进行"资格审查"以及进行成语语典编纂实践的重要理论依据。安志伟、巫建英认为新成语的界定是成语词典收录首先应该解决的问题,以大量正反例证,说明新成语词典应该以二二相承的四字格形式作为收录的标准。张文霞以《现代汉语词典》(第6版)中"Z"部成语修订为例,对《现代汉语词典》成语部分的修订情况进行了研究,并提出了改进意见。梁永红认为当前歇后语的释义用语不规范问题比较严重,主要表现为"指""比喻"的泛用和混用、"比喻""形容"的混用。必须把握好歇后语深层意义和表层意义之间最佳关联点的关联方式,运用准确的释义用语来解释歇后语。

五 文献语汇研究

雷汉卿介绍了《禅宗语言大辞典》的编纂设想,着重指出禅宗典籍中有大量的四字俗成语,这些俗成语是《禅宗语言大辞典》的重要内容,应该予以关注和研究。何小宛研究了禅宗典籍中的谚语,对这些谚语的来源、语义和特点进行了详细分析。王建莉和刘庆伟研究了蒙古族文献中的谚语。王建莉发现《蒙古风俗鉴》的作者对书中出现的53条谚语进行了源流的梳理,这些谚语是时代与民俗的记录,在理论和语料方面都有重要意义。刘庆伟研究《元朝秘史》中蒙古谚语的语言风格和内容,也挖掘了这些谚语产生的背景和反映出的审美观、价值观。范晓林、武玉芳研究了《元刊杂剧三十种》中的俗语,认为在杂剧中大量使用的俗语通俗易懂,并呈现出提示语丰富、结构凝练及鲜明的时代性和雅俗的相对性等特点。刘亚辉介绍了清初法国来华传教士马若瑟所著《汉语札记》中"谚语(proverbs)"一章搜集的 165 条谚语的情况,并对于这些谚语的来源、编排顺序及其中的俗字和别字进行了整理和研究。

六　其他研究

王枫、李树新认为古人在引述各种语进行谚语交际时使用的"俗话说""古人云""常言道"等说法是伴随着谚语的出现和使用形成的一种语言现象,它们的历史演变、语用功能和文化价值都应该予以关注和探讨。王吉辉引进了"语块"的概念来研究汉语,对语块的概念及其出现的历史背景、性质,语块和固定语的关系以及语块带给固定语研究者的启示等问题进行了研究。孟祥英从语法构成、构式义、语义特点和语化程度等方面研究了"有 A 有 B"格式。

还有代表研究了有关词语理据、句法、语言规范化和典籍语言的传播等方面的问题,对词汇研究具有启发意义。

这次研讨会是展示语汇学研究成果以及探讨语汇学进一步发展的盛会。会议的召开,扩大了语汇学的影响,提升了语汇学的研究水平和学科地位;会议收到的论文量多质高、选题广泛,充分展示了语汇学学科深厚的基础和广阔的发展前景;会上涌现了大批青年学者,他们思维果锐,勇于创新,为语汇学的发展注入了新鲜的血液。大会达到了预期目的,取得了圆满成功。

(李东宾　安志伟)

附:论文目录

(前加 * 的作者因故未到会)

安志伟	巫建英	新成语词典收条问题散论
陈长书		试论方言歇后语和普通话歇后语的区分
陈玉庆		语汇释义问题探析
程　荣		新短语相关问题探讨
*陈霞村		"形容"与"比喻"——《现代汉语词典》成语释义体例浅议
*邓　明		试论成语释义中有关问题
*杜晓文		《越谚》所收越地方言谚语浅探
范晓林	武玉芳	《元刊杂剧三十种》俗语的特点
付建荣		互文成语的界定与生成途径
*韩　爽		《金瓶梅》俗语的文化透视
何小宛		禅籍谚语浅析
*季文娇		从方言语汇看大同南郊区方言的音韵特点
*贾安民		网络用语的规范问题
姜德军		汉语语汇离合问题探析
金大焕		韩中两国字词之比较
李东宾		语汇学视域中对外汉语成语教学的弊端及策略
李慧贤		浅析鄂尔多斯方言人物品貌惯用语

李金梅	晋东南地区方言谚语定量分析
李　丽	元素意译词命名理据研究
李淑珍	山西方言俗语中的语法现象分析
梁驰华	从"三聚氰胺"的读音谈语言文字的规范化
梁永红	歇后语词典编纂中释义用语规范问题思考——兼论歇后语释义模式
梁忠东	从词义演变的角度看《现代汉语词典》(第6版)释义的修订
雷汉卿	《禅宗语言大辞典》编纂构想
刘静静	成语、惯用语界定标准之我见——由"表意双层性"引发的思考
刘　歆	汉语语汇的历史演变及产生机制——试论汉语的语汇化
刘庆伟	《元朝秘史》的蒙古民谚研究
刘亚辉	清代来华传教士马若瑟《汉语札记》中的谚语
刘艳平	谈中高级阶段留学生的成语教学
刘中富	成语的界定与成语的层次性
马志伟	语汇学问题刍议
*毛润民	浅论"吃"字族语汇
孟祥英	"有A有B"构式的多维分析
*任晓彤	《韵府群玉》"活套"一栏词语考释
王　冲	《田家五行》谚语的用韵特点
王　枫　李树新	引辞考论
*王桂华　周国祥	论"X而不Y"格式的语义关系
王海静	论俗语语料库建设中的中文信息处理"瓶颈"问题
王吉辉	关于语块的几个问题

王建莉	《蒙古风俗鉴》谚语研究
王　利	山西壶关方言谚语的句法、语义、语用分析
王　磊	中国媒体成语时空散布考察
王　佳　杨尔弘	《论语》在动态流通语料库中的使用情况考察
王世利	现代汉语致使词研究
王　岩	汉语语汇的形成发展及语义动态建构的认知研究
温端政	论语汇学的建立、发展与完善
温朔彬	谈谈"构语法"中的联想思维
巫称喜	"互文"式成语研究
吴建生	《现代汉语常用语表》的研制
忻丽丽	晋方言俗语词例释——以张呼片康保方言中的惯用语为例
辛　菊	成语的内在逻辑结构分析
徐颂列	杭州话谚语初探
许　晋	新成语研究与成语语典编纂
延俊荣	常用谚语的句法功能考察
*闫　艳	释唐诗中的"酴醾"
杨蓉蓉	实践·研究·总结
杨振华	歇后语的建构理据分析
张光明	试谈与会研究与语汇教学的几个问题
张文霞	《现代汉语词典》(第6版)成语修订的计量考察——以"Z"部的修订为例
赵则玲	宁波方言俗语中地域文化内涵探析
赵志峰	关于成语词典编写的几点思考
周　荐	语词分合问题引发的思考

第五届全国汉语语汇学学术研讨会暨《新华语典》学术研讨会纪要

2015年7月17日至19日,第五届全国汉语语汇学学术研讨会暨《新华语典》学术研讨会在长治学院召开。研讨会由山西省社会科学院、商务印书馆、上海辞书出版社、人民教育出版社和长治学院主办,长治学院中文系承办,与会代表80余人,共收到论文69篇。

17日上午的开幕式由山西省社会科学院党组成员、副院长杨茂林主持,山西省社会科学院党组书记、院长李中元,长治学院党委书记韩泽春、长治学院中文系主任史素芬、商务印书馆汉语编辑中心副主任包诗林分别致辞。19日上午由史素芬主持闭幕式,小组汇报人分别汇报了各组讨论的具体情况,随后山西省社会科学院终身研究员、语言研究所名誉所长温端政致辞,表达了对语汇学进一步发展、提升,对语汇学青年人才快速成长的殷切期望。最后由山西省社会科学院语言研究所副所长安志伟代表主办方致闭幕词。

研讨会采取大会主题发言和专题分组讨论相结合的形式进行,温端政、晁继周、陈霞村、唐子恒、杨蓉蓉等15位学者做了大会报告,39位代表在小组研讨会上发言。研讨的内容涉及《新华语典》及各类语典编纂研究、汉语语汇理论及语汇的具体研究和方言语汇研究等多个方面。

一 《新华语典》及各类语典研究

此次研讨会对 2014 年出版的《新华语典》进行了专题性研讨。温端政的《论〈新华语典〉的学术意义》一文认为《新华语典》的出版有助于完善汉语语汇学,有助于催生汉语语典学,有助于发挥语典的文化传承作用。他的另一篇文章《〈新华语典〉编纂的回顾》回顾了在商务印书馆周洪波编审的建议和语言学界专家学者的指导下,山西省社会科学院和商务印书馆合作完成《新华语典》的 12 年艰辛历程。陈玉庆在《编研互进 原创经典》一文中简要介绍《新华语典》编纂的缘起及定位;评介《新华语典》在收条、立目、释义和例句编写方面的特色,还简述《新华语典》的编纂经验并提出了进一步的思考。温朔彬专门研究了《新华语典》成语部分编纂的原则和创新之处。丁春江、辛菊对比了《新华语典》与《现代汉语词典》中的成语用例,认为《新华语典》的用例突出语境,体现意义和用法,自编例句针对性强,对于人们适切而广泛地使用成语,以及提高全民的语文素养都具有重要的意义。

杜翔认为成语辞书编纂的难点表现在条目收录的范围、异形成语的处理、释义中释义提示语、义项排列和例证等几个方面。范瑞婷结合编写《语海·成语卷》的实践体会,认为成语辞书立目应务必以"二二相承"的叙述性四字格为标识;要特别注意辨析外在形式上"面貌相似"的成语,严格区分同义、近义成语的细微差异。曹瑞芳研究了成语释义的照应性问题,认为在成语释义中存在着字词义与成语义照应、语表义与语里义照应、释文与配例照应等问题,力图对成语释义存在的照应问题进行分类,同时为相关辞书的完善提供了一些具体的修改建议。曾柱以《新形式新用法成语词典》为例探讨成语的"旧瓶新酒现象",认为成语并非一成不变,而是较为缓慢地不断发展变化的,成语所表达的意义是在不断演变、发展和丰富的。黄冬丽以"狡兔三窟"和"人定胜天"为例,探讨人们因常用义的普遍使用而形成了惯性思维的问题,并对辞书释义提出了建议。高列过追溯了"天花(华)乱坠"的源头,分析了包括《新华语典》在内的7部辞书关于"天花(华)乱坠"释义分歧的原因,通过考察佛教文献"天花(华)乱坠"场景及要素的演变,就辞书如何解释"天花(华)乱坠"给出了建设性的意见。

安志伟从语汇学的视角,对民国年间的语言学著作《通俗常言疏证》进行了研究,指出《通俗常言疏证》按照意义分卷,收录的部分条目属于自由短语,更多的是成语、谚语、惯用语和歇后语,并认为作者有着明确的主副条区分的意识和明确的语汇发展变化的观念。周文芳从谚语语目的选定、释义、具体编写三个方面,介绍了编写《教育谚语》的体会。

二 语汇学理论及语汇的具体研究

温端政的《树立正确的语词观》一文强调,树立正确的语词观对于客观、全面地认识语词之异同、语汇与词汇之分合、建立与词汇学平行的语汇学,以及在词汇学和语汇学之上建立语词学等都具有重要意义。杨蓉蓉认为语与词的同和异是一种客观存在,问题在于如何来看待这些同和异。在大部分词汇学著作中,语汇是与词分开进行研究的,在目前的词汇学中"词"和"语"各自走着自己的研究之路。语、词分立,对语汇进行独立的、更深入的研究自然会要求建立语汇学,使"语"的研究更全面和系统。李小平认为汉语语汇学运用现代语言学的一切可用的研究方法,明确以汉语中的固定语为研究对象,其立学的学理依据是清晰而充分的。王立指出"词"和"语"的性质不同,功能、产生方式也各有不同。尽管"词"和"语"不是"等价物",但两者多有交集。

晁继周认为对于歇后语的争议主要集中在定名、定位和入典三个方面。歇后语在语言中很重要,不应该把歇后语一概摒弃于文学语言之外,而降低到"语言游戏"的地位。陈长书认为语义奇巧性是歇后语极为重要的特征,他对引注的语义组合类型和语义奇巧性的关系进行了详细的分析描写,试图揭示其背后蕴含的特点和规律。唐子恒以"守株待兔""差强人意"为例,观察到典故词语意义的发展有摆脱典源、向字面靠拢的趋势。刘中富认为在汉语成语的历时系统中,存在着许多异形成语。异形成语的成因最主要的还是因为客观存在的易于孳生异形成语的各种字际关系。姜德军从拆分和组合的角度,讨论了动宾结构合成词、惯用语和一般短语的关系,认为动宾式惯用语是一个语法关系上相互照应、语义关系上凝固稳定的整体,只能从整体上去查看其功能、理解其意义。

李树新指出汉语以姓氏人名为题材形成了数量庞大的人名熟语系统,与姓氏有关的熟语揭示了血缘关系纽带在古代社会发展和社会生活中的历史作用,反映了汉民族重姓氏、重血统的文化心理,汉语姓氏人名熟语特别是歇后语具有类型化、嬗变性和衍生性的特点。张晓传总结了网络环境下新俗语的产生理据,认为网络俗语意义的扩大或转移与俗语出现的语境有密切关系。付建荣在穷尽调查《五灯会元》中成语的基础上阐述了禅文化对汉语成语产生的影响,认为禅文化的影响不仅扩充和丰富了汉语成语的宝库,而且对汉语原有成语产生了较大的影响。周亚妮从空间方位成语的来源、分类、构成方式、语义特征及变化、修辞手法入手,重点研究了空间方位成语所蕴含的文化内涵。

崔山佳研究了"吃饱了饭"的熟语化问题,认为"吃饱"比"喝醉"带宾语的可接受度要高,搭配的对象更多,所带宾语的类推功能比"喝醉"更强。孟祥英从历时和共时两个角度分析了"谈何容易"的词汇化原因及过程,指出对成语词汇化过程和结果进行历时考察和共时描写,能够深入刻画成语形式和意义发展演变的轨迹和特点。

张光明对于在高校《现代汉语》课程教学中实施语词分章教学提出了自己的观点,并呼吁各高校对此问题予以充分关注。

三 方言语汇研究

吴建生《汉语方言俗语研究的几个问题》一文认为方言俗语研究成果逐步增多的同时也存在着指称不一,名实不符的问题,并特别指出大型的语典应该选择有代表性的方言俗语收入。孙毕根据两部未刊书稿与大型语典《语海》前期成果抽样对比的结果指出,尚有相当数量收录语汇的文献未得到整理,方言语汇在语汇学研究和语典编纂实践中尚未得到足够的重视。李淑珍认为判断方言俗语具有同一性还是同义性,主要取决于语言素材的异同。

马贝加认为杭州话谚语中的介词"扣"以"计算"义为最主要、最直接的来源;动词"扣"其他意义的存在也对介词"扣"的产生起着助推作用或相互影响的作用。马启红认为应分析方言语汇言语形式的动态组合机制,并从修辞认知角度解析了太谷方言谚语、歇后语、惯用语不同的构语机制。裴瑞玲揭示了浑源方言语汇的特点,对其中的一些古义进行了考释,并进一步从文化层面阐释了浑源语汇中蕴含的中国传统文化和独特的地域文化。宋惠娟认为赵树理小说中的语汇具有鲜明的地域特色和独特的民俗风貌。

还有部分学者提交了词汇学、语法学的论文,这些文章对语汇研究也具有启示意义。

这次研讨会是展示语汇学研究新成果的又一次全国性的研讨会。会议的召开有助于扩大语汇学的影响,有助于提升语汇学的研究水平和学科地位。会议收到的论文展示了大家对语汇学、语汇研究的密切关注和深入思考。

(安志伟)

附:论文目录

(前加 * 的作者因故未到会)

*安华林	"四字并立语"补说
安志伟	《通俗常言疏证》语汇研究
陈霞村	社会用语考察
陈长书	现代汉语歇后语语义奇巧性刍议
陈玉庆	编研互进 原创经典
	——《新华语典》评介
曹瑞芳	综合性语文类辞书成语释义的照应问题
	——以《现汉》(第6版)、《现代汉语规范词典》(第2版)为例
晁继周	歇后语之我见
崔山佳	关于"吃饱了饭"熟语化问题的辨析
丁春江 辛菊	《新华语典》与《现代汉语词典》成语用例对比探析
杜 翔	成语词典编纂难点探讨
范瑞婷	略论《语海·成语》的立目
*冯红梅	成语中的中国文化研究
付建荣	试说禅文化对汉语成语的影响

　　　　　——以《五灯会元》成语为考察中心
　高列过　"天花（华）乱坠"意义源流辨正
*郭晓红　汉语惯用语的对外教学策略
　黄冬丽　常用义对成语释义的误导
　姜德军　从拆分和组合看动宾结构合成词、惯用语、一般短语
　　　　　——也谈惯用语的性质和特点
*李　申　《金瓶梅词话》成语研究
　李淑珍　汉语方言俗语的同一性
　李树新　熟语与姓氏姓名文化
　李小平　语汇学立学的学理依据和学科定位问题
*梁学廷　再释"龙钟"
　　　　　——兼谈联绵词语源义和"核心义"的确定
*刘红霞　河曲方言俗成语的语义认知理据
　刘中富　汉语异形成语琐议
*吕勇兵　门楣用语的特征探析
　马贝加　杭州话介词"扣"的来源
*马建东　论《新华语典》的语类转化
　马启红　从修辞认知角度解析太谷方言语汇的构语机制
*马启俊　源自《庄子》成语的形成方式研究
*毛润民　略谈赤峰方言语汇的界定
　孟祥英　"谈何容易"的词汇化
　裴瑞玲　浑源语汇调查
*乔　永　理想的辞书人生
　　　　　——温端政先生语汇研究与辞书编纂纪略
　宋惠娟　赵树理小说的语汇研究

孙　毕	语典编纂中的方言问题
	——以《语海》为例
沈基松	《国语》中与语汇相关的语法问题
盛银花	汉语的最高等级表达
史素芬　杨慧芝	水浒文化歇后语研究
*唐爱华	汉语方言俗语调查与研究
唐子恒	从"守株待兔、差强人意"看典故词语的发展趋势
王宝红	《小额》注释本词语补释
王海静	方言语料库中生僻字处理方法刍议
王　利	浅析《现代汉语词典》中抽象名词的释义差别
	——以第一版、第六版为例
王　立	说"词""语"
*王丽滨	晋中方言俗语调查与研究
*王吉辉	"美轮美奂"的社会使用调查、分析及相关思考
*王俊清	大同方言歇后语的认知语义分析
*王伟丽	北京话词汇语义透明度研究
王小郴	《应用汉语词典》相关词语照应问题
王　岩	汉语熟语的亚文化现象及研究
王　勇	浅谈中小学生语文类辞书的多样化与教辅化
*杨春宇	东北官话方言附加式合成词探赜
杨蓉蓉	关于语汇学的几点思考
*延俊荣	"语""词"分合的实证性考察
杨振华	常用词"焦""燥""干"的历时演变考察
岳海燕	成语考辨两则
温端政	树立正确的语词观

	论《新华语典》的学术意义
	《新华语典》编纂的回顾
温朔彬	谈谈《新华语典》成语部分的编纂
吴建生	汉语方言俗语研究的几个问题
*曾昭聪	明清民国方言辞书及其所录方言词的研究意义
曾　柱	"成语"旧瓶新酒现象
	——以《新形式新用法成语词典》为例
张光明	再论高校《现代汉语》词语分章教学
张　晖	术语的生成与解析初论
*张　蓉	太谷方言四字格俗语探究
张晓传	网络环境下流行俗语的理据与传播机制研究
周文芳	略谈编写《教育谚语》的体会
周亚妮	空间方位成语及其审美意蕴研究